SANS LES ANIMAUX,
LE MONDE NE SERAIT PAS HUMAIN

« Espaces libres »

KARINE LOU MATIGNON

SANS LES ANIMAUX, LE MONDE NE SERAIT PAS HUMAIN

Préface de Boris Cyrulnik

Albin Michel

Albin Michel
■ *Spiritualités* ■

Collection « Espaces libres » dirigée par Jean Mouttapa et Marc de Smedt

A Pierre, Renée et Mireille Matignon,
A ceux qui enfantent les renaissances,
Aux rebelles, aux aventuriers, aux loups-garous et aux centaures,
A ma tribu, pour toujours.

« Un livre est un miroir. Quand un singe s'y regarde, l'image réfléchie n'est pas celle d'un apôtre. »

LICHTENBERG

« Nous méritons toutes nos rencontres. Elles sont accordées à notre destinée et ont une signification qu'il appartient à chacun de découvrir. »

SAINT-EXUPÉRY

« Il y a dans tout homme, à toute heure, deux postulations simultanées : l'une vers Dieu, l'autre vers Satan. L'invocation à Dieu, ou spiritualité, est un désir de monter en grade ; celle de Satan, ou animalité, est une joie de descendre. C'est à cette dernière que doivent être rapportées les amours pour les femmes et les conversations intimes avec les animaux, chiens, chats, etc. »

Charles BAUDELAIRE

Préface

On naît toujours deux fois et, à chaque naissance, il nous faut changer d'univers.

Notre première naissance est un déménagement écologique quand nous quittons l'univers aquatique du ventre maternel pour tomber dans l'air sec et glacé, sous le regard social. Mais la naissance n'est pas forcément la mise au monde. Pour ça, il nous faudra être entourés de gestes et de mots qui, en nous sécurisant, nous donneront l'envie de découvrir le nouveau monde. Or, nos premières découvertes, nos premières explorations verbales seront les mots : « Maman... Papa... Ouah, ouah... » A peine avons-nous commencé notre deuxième naissance, celle du langage verbal, que nous sommes fascinés par les animaux. Quelle que soit la langue, l'ordre d'apparition des mots sera toujours la même. Plus tard apparaîtront les voitures, les vaches et les grand-mères, bien avant « miam-miam », « dodo », les « chaussures » et les « fleurs ».

A quoi correspond cet ordre des mots ? « Maman, Papa », on peut comprendre, ça paraît logique. Mais pourquoi, si tôt, les chiens, les vaches, les chaussures et les fleurs ? C'est que l'ordre des mots révèle les objets auxquels nous sommes le plus sensibles. Maman, Papa et les animaux peuplent d'emblée notre monde mental. Les chaussures préparent notre identification sexuelle et les fleurs certainement annoncent notre sens de l'esthétique puisqu'elles ne sont là que pour être belles.

Dès notre deuxième naissance au monde des mots, les animaux sont présents. Plus tard, quand nous avons nos premiers chagrins, c'est vers ces êtres-là que nous nous réfugions. Ils sont fortement imprégnés dans notre mémoire, ce sont eux qui ont tracé les premières catégories du monde, une mère, un père, un être vivant qui n'est pas un humain, et ce sont eux qui ont acquis le plus fort pouvoir tranquillisant. Dès le début de notre aventure intellectuelle et affective, ils sont là, ils découpent notre manière de voir le monde, nous donnent une conduite à tenir et nous sécurisent.

Mais le cours d'une vie n'est pas un fleuve tranquille. Ça bouillonne, ça chute dans les cascades, ça charrie des détritus et ça cogne contre les rochers. Parfois même ces empreintes primordiales viennent à manquer. Le malheur d'une mère fait souffrir son enfant, un père mal situé, une société agressive bousculent le petit et transforment le bouillonnement de la vie en violente tempête. Alors, curieusement, les animaux restent là. On n'a pas d'ambivalence envers eux puisqu'ils s'adaptent à ce que nous sommes. Si on se déteste, on se menace et chacun mène sa vie. Si l'un des deux est considéré comme un gibier, il a intérêt à détaler. Et si on s'aime, l'amour sera sans retenue.

Quand un enfant se développe bien parce que sa famille est sereine et que sa société lui offre des circuits convenables, les animaux gardent quand même un pouvoir sécurisant et amusant qui invite les petits à l'exploration d'une différence, d'une autre manière d'être vivant : un apprentissage joyeux de la tolérance en quelque sorte. Mais quand un enfant souffre, les animaux sont encore là. Ils gardent même un étonnant pouvoir apaisant. Quand l'enfant blessé raconte ses malheurs à son chien (attentif bien sûr), qui continue à l'aimer sans lui apporter la moindre contradiction ni le moindre jugement, il est apaisé par cette relation d'affection pure. Et c'est pour cela que les enfants abandonnés, les petits orphelins à qui personne ne parle, les garçons et les filles privés d'images parentales sécurisantes redécouvrent régulièrement l'image tranquillisante de l'animal imprégné au fond de leur mémoire.

Tous les enfants qui souffrent de carences affectives, de fracas social ou de maladies graves se réfugient auprès des animaux pour se faire consoler. Et ces derniers sont d'accord car ils ne sont pas bêtes, ils sentent bien qu'ils ont aussi besoin de relations affectives, sécurisantes et stimulantes. Cet accord mutuel où chacun renforce l'autre réalise une entente cordiale entre espèces, du plus utile effet.

C'est comme ça que naissent les motivations. Karine Lou Matignon sait de quoi je parle quand elle souligne sa propre motivation et celle de la plupart des chercheurs et des artistes qu'elle a interrogés. Finalement, il y a peut-être deux manières d'aborder les hommes. Un regard qui reste à l'extérieur permet de les considérer comme des outils. Dix hommes ou un cheval peuvent tirer une charge équivalente. Une vache ou mille poulets apportent une quantité comparable de protéines. On peut s'en tenir à cet aspect de l'autre, l'énergie qu'il produit ou la quantité de viande qu'il fournit.

Mais quand on a connu les animaux parce que, au moment de l'épreuve, on a établi avec eux une relation affective qui nous a transformés, il faut au moins avoir la reconnaissance du cœur. On ne peut plus se satisfaire de cette connaissance en surface, celle qui suffit à l'industriel qui cherche de l'énergie, au commerçant qui ne compte qu'en poids ou au chasseur qui n'étudie le comportement de l'animal que pour mieux le piéger. Quand on a tissé un lien avec un animal, on veut entrer dans son monde et comprendre ce qu'il comprend. Alors on découvre d'autres univers mentaux qui, par comparaison, permettent de mieux comprendre le nôtre.

Karine a donné la parole à des biologistes, à des écrivains, à des philosophes et à des musiciens qui tous ont cheminé dans la même direction : mieux comprendre les mondes animaux nous permet de mieux comprendre aussi le monde humain. Il est encore possible de considérer un chien comme un outil quand on lui donne le rôle de bouillotte pour chauffer notre lit, ou de concierge pour annoncer les visites, mais il devient difficile de le torturer quand on sait ce que cela représente dans son monde. Il devient difficile aussi de considérer simplement comme une machine des êtres vivants qui nous ont aidés à construire notre propre condition humaine.

Quand la représentation de la mort est apparue chez l'Homme et que l'on s'est demandé où se trouvait celui qui vivait encore dans notre cœur alors que son cadavre gisait à nos côtés, il nous a bien fallu imaginer que les animaux, êtres vivants donc mourants, pouvaient aussi changer de forme et se réincarner. Dès le début de l'aventure humaine, ils ont participé à nos représentations du monde. Alors Karine Lou Matignon interroge une spécialiste du chamanisme qui explique qu'un animal ne meurt pas quand on le tue ; il se donne à nous comme une femme qui nous aime. L'effet poétique de ces recherches n'empêche pas leur rigueur scientifique. La trille des oiseaux est organisée comme la prosodie du langage de nos enfants. Et même les linguistes nous apprennent à analyser la sémiotique des postures animales, de leurs gestes, de leurs cris et de la géométrie de leurs formes et de leurs couleurs. Tout fait signe dans un monde vivant et les animaux nous aident à mieux comprendre ce langage qui prépare à la parole. Les symphonies des nouveaux mondes ne nous sont pas étrangères puisqu'elles nous permettent de mieux comprendre les hommes qui ne parlent pas encore ou qui ne parlent plus.

Nous n'avons pas à avoir honte de nos origines animales. Nous sommes aujourd'hui devenus assez forts pour éprouver le plaisir de découvrir ceux dont nous sommes issus. L'auteur, avec l'élégance de son style et sa curiosité d'exploratrice, nous invite à explorer ces continents animaux que nous découvrons à peine alors que nous les avons côtoyés depuis le début de l'humanité : « C'est pourquoi je crois en ces aventuriers, hommes et femmes, porte-parole de ces interrogations d'un nouveau siècle, qui tentent, comme l'ont fait avant eux d'autres naturalistes, d'autres chercheurs et artistes, de redéfinir la place de l'homme dans le monde en franchissant ce fossé qui nous a séparés de l'animal. »

Voici l'enjeu de la traversée à laquelle nous invite Karine Lou Matignon.

Boris Cyrulnik

Prologue

> « Etre poète, être artiste, être religieux, être inventeur, être créateur en un mot, c'est joindre aux facultés spécifiquement humaines la plénitude des facultés animales. »
>
> Robert HAINARD

Tout questionnement sur le monde trouve son origine dans l'enfance. J'ai été proche des animaux et de la nature d'abord par solitude et rébellion. Puis je m'en suis éloignée pour m'enraciner dans l'agitation du quotidien, soumise à la dictature du zapping et des modes. Dans cette fuite en avant, ma route a croisé celle d'hommes et de femmes qui, leur vie durant, partagés entre le monde des hommes et celui des animaux, ont cherché plus ou moins un sens à l'existence. Ils m'ont inspiré cet ouvrage, m'ont permis d'élargir la vision que j'avais de la dimension humaine à travers nos rapports avec les bêtes. De fait, cela m'a rappelé comment je suis devenue curieuse de la vie. Si les animaux ont été d'abord, pour la gamine écorchée que j'étais, de merveilleux « alibis » pour fuir le monde des adultes auquel je n'adhérais pas faute d'y trouver des repères, ces mêmes « bestioles » ont pris avec le temps une tout autre dimension. Paradoxalement, ils m'ont donné l'envie de comprendre mes origines d'*Homo sapiens*, de partir en quête des racines profondes de la nature humaine, d'envisager l'évolution sous des angles variés, de décoder puis d'intégrer ce monde des hommes contre lequel j'avais mis tant d'énergie à me battre. Le doute m'a contrainte à devenir libre et tolérante, à me créer une identité. Alors la vie m'est apparue moins cruelle, riche de sens, de poésie et d'espoir. Elle est devenue et demeure une aventure diablement excitante.

Dès que vous contemplez le monde à travers une idéologie, vous êtes perdu, a écrit un jour un vieux jésuite indien. J'ai toujours été séduite par les rebelles de l'esprit exempts de certitudes, ceux qui fomentent des révoltes, qui luttent contre la pensée unique, révisent les théories et s'émerveillent de la vie en inventant leur histoire. Aux yeux des imposteurs, ces impertinents ont basculé dans l'incohérence et pèchent par ignorance des valeurs. Pourtant, ce sont eux qui donnent à l'avenir ce goût d'indépendance, de renaissance perpétuelle et de tolérance. Les expériences des hommes et des femmes qui vont suivre m'ont révélé les mille manières dont on peut se laisser enseigner par les animaux pour voir le monde autrement, partir en quête de nos origines, en apprendre davantage sur nous-mêmes à l'échelle individuelle et collective. Leur sensibilité, leur décalage, leurs douleurs furtives, leurs interrogations existentielles et leur spontanéité ont nourri mon propre questionnement. Ils ne prétendent pas apporter de réponses mais une redéfinition de la vie, de la science, de l'humanisme, des éclairages multiples qui génèrent ce sentiment d'évolution et de cohabitation entre les hommes et les animaux.

L'animal, miroir de l'homme

Tout semble avoir été dit sur les relations que nous entretenons avec les animaux depuis des siècles. Tout et son contraire. De l'inclination des Egyptiens à la tradition occidentale prônant la soumission de la nature à l'homme, de Prométhée à Descartes. Tantôt l'osmose, tantôt l'enfer, toujours sur le fil du rasoir. Chaque époque, chaque culture, des présocratiques à l'animisme, a proposé de repenser l'animalité selon l'idée qu'elle s'en faisait. De fait, l'animal n'a jamais cessé d'être un miroir dans lequel se reflètent les valeurs humaines.

Depuis peu, les travaux d'éthologues audacieux nous ont permis de découvrir qu'il existait des connexions incroyables entre le monde des animaux et le nôtre — du rire chez le rat [1] à une ébauche de morale chez les grands singes. La hiérarchisation du monde vivant reposant sur l'idée que l'homme doté de la parole est le seul à posséder la capacité de penser et d'éprouver n'a plus cours. D'une part, la communication ne se limite pas au langage verbal. On sait aujourd'hui combien les gestes, les attitudes, les odeurs, les sons et les regards transmettent des états émotionnels et, en cela, participent à un échange. D'autre part, le processus de la cérébralisation depuis nos ancêtres prosimiens prouve qu'il n'y a pas de coupure entre l'homme et l'animal. Le constat est rude, il remet les pendules à l'heure : nous ne sommes qu'un produit tardif de l'évolution et il ne nous est plus possible de renier l'héritage biologique que nous partageons avec les animaux. Ce qui ne veut pas dire qu'il faille confondre nature humaine et nature animale. C'est d'ailleurs là tout l'enjeu de l'éthologie comparée : souligner les analogies sans projeter sur les animaux nos délires fantasmatiques. Si preuve est donc faite que les bêtes ne sont plus des machines — ce qui a justifié jusque-là leur exploitation — et que l'homme est finalement moins à l'image de Dieu qu'à celle du grand singe, il est légitime de s'interroger sur l'évolution de nos rapports avec les animaux.

Communiquer avec les animaux

Octobre 1983. A la question que Claude Macherel, chercheur au CNRS, posa ce matin-là à Claude Lévi-Strauss à propos du vœu qu'il aimerait voir exaucé, le célèbre ethnologue répondit sans la moindre hésitation : « Ce serait de pouvoir communiquer avec un animal. La mélancolie, c'est de me sentir coupé de l'essentiel de la création et d'être resté, comme tout un chacun, cantonné dans ce petit fragment qui est représenté par l'espèce humaine, alors qu'il y a en dehors d'elle tant d'autres choses qui mériteraient d'être connues, d'être comprises, et avec lesquelles on aimerait pouvoir communiquer. Vous me direz que c'est un étrange vœu de la part d'un ethnologue qui se consacre à étudier les hommes. Mais c'est aussi l'affirmation du sentiment que l'homme n'est pas seul et que, en dehors de l'homme, il y a autre chose vers quoi tendre. »

Une tendance m'a intriguée ces dernières années : cet incroyable désir de notre société à vouloir communiquer avec les animaux. Jamais les agences de voyages n'ont été aussi nombreuses à proposer des séjours pour aller « chanter » avec les baleines, hurler avec les loups ou nager dans le sillage des dauphins. Même les cabinets de ressources humaines ont décidé de redynamiser leurs cadres épuisés en les encourageant à « chuchoter » à l'oreille des chevaux. En 1998, Koko, une femelle gorille de 140 kilos, a répondu en direct pendant près de vingt-cinq minutes aux questions de quelques internautes, sur un canal de dialogue par l'intermédiaire de son instructeur au centre de recherches de San Francisco. Plus que jamais notre époque veut décrypter le langage des animaux, comprendre leurs mondes intérieurs et ainsi mieux cerner notre propre relation avec le monde qui nous entoure. Désormais, il n'est plus question de dominer la nature pour se distinguer de l'animalité — ce qui, à l'époque préhistorique, a participé au fondement de l'humanité — ni de tuer sa nature animale comme le dieu perse Mithra, mais au contraire de pactiser avec elle. L'animal est devenu une valeur culturelle en soi. Des questions taraudent alors les plus sceptiques : s'agit-il d'une dérive anthropomorphique, d'un délire écologique, voire d'une grande solitude humaine ? Est-ce du respect, la mémoire d'une unité originelle ou bien une évolution somme toute logique et parfaitement banale ? Après tout, les animaux côtoyaient déjà les sépultures des hommes bien avant l'ère néolithique. Et si le fait de retrouver cette sensibilité et cette curiosité d'enfant à l'égard de l'animal, loin de nous détourner de l'humain, nous en rapprochait ?

De l'émotion dans toute relation

On sait comment les hommes communiquent entre eux sur la base d'un répertoire commun avec les animaux. On sait maintenant que les animaux utilisent dans leurs relations la plupart des émotions que l'on retrouve chez l'homme. Si le règne du vivant tout entier n'est qu'un vaste continuum interdépendant, il semble logique que les deux espèces puissent se comprendre. Des éthologues parlent de rencontres olfactives et sonores, de signaux du corps composant un langage sémiotique, sorte de fabuleux dialogue sans paroles. Si l'on peut comprendre qu'une complicité puisse s'installer entre un animal domestique et son propriétaire, que dire de ces hommes et de ces femmes en relation avec des animaux sauvages en pleine nature ? Un échange peut-il seulement avoir lieu avec des animaux dotés d'une intelligence supérieure ou est-il possible de communiquer avec tous les animaux, insectes y compris ? Pour quelles raisons les relations entre un animal et un enfant sont-elles généralement plus simples qu'avec un adulte et comment ces relations débouchent-elles la plupart du temps sur une puissante envie de l'enfant d'explorer le monde des hommes ? En quoi la manière dont se comporte un animal au contact d'un homme peut-elle être révélatrice de la nature même de cet homme ? Comment la pensée du propriétaire est-elle capable de façonner le comportement et le développement d'un animal ?

Rencontres

Il arrive encore que mes rêves soient peuplés de bêtes comme le sont les songes des gamins. Je me transforme généralement en renard ou en ours (ce qui pour Jung signifiait une période de régression), je n'ai pas la parole, j'éprouve une sensorialité que je ne connais pas et j'observe les hommes. Enfant, une histoire m'a profondément marquée : *Le Merveilleux Voyage de Nils Holgersson* de Selma Lagerlöf, les aventures d'un petit d'homme possédant ce pouvoir fantastique de faire des allers-retours entre le monde des humains et celui des animaux. J'aurais donné cher pour être ce témoin privilégié d'un univers où le temps s'écoule différemment du nôtre. Par la suite, j'ai pu observer que la communication avec le monde animal pouvait être multiple, dépasser le simple contact physique, être artistique, chamanique, personnelle, collective, traditionnelle, contemplative ou engagée, venir d'un passé lointain comme cette infinité de légendes mythologiques ou de récits inspirés par la vie sauvage et la chasse, telle qu'on la conçoit aujourd'hui encore dans certaines populations traditionnelles.

Ce livre raconte donc une aventure humaine peuplée d'animaux, chacun vivant dans son univers mais partageant intimement le même monde. Ce sont des pionniers, des précurseurs, des aventuriers, des artistes, des scientifiques, des destins peu ordinaires. Certaines rencontres ont été furtives, fraternelles, d'autres ont d'ores et déjà bouleversé ma vie. Ces trajets vont être balisés par des expériences uniques, des récits sociaux — quoi qu'on fasse, les animaux demeurent les objets de nos représentations —, des parcours, des rébellions, des atmosphères. Et qu'importe si l'anthropomorphisme — considéré par certains chercheurs comme une pathologie génétiquement programmée [2] — affleure parfois. Le discours anthropocentrique appliqué à la distinction des espèces n'a pas plus de légitimité. Cette angoisse de projeter sur l'animal nos propres sentiments reste encore bien présente au sein de la communauté scientifique, jusqu'à sombrer dans le ridicule. « En tant que biologiste spécialisé dans la recherche sur le comportement des chimpanzés, j'ai moi-même rencontré de fortes résistances lorsque j'ai proposé le terme de “réconciliation” pour décrire les retrouvailles amicales entre deux individus qui étaient précédemment des adversaires, explique le primatologue Frans De Waal. Plus d'une fois on m'a demandé si le terme de réconciliation n'était pas exagérément anthropomorphique. Or les termes liés à l'agression, à la violence et à la compétition n'ont jamais posé le moindre problème ; mais on aurait voulu que j'emploie une terminologie parfaitement neutre pour évoquer les rapports affectueux manifestés par deux chimpanzés après une phase de querelle. Une réconciliation scellée par un baiser aurait dû être décrite comme une "interaction post-agoniste, avec contact bucco-buccal". Recourir à des termes différents pour désigner les comportements de l'homme et des animaux conduit souvent à voiler des ressemblances fondamentales. » Faut-il donc rester objectif sur le plan émotionnel pour comprendre le monde de l'autre ou vaut-il mieux opter pour l'empathie ? Je n'en sais fichtrement rien. A la limite, quelle importance ? Je n'ai pas l'ambition ici de démontrer une théorie sur la communication entre l'homme et l'animal, pas plus qu'écrire un abécédaire ou un manuel. Je propose juste de défricher quelques sentiers au gré d'une expédition ludique, d'écouter les animaux nous parler d'eux et de nous, de réveiller notre esprit critique, notre imaginaire, notre curiosité et notre tolérance vis-à-vis de l'autre.

« Je m'étonne profondément qu'il soit possible de nouer avec un oiseau en liberté des relations aussi intimes, remarquait l'éthologue Konrad Lorenz, et je sais que c'est là une situation qui procure un bonheur rare et qui nous permet d'oublier un instant que l'homme fut chassé du paradis. »

I.
EMPREINTES ANIMALES

Introduction

Le grand paradoxe de l'animal humain

C'est dans la mise à mort des animaux et le partage de la viande que les relations sociales humaines ont pris racine. Plus tard, la domestication a donné naissance aux civilisations, participé à l'essor de l'économie et de la politique. Leurs sacrifices sur les autels religieux nous ont permis de converser avec les dieux. Puis l'animal est devenu une quantité négligeable quand nos sociétés ont fait le deuil de leurs mythes. Alors le progrès et la paillasse des laboratoires ont remplacé le sacré. Désormais, on brevette le vivant et on banalise la mise à mort. On ne sacrifie plus, on ne tue pas davantage, on « abat » dans la plus grande discrétion : un terme qui, selon l'anthropologue Noélie Vialles, désanimalise la bête et l'assimile à la matière inanimée.

Paradoxe des temps modernes : d'un côté, l'élevage industrialisé chosifie les bêtes dites de consommation ; de l'autre, la civilisation urbaine humanise l'animal familier — tandis que la science animalise l'homme en nous montrant à quel point il ne nous est plus possible de renier notre héritage biologique et comportemental. Bref, l'animal nous imprègne. Il suinte en nous, habite nos comportements, notre langage, nos rêves, nos fantasmes et nos ambitions. Notre destin n'a jamais été séparé du sien. Nous ne lui échapperons pas. Et ce n'est pas son mutisme qui peut nous accorder cette prétention puisqu'il y a belle lurette que les bêtes nous parlent. Par leur silence. Elles s'expriment dans les légendes et le folklore, au cœur du totémisme et du chamanisme, sous l'œil objectif des chercheurs, à travers le discours des sociétés. Et de quoi nous parlent-elles ? De nous.

D'un monde à l'autre

Si les animaux nous parlent, nous comprenons finalement peu de choses de leur monde car nous interprétons en permanence leurs comportements à l'aune des nôtres. Parfois, les erreurs sont lourdes de conséquences. Imaginez la terreur chez un chimpanzé, un cheval ou un chien qui ne vous connaît ni de forme ni d'odeur, lorsque vous approchez de lui à grands pas et pénétrez son espace de sécurité, le regard fiché dans le sien. Même si vos intentions sont pacifiques, le sourire qui découvre vos dents carnassières suscite son inquiétude autant que la main que vous tendez brutalement pour le caresser, paume en avant. Dans l'univers intime de l'animal se joue en permanence une autre sensorialité. Des naturalistes ont su défricher ces continents et nous transmettre leurs mystères.

A la fin du siècle passé, la rigueur objectiviste hante les laboratoires allemands. Les conceptions scientifiques qui appréhendent le vivant se confrontent. Mécanistes, vitalistes, adeptes du transformisme et de la sélection naturelle si chère à Darwin rivalisent. Dans les laboratoires, la psychologie animale (science étudiant les processus d'acquisition des comportements) n'est encore que balbutiante. Au début des années 30, un homme va éclairer cette discipline en parlant du principe que les animaux sont des sujets et non plus des machines. Il s'appelle Jakob von Uexküll. Tout ce que nous savons aujourd'hui sur ce thème doit beaucoup à ce chercheur inspiré. Comme tous les aventuriers, l'homme est curieux, intrépide, libre, provocateur. C'est d'abord en naturaliste et amateur indépendant qu'il aborde les sciences naturelles puis, contraint par les circonstances — la Première Guerre mondiale le ruine —, il intègre les lieux et les modalités de la recherche traditionnelle. La physiologie comparée l'absorbe et l'entraîne dans les méandres des systèmes nerveux et physico-chimiques. La minutie que requiert l'observation exacerbe sa détermination à comprendre les secrets de la nature. Loin de l'enliser dans une vision parcellaire des organismes, l'étude des fonctions des tissus et des organes renvoie au contraire Uexküll à la totalité de l'organisme et à l'ensemble de ses interactions avec son milieu. C'est animé de la même passion que cet audacieux artisan découvre, dans l'efflorescence des prés, les mondes cachés des animaux. Sa réflexion le pousse alors à introduire et à défendre le concept d'*Umwelt* qui traduit la notion de monde propre subjectif de l'animal. Chaque espèce animale possède ses propres performances perceptives qui lui permettent de capter le monde auditif, olfactif ou visuel qui est le sien. Dès lors, une mouche est capable de percevoir les ultraviolets, un crotale ressent une variation de température de l'ordre de 0,003 °C, un requin peut repérer une infime goutte de sang dans plusieurs centaines de litres d'eau, etc. Tous construisent un rapport au monde qui leur est intimement personnel et qui dépend de leur organisation sensorielle. De fait, la même tige de fleur porte une signification différente selon le milieu et l'être vivant qui l'aborde. « Le fin carrelage que tâte la fourmi en cheminant sur la tige de fleur n'existe pas pour la main de la jeune fille qui la cueille et encore moins pour le mufle de la vache qui s'en nourrit, remarquait Uexküll. La structure de la tige et les métabolismes dont elle est le siège ne jouent aucun rôle pour la jeune fille ni pour la fourmi. En revanche, la digestibilité de cette tige est essentielle pour la vache. Des canaux médullaires finement structurés de la tige, la cigale pompe une sève à son goût. Tout objet qui entre dans l'orbite d'un milieu est modulé et transformé jusqu'à ce qu'il devienne un porteur de signification utilisable ou non. »

Des animaux bavards

La communication animale est apparue au cours de l'évolution à partir du moment où l'interdépendance s'est montrée essentielle pour procréer et se nourrir. L'étude scientifique du langage animal est en revanche récente et de multiples travaux n'ont jamais réussi à mettre d'accord les chercheurs sur une définition unique du terme [1]. Certains se concentrent, en effet, sur la spécialisation des organes émetteurs ou récepteurs, sur l'évolution de signaux rudimentaires vers des formes de communication très sophistiquées, par exemple sur les rapprochements entre l'apprentissage du chant du jeune oiseau qui apprend en écoutant ses parents et commet des fausses notes et les étapes du babil de l'enfant dans les premiers mois de sa vie — un déroulement qui fait penser à l'apparition de la parole chez l'homme ; d'autres cherchent à cerner la manière dont agissent les signaux sur le milieu social ou veulent connaître la nature de l'information déclinée par l'animal. Toujours est-il que les moyens utilisés pour procéder à des échanges d'informations sont variés (chimiques, visuels, vocaux, tactiles, électriques, comportementaux).

Le cheval possède, par exemple, un organe voméro-nasal situé dans la partie postérieure de la bouche. Il permet en inspirant l'air d'analyser les substances chimiques sécrétées par un congénère et de connaître ses intentions et éventuellement son statut. Si un singe se tourne vers moi en fixant mon regard ou si un wapiti retrousse ses lèvres et renifle bruyamment tout en grinçant des dents, je sais que l'un et l'autre me proposent de prendre le large. Les postures de menace du loup (oreilles plaquées sur la tête, cou tendu en avant, queue haute) ont généralement pour ultime dessein de pacifier les conflits sociaux et d'empêcher les combats meurtriers. Chez les fourmis, les pistes sont balisées d'odeurs. Lorsqu'une d'entre elles est en danger, elle produit une phéromone qui éloigne ses semblables. Les guêpes s'identifient et « bavardent » à l'aide de signaux chimiques répandus sur leur corps qu'elles palpent avec leurs antennes. Chez les abeilles mellifères, on exécute des danses compliquées pour décrire au reste de la ruche les endroits où trouver de la nourriture. Les sons produits par les baleines ont pour fonction principale d'assurer la cohésion du groupe sur des distances pouvant atteindre plusieurs centaines de kilomètres. Séparés, les éléphants communiquent de la même manière, en utilisant des sons de très basses fréquences, les infrasons. Toujours dans le registre sonore, le cri d'alarme de la mère lagopède a cette faculté de tétaniser sa progéniture de sorte qu'elle se confond immédiatement dans le décor en cas de danger. A la manière des chimpanzés, des baleines, des corbeaux ou des loups qui ont leur propre dialecte selon la région où ils vivent[2], un rouge-gorge possède lui aussi un accent régional. Son chant qui nous emplit d'émotion renferme en fait une foule de messages sémantiques, qui exposent son identité, l'étendue de son territoire et son humeur du moment.

Pour quelle raison les femelles canaris préfèrent-elles un mâle qui chante comme une crécelle ? Parce qu'il a adopté un tempo, et pas n'importe lequel. Si elles l'entendent une trentaine de fois d'affilée, ce qui relève de l'héroïsme, l'affaire est entendue pour le mâle. Chacun des manchots qui constituent ces colonies de plus d'un million d'oiseaux reconnaît son partenaire ou sa descendance en déclinant son identité acoustique. Si on leur bouche les oreilles avec de la cire, les membres d'une même famille peuvent se croiser sans jamais se reconnaître. Durant la période de reproduction, le mâle de l'araignée orbitèle pince le bord de la toile de sa bien-aimée selon un rythme spécifique. Si la femelle apprécie, elle se montre alors complaisante et encourage le mâle à s'approcher d'elle. Le cas échéant, si le rythme lui a déplu, elle fonce sur le mâle déchu et le dévore prestement. Dans le même esprit, certaines oiselles choisissent leur mâle non pas à la beauté de son plumage ou à la grâce de sa danse mais à la qualité du rythme de son chant.

Le langage humain est-il une imitation des bruits de la nature ?

Or voilà une information frappante : il est fréquent de constater que la plupart des animaux se montrent fascinés par le rythme et la musique du langage humain. Pour quelle raison ? Existerait-il dans la genèse du son une forme rythmique commune entre les hommes et les animaux ? Avant que nos gestes de primates ne se transforment au fil du temps en paroles et ne nous confèrent le statut d'humain, nous laissions-nous bercer par les rythmes de la nature, le battement de nos mains, les sons émis lors de la taille des pierres ? Avons-nous appris à communiquer grâce à cette musique ? Il y a soixante mille ans déjà, les hommes jouaient de la flûte, instrument taillé dans un os percé de trous. A Mézine, en Ukraine, les archéologues ont trouvé une fosse d'orchestre remplie d'instruments à vent, à cordes, à percussion[3].

Il est probable que la musique est née des nécessités de la chasse grâce à l'utilisation des premiers appeaux en os de renne et à l'imitation des cris des animaux pour annoncer au clan l'approche d'un prédateur ou envisager un projet de capture. « J'imagine, remarque le linguiste Jespersen, que la première manifestation du langage a dû se placer entre le miaulement nocturne d'un chat amoureux sur un toit et les mélodieux chants d'amour du rossignol. » En utilisant ces sons empruntés au monde animal, l'homme a sans doute attribué aux bêtes désignées des qualités telles que la force ou la rapidité. Les spécialistes pensent que nos ancêtres auraient ensuite utilisé ces représentations pour construire et définir leur propre monde. Ainsi se serait mis en place le processus universel de totémisation.

Les travaux sur l'origine du langage sont incroyablement nombreux et contradictoires. Philosophes et chercheurs continuent encore de s'interroger sur cette énigme, tant sur le contenu des premiers ensembles articulés que sur le processus qui a conduit l'homme à les proférer. Certaines thèses explorent la piste peu exploitée de la musique inspirée par les animaux. Des discours rythmés des peuples kanaks aux chants mystiques soufis[4] en passant par les chants dyphoniques des Pygmées et des chamanes sibériens, beaucoup de légendes traditionnelles racontent que les chants et les rythmes sont nés des bruissements des arbres, du murmure des sources et des cris des animaux. Chez les Indiens Suyá, en Amazonie, la musique rythmée remplace la parole. Aux voix humaines, au martèlement du sol s'associent des cris et des mimiques animales. Un homme que l'on appelle là-bas « sans esprit » est le seul à pouvoir enrichir la structure du chant de la tribu après qu'il a voyagé parmi les animaux de la forêt. Les animaux lui parlent et c'est toute la société des hommes qui se structure et s'organise avec la nature, reste en contact avec elle et les siens, par l'intermédiaire d'une trame sonore. Le silence est un danger : il signifie se couper du monde et de la communauté. Les rythmes qui existent depuis des milliers d'années seraient-ils un moyen de nous mettre en relation avec le monde animal ?

Selon les travaux de John B. Theberge, professeur d'écologie à l'université de Waterloo dans l'Ontario, les loups rejoignent l'endroit d'où les hommes les appellent en diffusant le son de leurs propres hurlements enregistrés. Mais, très curieusement, ces mêmes animaux parviennent à faire la distinction entre le hurlement d'un homme ou d'une femme imitant un loup avec ceux provenant d'un enregistrement diffusant la même voix : alors qu'ils répondent dans le premier cas, ils snobent la diffusion du son diffusé mécaniquement. Les études ont montré que leur sensibilité au spectre sonore était telle qu'ils étaient capables de repérer des différences, même infimes, portant sur les harmoniques et la rythmicité. Celle-là même qui donne à chaque espèce sa spécificité.

Le rythme devient rite. « Les animaux n'attachent aucune importance aux notes, souligne Thierry Aubin, spécialiste des mécanismes de la communication au CNRS. Contrairement à nous qui nous intéressons au contenu, ce qui les motive, eux, c'est le rythme. Dans le cadre d'une étude sur le chant de l'alouette des champs, j'ai mis un an à m'apercevoir que je faisais fausse route : l'ordre des notes n'avait aucune espèce d'importance. Même si on mélangeait ces notes où si on les remplaçait par celles appartenant à une autre espèce d'oiseau, l'animal comprenait toujours le message. Enfin, j'ai constaté que si l'on ne respectait pas un rythme, à trente millisecondes près, le code tombait et l'alouette était incapable de comprendre le signal. Dans la mesure où vous respectez le code qui convient à l'animal, qu'il s'agisse d'un manchot, d'un grillon ou d'un loup, vous pouvez entrer en communication avec lui. »

Sur ce terrain, il est impossible de ne pas songer aux productions musicales des peuples anciens, sorte de discours rythmés à chaque clan, qui les utilisent pour communiquer d'un village à l'autre. Pour comprendre le monde qui les entoure, des chercheurs se sont laissés emporter dans de fulgurantes découvertes, où l'on constate que nature et culture sont intimement liées.

1

L'homme qui écoute les oiseaux

François-Bernard Mâche

> « Quel intérêt y a-t-il à vivre si l'homme ne peut entendre le cri solitaire de l'engoulevent ou les palabres des grenouilles autour d'un étang la nuit ? »
>
> Chef SEATTLE

« La musique est une forme de vocalisation proche des trilles des animaux, d'où on peut imaginer que le langage s'est développé à partir de ce fonds commun en se spécialisant pour la communication. Certes, c'est une thèse qui n'est pas admise partout. Toutefois, je suis loin d'être le seul à la défendre. » L'homme qui parle s'appelle François-Bernard Mâche[1]. Il est compositeur, musicologue, directeur d'études à l'Ecole des hautes études en sciences sociales. Il est aussi zoomusicologue, une discipline dont il a inventé le nom, et qui rassemble des chercheurs autour des signaux animaux et de leurs aspects évolutifs mais aussi autour des origines de la musique et leurs formes universelles. Il est d'ailleurs surprenant de constater qu'il n'y a pas si longtemps encore les spécialistes rejetaient l'idée même de l'universalité de la musique. Chaque jour, François-Bernard Mâche analyse dans son laboratoire des chants d'oiseaux pour les transcrire musicalement. L'engouement de cet homme pour la musique remonte au berceau.

Né dans une famille de musiciens de père en fils, violonistes et violoncellistes, il apprend à lire les partitions bien avant les lettres. A l'âge de huit ans, il écrit ses premières compositions, décroche un prix de piano au conservatoire de Clermont-Ferrand et commence véritablement à composer vers 1950. Encouragé par ses parents à poursuivre ses études, François-Bernard Mâche se frotte aux bancs de l'Ecole normale supérieure à l'âge de vingt ans. Helléniste convaincu, il se tourne ensuite vers l'archéologie grecque et enseigne cette discipline à la Sorbonne avant de devenir professeur de lettres. La musique le rattrape en 1958, année où il intègre à la fois la classe de Messiaen au Conservatoire national supérieur de musique de Paris et le tout nouveau Groupe de recherches musicales de Radio-France dirigé par Pierre Schaeffer. Comprendre la base de la création musicale devient alors pour François-Bernard Mâche une véritable quête. Il part à la recherche de ces racines universelles dans les mythes et les sons animaux. Aujourd'hui, il n'hésite pas à dire que la fonction première de la musique est une réconciliation entre l'édifice culturel et ses bases naturelles.

De Pierre Schaeffer aux oiseaux

— Votre enthousiasme à démontrer que l'animal est capable de créer a-t-il provoqué des réactions passionnées à la fois de la part des scientifiques et de vos collègues musiciens ?

— Les biologistes sont sceptiques sur les phénomènes culturels parce que leur hypothèse de travail, c'est l'étude du comportement, et que mon travail les obligerait à repenser les bases de leur étude. Cela dit, on constate que de plus en plus de chercheurs, notamment des zoologistes et des éthologues, admettent l'idée d'une fonction esthétique chez l'animal. Les Anglo-Saxons semblent plus déterminés dans cette voie de recherche que les Français et la confrontation entre les thèses de l'évolutionnisme et une approche musicologue comme la mienne les intéresse beaucoup[2].

— Qu'est-ce qui vous a conduit à devenir zoomusicologue ?

— Au début, j'avais une attirance spontanée pour des sons animaux dans le cadre de l'écoute des sons concrets. C'est le Groupe de recherches musicales de Pierre Schaeffer qui a favorisé cet intérêt. Dans mes premières œuvres à la fin des années 50, j'utilisais déjà des sons animaux, en particulier des sons d'amphibiens. Messiaen ayant abondamment exploité les chants d'oiseaux, j'ai eu tendance à les négliger pour m'intéresser surtout à un autre modèle : les sons du langage. Et puis je me suis aperçu que d'autres compositeurs avant lui avaient eu une démarche comparable. Je me suis alors intéressé aux chants d'oiseaux. J'ai commencé à les incorporer dans mes œuvres dans les années 60. Je fais un travail de transcription des sons animaux qui permet la synchronisation avec les musiques humaines. Jusque-là, aucun compositeur n'a fait cela aussi précisément. A partir du moment où j'ai dû faire une analyse très fine de ces chants pour les incorporer dans des partitions, cela m'a obligé à les écouter très attentivement et, au fur et à mesure, je me suis aperçu que non seulement les formes sonores étaient intéressantes mais qu'elles avaient des analogies frappantes, très fortes, avec les procédés des musiciens. Autant sur le plan du résultat sonore que sur le plan de la construction.

— Ce n'est pas valable chez toutes les espèces ?

— Il y a en effet des espèces plus proches que d'autres des démarches musicales humaines. Sur les quelque 9 000 espèces d'oiseaux, environ 4 000 ou 5 000 sont des chanteurs[3]. Parmi ceux-ci, environ 350 espèces sont intéressantes pour le musicien par la variété de leurs signaux. Pourquoi les mammifères n'ont-ils pas développé de signaux complexes, à part quelques primates comme les gibbons et les loups, ou les baleines à bosse ? Cela n'a pas été expliqué en terme d'évolution. Généralement, les émissions sonores des animaux sont étudiées sous deux points de vue principaux : leurs caractères acoustiques expliqués par des études physiologiques — par exemple l'oiseau répète en dormant ses concerts diurnes de la même manière que nous revoyons en rêve ce que nous avons appris et vécu dans la journée, ce qui est la clé même de la progression[4] — et leurs fonctions de communication interspécifiques sous l'angle éthologique. L'étude interne est plus négligée.

— Il existerait donc comme une espèce de partition primitive commune entre ces espèces et l'homme ?

— Disons qu'il y a des formes privilégiées qui sont des archétypes. Cela ne veut pas dire qu'elles suffisent à elles seules à assurer un intérêt musical. Mais c'est vrai que l'on rencontre des associations intéressantes. Par exemple, l'accélération d'un son parallèlement à son intensité croissante. C'est un geste qui est ancré dans la physiologie de beaucoup d'espèces vivantes. Autre exemple, la répétition, qui est un universel des musiques humaines mais aussi des musiques animales. Quelles répétitions ? comment ? à quel taux ? quelle est la différence entre répétition et variation ? peut-on répéter sans varier ? Il semble exister à la fois une sorte de catalogue de base et un mode d'emploi commun à toutes les espèces capables de jouer avec des signaux sonores[5].

De l'animal comme intercesseur spirituel

— Vous avez travaillé sur la musique et la nature à travers le mythe des dauphins d'Arion. Quel est le pont entre la création musicale et ce symbolisme ?

— Au départ, il s'agit d'un intérêt personnel pour un certain nombre de mythes grecs qui se regroupent autour de deux thèmes principaux : celui du plongeon et celui de la pétrification. Il y a tout un système de représentations : la mer est souvent la représentation symbolique de l'inconscient, ce dernier est peuplé de dauphins, c'est-à-dire des créatures liées à Apollon qui est la surconscience spirituelle. Ces mythes racontent la nécessité de plonger dans les ténèbres de l'inconscient pour accéder à la lumineuse spiritualité. Après un plongeon initial, le sujet accomplit une traversée dangereuse. Des ennemis essaient de le détourner. La magie musicale intervient alors, entraînant le plongeon décisif. C'est tout à fait intéressant parce qu'il y a à l'intérieur de l'inconscient des créatures qui sont des alliées, et qui font que le plongeon n'est jamais définitif. Ce qui m'a donc attiré, c'est cette symbolique. Elle donnait au musicien une direction de travail, une réflexion sur sa pratique musicale. La musique représente une plongée dans les zones obscures du psychisme et en même temps un lien avec les zones plus claires de la conscience. Dans la plupart des figurations mythiques, l'action de la musique est essentielle. Les représentations divines ou héroïques ne sont qu'une présentation des forces agissantes à l'intérieur de nous-mêmes et le grand théâtre des mythes n'a comme scène véritable que notre esprit... Les dauphins hantent symboliquement nos profondeurs ; mais la légende d'Arion[6] a aussi un solide fondement biologique, pris très au sérieux par les chercheurs qui tentent de communiquer avec eux par hydrophones et ordinateurs interposés. Cette rencontre entre la biologie et le mythe n'est pas due au hasard.

— Que voulez-vous dire par là ?

— Si la mythologie nous propose des animaux comme intercesseurs vers la spiritualité, c'est parce qu'il y a en effet quelque chose de fondamental dans les sons utilisés par l'animal et, lorsque ces musiques humaines se perdent dans des échafaudages arbitraires, on perd de vue cet ancrage. Il faut parvenir à une espèce d'harmonie entre les sollicitations de la nature et la construction. Je n'oppose pas nature et culture. L'immense succès du *Boléro* de Ravel par exemple est dû à l'exceptionnelle synthèse entre la magie primitive et le raffinement de l'orchestration : à chaque niveau du psychisme, l'auditeur trouve des motifs de bonheur. La culture est une étape de la nature. Elle est déjà dans la nature puisqu'il y a création chez l'animal.

— Il y aurait donc une imagination créative, un sens artistique chez l'animal ?

— Parfaitement. Ces 350 espèces chanteuses chez l'oiseau sont en même temps des animaux qui ont un chant individuel, inventif, non stéréotypé. Non seulement il varie dans l'espace mais il varie dans le temps : d'une année à l'autre, il reconstitue son répertoire, garde certains motifs, en invente d'autres. C'est valable chez les oiseaux — le merle se compose un nouveau répertoire chaque année — tout comme chez les baleines qui ont un chant saisonnier. La plupart des biologistes expliquent cette réalité sur le plan biologique : plus un mâle possède un chant varié, plus il va attirer des femelles. Tout l'intérêt serait donc de varier les sons. Mais alors pourquoi décident-ils de copier tel ou tel son ? Chez les loups, il y a, par la hiérarchie, une sorte d'ordre de présence polyphonique ; le loup qui entonne le chant est toujours le même. Derrière lui, il y a un chœur. Les musiques animales sont parfois plus inventives que certaines musiques rudimentaires et commerciales qui ne sont que de simples stimuli sonores. Que l'on caractérise la musique comme un message ou comme un jeu gratuit, elle existe manifestement chez l'animal. Non pas chez tous les animaux, mais tous les hommes non plus ne sont pas également sensibles à la musique ! Cela remet en question toute cette culture qui place l'homme à part des autres espèces et n'attribue que peu d'intérêt envers l'animal. Si l'invention peut se révéler aussi importante chez des individus d'autres espèces que l'homme, il est temps de se débarrasser de l'image tricentenaire des animaux-machines.

— Est-ce qu'il existe une pensée sonore chez l'animal ?

— Il y a une mémoire puisque l'on voit des espèces animales en imiter une autre à la perfection. On voit aussi une manipulation des signaux de l'environnement qui les détache de leurs fonctions de signaux. Par exemple, j'ai été frappé de voir des rousserolles-verderolles utiliser des signaux d'alarme d'autres espèces non pas comme alarmes mais comme éléments d'un chant. Cela suppose qu'il y a chez l'animal une certaine capacité d'abstraction. Lorsqu'une pie grièche à poitrine rose imite le chant du coq, elle ne peut pas le faire dans le registre d'origine ni même dans le tempo d'origine, elle n'a pas assez de souffle, alors elle transpose. De sorte que si on enregistre l'imitation et qu'on ralentit ensuite, on retrouve le chant du coq. Cela veut dire qu'elle a une vision de la forme sonore globale et qu'elle est capable de la manipuler.

— Ce qui pourrait expliquer pourquoi des hommes et des animaux peuvent communiquer ensemble par la musique ?

— C'est connu depuis toujours. Même dans des espèces inattendues comme les insectes. J'ai vu un film du centre zootechnique de Jouy-en-Josas où un chercheur dialogue avec des sauterelles par l'intermédiaire d'un sifflet qui rythme le même code que les signaux de l'espèce. Il attire à lui les insectes parce qu'il respecte ce rythme sur une fréquence de 500 hertz. Je connais un autre chercheur qui imite les singes à la perfection et qui entre en communication avec eux par les vocalises. Au paléolithique, nos ancêtres ont fabriqué leurs premiers appeaux en perçant des phalanges de renne d'un trou circulaire sur le diaphyse. L'expérimentation a montré depuis que de tels os perforés donnent un son aigu qui fascine littéralement les rennes au point qu'ils s'approchent de la source sonore et se couchent, comme hypnotisés. Le dialogue avec l'animal est relativement facile parce que l'animal est intéressé. On a expliqué la capacité du perroquet à répéter des mots et des phrases comme un cas particulier du duo chez l'animal, c'est-à-dire la reconnaissance sonore des liens affectifs établis dans un couple. Le perroquet considère l'être humain comme son partenaire. D'une espèce à l'autre, il peut s'établir une coordination sonore, représentation soit d'un dialogue, soit d'un jeu partagé. Comme l'homme, l'animal joue avec les sons. Chez l'animal comme chez l'homme, la musique est une relation au monde qui va bien au-delà d'un circuit de communication entre individus. Chez les deux, des images sonores peuvent tantôt se figer en clichés tantôt agir comme archétypes propres à animer des inventions personnelles.

— Et avec des espèces évoluées comme la baleine ou le loup, est-ce qu'il n'y a pas là une tentative délibérée chez l'animal de se prêter au jeu de cette communication disons « interespèces » via la musique ?

— Ce qu'il y a de commun entre l'usage de structures sonores organisées chez l'animal et chez l'homme est une fonction profondément ludique, un jeu qui prend une profondeur particulière dans la musique.

— Lorsqu'il y a des sons très profonds qui nous bouleversent, est-ce qu'il s'agit d'un archétype ?

— Pas forcément. Le bouleversement veut dire qu'on y attache un sens symbolique profond.

— Certains chants d'oiseaux, de baleines, de loups parviennent à émouvoir profondément des êtres humains. A quel niveau cela se joue-t-il ?

— D'une part, il y a un certain nombre de formes sonores dont on reconnaît l'identité profonde avec des formes musicales et puis il y a une sorte d'idéologie de l'innocence sauvage animale. Ces musiques animales nous rappellent l'existence d'un éden perdu. Je crois que le besoin d'authenticité animale est un besoin d'authenticité humaine. Le XXe siècle musical cherche laborieusement à redéfinir un contact entre les universaux mythiques toujours vivants, le monde des sons nouveaux créés par l'homme et les sons immémoriaux de la nature. Il finira peut-être par en sortir une civilisation nouvelle. En serons-nous les témoins ? nous risquerons-nous, comme Arion, à quitter notre vieux navire, et à plonger ?

— Il est courant d'entendre dire que les allures du cheval sont comparables aux mesures employées en musique...

— C'est un des schèmes les plus universels à travers l'histoire. Pendant des siècles tout le monde a été cavalier, les allures du cheval étaient dès l'enfance perçues par l'oreille mais aussi par le corps. De fait, les rythmes du cheval ont été une source de musique très abondante. Il y a une régularité dans les allures du cheval qui peut se comparer aux mesures occidentales mais il existe aussi des musiques qui ne connaissent pas le cadre des mesures, qui ont une rythmique plus libre et qui exploitent également le cheval. C'est le cas en Asie centrale où les musiques ouzbek, mongole se réfèrent aux rythmes du cheval bien que la musique n'ait pas toujours une périodicité régulière.

Dans un modèle naturel régulier comme l'allure d'un animal, on peut soit porter l'accent sur ce qu'il y a de régulier soit au contraire sur les petites irrégularités. C'est un choix culturel à partir du même modèle.

Le langage universel des rythmes

— Selon vous, existe-t-il des rythmes et des sons universels ?

— Oui, il y en a. Le rebondissement accéléré puis ralenti de notes percutées souvent doublé d'un effet de crescendo-decrescendo ainsi qu'une montée et descente des hauteurs est un motif très répandu, que ce soit chez le grand duc tacheté, la tourterelle pleureuse, le rythme katarai du tambour kakko dans le gagaku japonais, ou certains chants de gibbons.

— Le langage dérive-t-il de la musique ?

— Au départ, le langage est un phénomène sonore qui a beaucoup de traits communs avec la musique. Je crois qu'il y a un parallélisme étroit et l'hypothèse à laquelle je me rattache actuellement c'est que le langage est une sorte de musique limitée, une musique spécialisée pour la communication. J'ai reçu un écho intéressant de la part d'un spécialiste de sanskrit de l'université de Berkeley, le Pr Frits Staal, qui a utilisé mes travaux pour une thèse sur les mantras védiques, ces formules dépourvues de signification mais qui ont une fonction rituelle sacrée et dans lesquelles on peut voir un souvenir de l'époque où langage et musique étaient encore confondus, disons à un stade animal. Ces mantras auraient un sens sacré dans la mesure où ils nous renvoient justement à un stade primitif de la voix humaine, là où le langage ne s'est pas encore spécialisé par rapport à la musique. Les mantras sont caractérisés par un taux de répétition important. Or la musique est constituée à partir du moment où l'on procède à une répétition alors que le langage au sens d'une communication se constitue en évitant la répétition sauf dans ces emplois rituels, donc proches de la musique. Les rapports entre les oiseaux et la musique sont loin de se limiter à une source d'inspiration dont les compositeurs auraient depuis toujours aimé se saisir. Au-delà des formes sonores analogues : rythmes, mélodies, ornementations, citations, refrains, strophes, l'étude des chants d'oiseaux met en évidence des convergences avec les musiques humaines dans la syntaxe, les techniques de développement, l'agencement polyphonique, qui nous interrogent tout autrement que comme un simple répertoire de belles formes. Il est même très difficile de trouver un seul trait commun aux musiques pratiquées par l'homme qui n'ait son analogue quelque part dans une autre espèce animale. Même l'existence d'échelles fixes, ou de transpositions en hauteurs et en durées, se rencontre chez certains oiseaux. L'empathie et la mimesis restent des voies royales de la création artistique, qui prolonge à sa manière les antiques pratiques des chamanes — grands voyageurs entre la terre et le ciel — et des ornithomanciens, de Tirésias à Siegfried. Si la musique est un médiateur entre nature et culture, ce n'est certes pas comme un passeur, et encore moins comme un garde-frontière. Les édifices de l'imaginaire musical semblent bâtis sur des fondations simples et robustes fournies par des réseaux neuronaux précâblés dont une part est sans doute commune à tous les vertébrés. Là comme dans beaucoup de domaines, l'homme en tire des combinaisons si variées qu'il peut avoir l'impression de les avoir imaginées de part en part, en oubliant les archétypes élémentaires, et rudimentaires, sur lesquels elles se fondent la plupart du temps. Que la musique s'inspire consciemment ou non des chants d'oiseaux, elle en est de toute manière plus proche qu'on ne l'a cru. On peut imaginer que les chasseurs paléolithiques avec leurs appeaux, avec leurs cris de rabatteurs en forêt, et avec les sons magiques obtenus sur la corde de leur arc résonnant devant leur bouche, sont passés sans même s'en rendre compte d'une activité de survie alimentaire à un jeu de survie imaginaire. Aucune culture existante ne s'accorde avec les autres pour définir ce qu'est la musique, mais toutes partagent un répertoire de formes et de processus, de phénotypes et de génotypes, qui gouvernent leurs productions sonores, que celles-ci ressortissent au geste, à la parole, au chant ou au jeu instrumental, et que leurs fonctions soient pratiques ou rituelles, triviales ou sublimes.

2

Les rythmes du monde

Michel André

« Depuis le début des temps des tambours battent les rythmes du monde. Jamais leur grondement ne cesse, jamais la marée ne s'arrête sur la plage ; les quatre saisons glissent doucement, l'une vers l'autre ; les oiseaux viennent, ils s'en vont, l'ours hiberne pour son long sommeil. Insondable est le pourquoi, pourtant tout se fait au moment juste. Sois attentif aux battements de ton cœur dans ton poignet, ses pulsions précises battent la mesure du tambour de la vie. »

Jimalee Burton

Pas une ride à la surface de la mer. Le soleil brûle. Soudain, une masse gigantesque surgit, puis d'autres. Des grondements et des souffles de forge suivis de claquements de larynx qui produisent des clicks se font entendre. Ce sont des cachalots. Un groupe de femelles et de jeunes, unis pour longtemps. Chez les cachalots, on peut devenir centenaire. Vers vingt-cinq ans, les jeunes mâles quittent leur groupe et se retrouvent en bande de célibataires. Parvenus à la quarantaine, âge de la maturité sexuelle, chaque mâle devient solitaire et sillonne l'océan à la recherche d'une femelle contrairement aux orques qui, eux sont fidèles pour la vie. Un peu plus loin, plusieurs dizaines de dauphins sifflent, une baleine mugit. L'océan est loin d'être le monde du silence que l'on a cru pendant longtemps. Sous l'eau, le son porte plus vite et plus loin que dans l'air.

Dans les années 50, les études sur les dauphins sont nombreuses. Les chercheurs étudient leur langage, leur sonar et leurs capacités d'apprentissage. Bien que les dauphins soient dépourvus de cordes vocales, on constate qu'ils utilisent l'air de leurs poumons pour faire vibrer leur larynx et produire des sifflements et des grincements. On découvre aussi l'existence d'un ensemble de sacs dits aériens logés au niveau du conduit nasal, émettant des séries de sons pulsés de basse ou haute fréquence appelées « clicks » — jusqu'à 1 200 par seconde — servant principalement à l'orientation et à la recherche de nourriture. Ce sonar permet aux animaux de s'informer sur tout ce qui les entoure, définir les obstacles, juger de la structure d'un élément ou d'un être vivant. En échographiant ainsi la matière, les dauphins sont capables de faire la différence entre deux poissons de taille et de forme identiques appartenant à deux espèces distinctes. Très vite, biologistes et physiologistes sont persuadés que seuls les sifflements émis par les dauphins sont utiles à la communication et à l'identification individuelle et que les clicks servent uniquement à l'écholocation, permettant à l'animal d'explorer son environnement. Surpris, les chercheurs constatent, à la fin des années 60, que d'autres espèces de cétacés comme le cachalot ne produisent aucun sifflement au bénéfice d'abondantes séries de clicks. De fait, les théories en vigueur s'effondrent : et si ces sons avaient aussi une fonction de communication, si le langage des cétacés passaient par l'eurythmie !

Les cétacés communiquent par les rythmes

Nous sommes en 1992, en Espagne, au centre de recherches sur les mammifères marins de l'université de Las Palmas de la Grande Canarie. Sur ce campus en bordure de mer, on étudie la bio-acoustique des cétacés, les pathologies associées aux échouages et les moyens d'éviter les collisions entre les fast-ferries et les cachalots. Michel André est biologiste et ingénieur en biochimie[1]. Depuis plus de dix ans, il espionne les conversations des cétacés en s'intéressant plus particulièrement à la manière dont les individus d'un même groupe peuvent communiquer entre eux alors qu'ils sont séparés par plusieurs dizaines voire centaines de kilomètres. Comment une information peut-elle parvenir intacte à un animal alors que les sons ont la fâcheuse manie de se déformer dans l'eau ? Ne peut-on imaginer que le message passe par un paramètre constant ? Le chercheur s'aperçoit alors que ses recherches s'inscrivent dans l'une des plus anciennes traditions : la communication par le rythme. Pendant des semaines, Michel André écoute des milliers d'heures d'enregistrements de clicks de dauphins et de cachalots. Derrière une incroyable cacophonie qui de prime abord saisit l'oreille humaine, il se surprend finalement à découvrir une extraordinaire cohérence rythmique. Non seulement chaque animal possède sa propre signature acoustique au sein du clan, mais il l'ajuste à la cadence du dominant. André exulte. L'association de ces temps individuels forme un rythme de groupe spécifique et reconnu par chacun de ses membres. « Cela m'a conduit à réfléchir à la notion d'harmonie et de rythme, né avec le monde, au gré des pulsations de la matière et des éléments. Là-dessus, un ami m'a fait écouter des rythmes musicaux en provenance du Sénégal. Lorsqu'on écoute ce chœur polyphonique pour la première fois, on n'y comprend rien, c'est à s'arracher les cheveux. Mais, avec le temps, j'ai constaté que ces musiques recelaient en fait une organisation rigoureuse, presque mathématique, basée sur le rythme. Chaque village a son propre jeu alimenté par les rythmes individuels des adultes et des enfants, selon leur humeur, leur tempérament, leur âge. Chacun s'exprime par rapport aux rythmes des autres pour former une seule et même voix. Si l'on propose à un groupe les échelles musicales d'un clan voisin, il ne comprend rien au message transmis et le rejette. Ces musiques sont en relation étroite avec l'organisation sociale. Elles permettent d'échanger des histoires d'un village à un autre, de rester en contact, de célébrer des événements importants, d'assurer la survie de la communauté dans les domaines quotidiens de la chasse, de la pêche ou d'autres activités, en somme de communiquer. Elles révèlent la vie sociale de chaque groupe. Au cœur de la jungle du Brésil, les Indiens Suyá dialoguent par le chant et les rythmes. Chaque individu reste à portée de voix du reste du groupe, chacun chante sur un registre précis selon son âge, son sexe, sa place dans la communauté. La structure des chants est codifiée, immuable. Les tambours parlent réellement. » Fort de cette comparaison avec la signature rythmique des cétacés[2], Michel André prend contact avec un maître-tambour africain à qui il fait entendre les échanges acoustiques d'un groupe de cachalots. L'homme écoute attentivement puis arrête l'enregistrement au bout de quelques minutes seulement. Avec une surprenante assurance et sans commettre la moindre erreur, le maître identifie alors le leader du groupe, détermine le nombre d'animaux en train d'émettre et distingue d'emblée les individus qui ont adapté leur rythme à celui du dominant. Michel André hallucine : il a mis des mois à obtenir un résultat identique au terme d'un décryptage dantesque assisté d'un outillage sophistiqué. Le biologiste n'est pas au bout de ses surprises. Il ouvre en effet des yeux démesurés dès l'instant où le maître conclut son analyse en lui faisant remarquer très naturellement qu'il peut lui-même entrer dans ce rythme. André en a la chair de poule. Se pourrait-il donc qu'il existe un langage commun entre l'homme et l'animal par le biais du rythme ? Même si l'énigme reste entière, l'idée plaît au chercheur. Elle le ramène aux origines de son engagement dans la recherche et à son désir de comprendre comment ces animaux, à l'origine de mammifères terrestres retournés à la vie aquatique il y a cinquante-cinq millions d'années, communiquent aujourd'hui dans un milieu marin. L'extraordinaire révélation à laquelle Michel André vient d'assister grâce à ce maître-tambour l'éclaire aussi sur son propre désir, vieux rêve de l'humanité, de dialoguer un jour avec l'animal. Comment l'imaginer ? Comment ne pas nous contenter d'en faire seulement un usage métaphorique ? « En tant que scientifique, je ne peux pas me permettre pour l'instant d'aller plus avant dans ma réflexion sans apporter de preuve matérielle mais, en tant qu'homme, je suis persuadé que l'on parviendra dans l'avenir à quelque chose d'extraordinaire sur ce terrain-là. »

Étudier l'animal hors de son territoire est un non-sens

Le dossier n'est pas neuf. D'autres hommes tels que Jim Nolman ou Paul Spong pour ne citer que les plus médiatiques et les plus originaux se sont lancés dans cette recherche, d'abord portés par l'enthousiasme naïf des précurseurs puis avec la ferme conviction d'entrer en interaction avec les cétacés pour étudier leurs mœurs et leurs comportements[3]. Musiciens de formation tous les deux, ils ont été amenés par des biais différents à jouer du jazz, du reggae, du rock et autres rythmes avec des orques et des baleines en milieu sauvage. A chacune de ces occasions, les animaux ont été comme captivés au point de s'engager avec eux dans une sorte de récréation musicale. Sur le fond, rien d'étonnant. On sait aujourd'hui à quel point ces animaux dotés d'une excellente mémoire auditive sont capables de jouer avec les sons au point d'imiter un signal électronique, un chant d'oiseau, la respiration d'un homme et même le bruit d'un lave-linge[4] ! Pour Michel André qui refuse le conformisme, les chemins empruntés par les deux musiciens participent d'une nouvelle manière d'aborder le réel. « Il faut toutefois se méfier des interprétations hâtives et comprendre ce qui s'échange réellement entre l'homme et l'animal avant de pouvoir parler de communication interespèce. La science peut nous amener à matérialiser ce rêve aussi sûrement que la collaboration entre chasseurs de musique et mathématiciens a permis de nous éclairer sur les ensembles de tambours africains, les répertoires dédiés aux esprits, les clicks linguaux des Bushmen d'Afrique du Sud. Nous vivons une période de révolutions profondes. Il n'est plus question de casser le vivant pour le comprendre, il faut maintenant se mettre à sa portée pour mieux l'entendre. Pour reprendre la déclaration de la philosophe Simone Weil : « Le savant a pour but l'union de son propre esprit avec la sagesse mystérieuse, éternellement inscrite dans l'univers. »

3

Jouer de la musique comme un tigre

Yehudi Menuhin

« Et voici les oiseaux, ces brigands du matin,
Commencent, et les fleurs et les chemins non frayés,
Et les corps, dans l'amour rompent leurs barrières,
Désincarnés naviguent par le monde,
Portés par les ailes, messages et télégrammes. »

Laurence DURE

Londres, un matin de février 1995. La neige était tombée toute la nuit. Chester Square avait des frissons d'argent. Dans le jardin de Menuhin, un chat s'était enfui devant moi en laissant un petit tas de plumes. Je m'en souviens encore parce que le duvet était du même bleu que le tablier de la femme qui m'ouvrit la porte ce jour-là. Il m'avait fallu la suivre sans attendre, grimper des escaliers, traverser des pièces et des couloirs au pas de course avant d'être introduite dans un salon. Sur une table basse était posé un thé brûlant autour duquel s'affairait un petit homme aux allures de félin et au visage d'aigle : Yehudin Menuhin. Grandes avaient toujours été les aspirations de cet homme : jouer de la musique pour inviter à la paix entre les hommes et se réconcilier avec la nature. Né de parents russo-juifs en 1916 dans la grande métropole de New York, il avait commencé à jouer du violon à cinq ans, donné un concert trois ans plus tard et enregistré à dix ans son premier disque. Les professeurs les plus prestigieux (Louis Persinger, Georges Enesco, Adolf Busch) lui enseignèrent le violon. Les plus fameux interprètes et compositeurs (Toscanini, Glenn Gould, Bartok, Sibelius, Kodaly...) jouèrent ou écrivirent pour lui. Celui qui fascinait Einstein prit soin de ne jamais se laisser détourner par la célébrité qu'il baladait presque comme une épreuve, lui, le petit juif béni des dieux. Durant la Seconde Guerre mondiale, il suivit les troupes alliées, là où les combats faisaient rage. Face à un public de blessés, de soldats, de déportés, il offrit plus de cinq cents concerts, des îles du Pacifique aux rivages d'Angleterre en passant par les camps de concentration à peine libérés. Au lendemain de la guerre, il se rendit à Berlin pour se produire malgré les sifflets de la foule puis à Jérusalem, lieu de rencontre de ses parents, pour célébrer en 1950 les deux années d'existence de l'Etat d'Israël. On le menaça encore. Orphée l'emporta à nouveau : il donna vingt-quatre concerts en douze jours. Les années de guerre froide le virent dénoncer sans vergogne l'invasion de la Tchécoslovaquie par les troupes soviétiques, la répression des juifs en Russie. Il se risqua à défendre haut et fort le violoncelliste Rostropovitch et les époux Sakharov alors opprimés par le régime communiste. Lorsqu'il se rallia en 1971 à Soljenitsyne, cette fois, il était allé trop loin. Moscou le déclara *persona non grata*. Il revint sur la terre de ses ancêtres seize ans plus tard, invité par Gorbatchev. Là où le rythme des chants et des danses mieux que la parole a su jadis lier les hommes entre eux. Je me souviens de notre conversation à bâtons rompus. Il y était question de la musique comme d'un sésame pour ouvrir le cœur et l'âme des hommes à la nature[1].

Entre le violon et le violoniste se noue une relation animale

— Jouer de la musique, est-ce une lutte entre discipline et liberté ou bien un état de grâce permanent ?

— Ce sont les deux. La grâce est renforcée quand on a plus de facilité. On enseigne si mal le violon. La discipline se résume trop souvent à des règles rigides, un travail acharné de huit heures d'affilée qui, au final, ne font que renforcer les mauvaises habitudes, accumuler les frustrations. Il faut au contraire chercher une certaine liberté dans la discipline. Après tout, jouer de la musique est une quête vers l'harmonie. Comme le danseur, le poète, le compositeur, le musicien doit certes se plier chaque jour à une discipline, mais avec la même liberté que celle de l'oiseau qui vole. Nous nous sommes habitués à l'idée qu'un maximum d'efforts donnait la mesure de notre succès et que rien ne pouvait être atteint sans la force des muscles et de la volonté, alors que la force se résume simplement à un état d'équilibre intérieur. Pour un violoniste, rien ne doit bouger sans un accord total de toutes les parties de son corps. Il y a là une souplesse presque animale. J'aime à dire que le violoniste est un être mi-tigre mi-poète. Poète parce qu'il traduit la vie, la mémoire, la pensée en rythme, en mélodie, en symbole, qu'il nous fait accéder à une autre dimension à la fois objective et subjective qui nous permet de nous révéler. Tigre parce que, comme l'animal, il dégage une agilité, une puissance intérieure. Il doit rassembler tout son corps, l'équilibrer pour être à la fois précis et rapide. Paganini était un tigre. Le violoniste est l'incarnation d'une agilité animale au service d'une transfiguration singulièrement humaine.

Entre un violon et celui qui en joue, il existe une relation particulièrement sensuelle, primitive, profondément animale. C'est une relation d'amour très forte, très sensuelle, faite d'étreintes et de caresses. La voix que l'on donne au violon dépend de sa nature profonde. Comme une corde que vous faites sonner. Au bout d'un moment, vous donnez un rythme, ce n'est pas la corde qui donne mécaniquement la mesure, c'est vous, votre intérieur, votre gravité. Avec le violon, c'est la même chose. Vous pouvez étrangler un violon en ayant des soucis, un moment de déprime. L'espace perd alors de son élasticité alors que l'ampleur même du mouvement dépend du degré de flexibilité. Ce n'est pas la sécurité qu'il faut chercher — si on la cherche, on est perdu —, mais l'équilibre dans le mouvement par le centre, comme un funambule. Celui qui joue du violon se trouve en harmonie avec l'alternance du repos et du mouvement. Il doit constamment s'adapter, jouer, et écouter avec son corps. Alors la musique devient vivante.

Il existe des rythmes qui animent chaque entité — humaine, animale, végétale —, avec des variations, des révolutions, des pauses et des balancements. La créativité est une vibration qui relie l'artiste à son époque, son passé, son devenir, au monde qui l'entoure. Bach lançait un pont entre les hommes et Dieu. Bartok dépassait la condition humaine pour atteindre le ciel et l'enfer. Il avait atteint une telle sensibilité qu'elle le rendait apte, disait-on, à entrer en communication avec les animaux qu'il croisait durant ses promenades en forêt. Par la musique, nous faisons partie intégrante de la structure vibrante de l'univers. Je pense comme Einstein : on ne peut pas échapper au fait qu'il y a une relation entre la lumière et la matière. Son inspiration était intangible, religieuse. Pour moi, la musique me fait prendre conscience qu'il y a une interdépendance entre toutes les formes de vie. Nos oreilles sont des outils qui structurent les sons, les organisent. Je pense que leur perfection vient de nos origines marines, l'eau étant un formidable univers où le son prend une tout autre dimension. Nos cellules faites d'eau ont sans doute elles aussi une mémoire sonore parce que nous écoutons aussi avec notre corps. Aujourd'hui, on a tellement séparé les éléments de nos vies de citadins que la majeure partie des gens s'imaginent que la musique est réservée pour les grandes occasions. Elle ne fait malheureusement plus partie intégrante de l'existence contrairement aux Indiens ou aux Africains ; cela va de pair avec ce rapport que nous avons perdu avec la nature. Résultat, nous sommes devenus ennemis de nous-mêmes. Nous cherchons qui nous sommes à travers la confrontation plutôt que l'harmonie.

Toute vie commence avec la sensation. L'ouïe par exemple, c'est le toucher des vibrations. Par la musique, on peut réapprendre à se servir de ses sens. Bartok composait en se souvenant de l'odeur de sa terre natale, de ses couleurs. Un état d'âme devient un mouvement, un son se traduit en couleurs ou en variations de température, certains morceaux induisent le chaud, le froid, l'humidité. Elle est aussi un langage plus précis sur le plan émotionnel que les mots. Elle se situe entre le tangible et l'intangible, l'intellect et l'intuition, la culture et l'animalité, et c'est à cette charnière que se situe notre vie. On nomme une musique, un compositeur : Mozart par exemple, et point final. Enesco, mon maître, me disait à propos de la musique de Mozart : « C'est un vignoble poussant sur les pentes d'un volcan. » C'est tout à fait ça. Il faut avoir des réponses organiques, en particulier pour les enfants qu'il faut éveiller. La découverte de la musique de son propre pays permet aussi à celui qui l'apprend de retrouver son propre patrimoine, sa terre, ses couleurs et parfums. L'inspiration de nos compositeurs n'a pas été sans un certain brassage des cultures. Mozart s'est intéressé aux sources italiennes tout comme Bach, Bloch a révélé son inclinaison pour la musique nomade en se laissant séduire par les Indiens d'Arizona, Beethoven s'est inspiré du folklore écossais. Toute l'histoire humaine, des arts aux religions, repose sur la diversité des cultures et l'ouverture à la nature. C'est ce qui donne un sens à notre quête de la vérité. Les théories, elles, sont bâties sur des préjugés et prennent l'apparence de philosophies parce qu'elles sont en apparence structurées, mais au fond elles empoisonnent.

4

Le quêteur de loups

Claude Seignolle

« Dans ce pays que je ne nommerai pas, les basses montagnes sont de granit pourri et portent la pelade des guérets. Paysage sépulcral sur lequel pèsent un soleil lion et une lune louve. »

Claude SEIGNOLLE

Quand on a vécu les premières années de sa vie à la campagne, on en garde des souvenirs de parfums, de sensations et de couleurs animales. Ils vous marquent à jamais. Ils servent de racines, d'ancrage, de prétexte à pleurer les soirs écaillés où même les fantômes vous quittent. Je me souviens aussi de ces superstitions qui égrenaient les conversations des vieux, de ces regards plissés, effarouchés à la vue d'un chat noir, d'une chouette, d'un crapaud ou d'une chauve-souris, comme si le diable s'était jeté brutalement en travers de leur route. Ce qui intriguait la gamine que j'étais alors, c'était surtout le malaise que suscitait le cri de la pie, sa présence sur le rebord d'une fenêtre ou d'une cheminée. La mort, disait-on, annonçait sa visite par l'intermédiaire du funeste et bavard corvidé. Quelques années plus tard, j'ai compris l'origine de ce terrible présage en découvrant un texte sur les métamorphoses animales dans le légendaire européen. Une ancienne déesse celtique y poussait des cris étranges, semblables à ceux des pies, précisément lorsque quelqu'un allait mourir. Ce qui me semblait une réalité, un quotidien, n'était donc qu'un monde de légendes, fabriqué par le regard des hommes et leur disposition à croire ou non ? Premières grandes interrogations. Quant au chat noir, l'une des nombreuses autres victimes de la population convaincue depuis le Moyen Age que le Malin habitait la bête silencieuse et forcément fourbe, il m'apprit la vision anthropocentrique de l'homme occidental, son arrogance à se penser à l'image du Dieu judéo-chrétien. Ces chouettes clouées vivantes sur les portes des granges de mon enfance buissonnière m'enseignèrent l'exorcisme de nos peurs, le rôle du bouc émissaire dans une société, le dégoût de nos origines animales, le poids des pensées et des traditions. C'est ainsi que la peur viscérale voyage, relie les morts aux vivants, les incrédules aux croyants, par la parole et la métaphore. C'est ainsi que les animaux meurent innocents sous le poids de nos représentations symboliques, que la rumeur vagabonde, par les mythes et le folklore qui personnifient nos hantises et nos fantasmes, nous fait croire aux génies du bien et du mal, nous fait supplier Dieu et désigner le diable. Curieusement, les fées n'ont jamais eu dans mon imaginaire d'enfant ni la bonhomie ni l'apparence délicatement évanescente de celles qui ont peuplé les histoires de Perrault. Les miennes vivaient dans de sombres et denses repaires feuillus, symboles païens de mort, de fertilité et de maturité ; elles étaient hirsutes, sensuelles, vives, instruites par la foudre et le vent ; elles se paraient le corps d'ocres, d'écorces, de couleuvres dorées, d'os et de plumes, parlaient aux animaux, n'avaient peur ni du loup ni de la nuit, séduisaient les égarés, les frappés d'oubli, les dévoraient parfois après l'amour, le désir de vivre lié à la mort ; elles écrivaient, sculptaient, savaient, dansaient autour des feux, buvaient la pluie et l'eau des ruisseaux, le sang et le lait des animaux. Des femmes en jachère, libres, un peu sorcières, un peu Kali, un peu louves. De celles qui se sont envolées en fumée sur les bûchers de l'Inquisition mais qui, quelque part, nous habitent encore, qui parfois transparaissent dans un de ces contes épargnés par la chrétienté et que je lis aujourd'hui à mes filles aux senteurs de mousses.

La tanière de Seignolle

D'une enfance sorcière à une autre, la rumeur me mena jusqu'à Claude Seignolle, l'auteur des *Evangiles du Diable*, de *Marie la Louve* et du *Gâloup*[1]. Comment aurait-il pu en être autrement ? Chacun fabrique sa mythologie. Seignolle, dont Blaise Cendrars disait qu'il était porteur de tous les archétypes, a façonné sa légende en y greffant patiemment des poils de loups-garous, de démons et de vampires qu'il est lui-même allé chercher dans le ventre des campagnes, dans le limon de l'âme populaire. Preuve que l'homme peut s'allier avec le loup sans perdre son humanité. « Mes récits sont proches du racontage ambulant des conteurs de jadis, allant de veillée en veillée, devant des publics divers. J'ai rassemblé l'ensemble des curiosités humaines sous la forme des folklores tant et si bien que pour comprendre quelque chose au loup il y aura toujours une réponse dans ce que j'ai écrit. » Et d'ajouter : « Un livre n'est qu'un moment de nous-mêmes, un instrument supplémentaire de l'attirail magique de son auteur. Pour écrire, il faut la hantise des choses. » Dieu sait que sa hantise vient de loin. Elle a la couleur de l'argile et du charbon de bois des peintures de Lascaux qui ont imprimé l'éternité dans ses yeux d'enfant, celle des arènes romaines où sa mère l'emmenait s'égarer, l'odeur de la terre du Périgord renfermant mille débris préhistoriques dont il emplit ses poches comme pour s'en nourrir, l'acuité du regard d'Augusta, la grand-mère née à Montignac sous Napoléon III, qui n'avait pas son pareil pour humer la présence des loups, reconnaître les marques de Satan et raconter la peur des hommes, la folie des maudites, veuves de guerre devenues vouivres ou louves au regard de la populace.

« L'homme-loup qui est dessiné sur la grotte des Trois-Frères, dans l'Ariège, est un homme habillé d'une peau d'animal. C'est le premier loup-garou et je crois bien qu'il a secoué mon berceau. Dès lors, j'ai trouvé des loups partout sur ma route sans jamais les avoir cherchés. Ce dont je suis sûr, c'est que si je possédais un loup, c'est moi qui souhaiterais être son ami. Je ne lui demanderais pas d'être le mien. » La tanière où Seignolle avive et aiguise encore le temps est un lieu dédié aux objets glanés au fil de sa vie, sublimés par les regards et le toucher du peuple des hommes : chevaux de bois, enseignes, poupées de porcelaine troussées, lampes grecques, masques et gueule de loups, crânes, grimoires de sorcellerie, manuscrits et ciboires. Et dans ce fatras où les mites, tels des bûcherons déguisés en nymphes, débitent la cellulose en menus morceaux, les bustes d'Homère, de Berlioz et tant de visages d'anges aux yeux de pierre emmurés par des chiures d'oiseaux et de mouches, surveillent le meneur de loups. Dans la pénombre, les silhouettes lupines se devinent, elles rôdent, louvoient entre les cascades de fleurs artificielles enchevêtrées aux livres, vous épient, vous flairent et parfois même vous font trébucher. Je me dis qu'il y a des rencontres qui ressemblent davantage à des retrouvailles. Je reconnaissais là l'empreinte des idoles infidèles de mon enfance.

A dix ans, l'enfant Seignolle quitte son Périgord natal pour Châtenay-Malabry en région parisienne. La demeure familiale trône à deux pas d'un lieu-dit tout désigné qui fit le bonheur de Chateaubriand, la Vallée aux Loups. Aux bancs de l'école, le gamin préfère poursuivre ses fouilles archéologiques dans le sol des pépinières voisines. Doté d'un flair qui ne le trahit toujours pas, il exhume des trouvailles, « fonds de cabanes de chasseurs néolithiques, ateliers de potiers gaulois, villas agricoles romaines, tombes, et même un petit trésor de pièces en bronze et en argent », qui lui valent la reconnaissance et l'appui de Teilhard de Chardin, l'un des plus grands paléontologues de ce siècle. Si la Société préhistorique française et ses illustres membres lui ouvrent les bras, le lycée Lakanal le flanque en revanche à la porte en raison de son absentéisme. Dans la foulée, Seignolle annonce à son père dépité qu'il ne suivra pas davantage son chemin de négociant dans le textile. Il n'a alors qu'une idée en tête : écrire des livres. « Chassé de l'école, j'ai dû apprendre et réinventer une écriture pour contourner les imparfaits du subjonctif, les règles grammaticales que je n'avais pas assimilées peut-être parce que je n'avais pas à le faire. C'est la volonté de se briser soi-même, d'arriver à tendre le bras au point qu'il se dilate pour toucher ce but. On réalise alors au bout du compte que la liberté n'est pas qu'une rumeur. » A quatorze ans, il fait la connaissance de l'ethnologue Arnold Van Gennep, spécialiste du folklore, qui l'incite à explorer le monde paysan et à noter les coutumes en perdition. « Il m'a dit : "Vous ne savez rien. A partir de là vous savez tout parce que vous n'avez rien appris qui vous empêche de savoir ce que vous voulez faire." Van Gennep n'eut pas de peine à me démontrer que les cailloux préhistoriques ainsi que les ossements pouvaient encore attendre ; par contre, ce qui ne le pouvait plus, c'étaient les vieux paysans illettrés qui mouraient autour de nous à corbillards-que-veux-tu partant à jamais, la tête pleine de traditions orales : je devais m'empresser de cueillir le contenu vivant de ces crânes-là au lieu d'attendre que la mort les ait pourris. Cet homme m'a réellement introduit dans la quête des mythes capitaux. »

Pourquoi nous avons maudit le loup

C'est là que Seignolle va découvrir la peur têtue que les loups ont larvée dans l'âme des hommes. Particulièrement forte en France, la croyance en la métamorphose animale exprime la perte de la personnalité humaine à la tombée de la nuit pour recouvrir un état bestial propice aux actes les plus vils. Le loup-garou (du francique *werwulf*, homme-loup) hante les esprits et les nuits. Si la lycanthropie est une authentique maladie mentale où l'individu seul s'envisage comme un loup, le loup-garou est perçu comme tel, c'est-à-dire comme un hybride homme-animal, par la collectivité. Aux XVIe et XVIIe siècles, la justice jugea plusieurs milliers de crimes commis par des loups-garous. Bien sûr, on a souvent passé outre la pathologie pour punir des croyances défiant l'idéologie religieuse. Qui d'autre que le diable pouvait transformer un homme en bête ? Cette croyance de la transformation n'est pourtant pas née à cette époque et trouve ses racines dans l'Antiquité, y compris dans la mythologie viking où l'on trouve deux guerriers, Bersek et Ulfheonar, compagnons du père de l'humanité, Odin. Au plus fort d'une bataille, l'un et l'autre se transformèrent, dit-on, en ours et en loup. De fait, les Vikings en sont venus à désigner leurs guerriers d'élite des *bersekers* et à imposer un rite d'initiation qui consistait à se rire de la mort en portant une peau de loup. De toutes les confidences dont Seignolle se nourrit, battant sans fin les campagnes, les landes jusque dans les marais les plus reculés, va naître une vaste anthologie du fantastique, refondue par son imaginaire, étudiée aujourd'hui dans les universités françaises et américaines. En recueillant les confessions d'une vieille femme qui, un soir de 1944, lui avoue avoir reçu dans l'enfance le don et la malédiction de guérir les morsures de loup, Seignolle publie trois ans plus tard *Marie la Louve.* « Le visage de Marie Ribaud s'éclaire d'yeux soufre qui, loin à la ronde, n'ont pas leurs semblables et font penser à ceux des bêtes sauvages. A chaque respiration son nez pince les odeurs errantes et, toujours, trouve leur source... C'est une enfant des loups par ensorcellement. Il y a quelques années, j'ai reçu un coup de fil d'un éditeur qui enfant avait lu *Marie la Louve* à l'école municipale et qui chaque hiver en regardant les Pyrénées se recouvrir de neige se disait encore un quart de siècle après que le meneur de loups n'allait plus tarder à sortir du bois. » Le canidé « aux pupilles pourpres » n'aura de cesse de lui révéler année après année et bien malgré lui les superstitions les plus folles. « Tantôt l'être humain se transforme en un être nouveau, perdant ainsi la qualité humaine ; tantôt l'être humain et l'être fantastique cohabitent sous la même enveloppe, ce dernier anéantissant le premier pour une période déterminée ; tantôt la victime se dédouble, son corps reste vide comme un cadavre et l'âme erre par les campagnes, sous l'aspect d'un garou ou d'une galipote. Dans le Lot, c'est le Lépérou. En Gironde, la Galipaude ou le Galoup ; en Dordogne, le Loup-Brou ou Loulérou... il y a tellement de noms que les signaler c'est également dévoiler que partout foisonnent les damnés. J'ai écrit *Le Gâloup* riche de tout ce que j'ai noté, lu ou su, de ce que l'on m'a raconté sur lui. C'est le loup qui se raconte et nous rend compte de la manière dont il se délecte d'être le maître de la peur des hommes. Il se rit du meneur de croisade qui a décidé d'organiser sa destruction jusqu'au jour où le groupe armé réussit à le toucher. Les hommes rentrent de la chasse, ils sont heureux. Au même moment, une vitre éclate dans l'une des maisons du village où les femmes se sont rassemblées en attendant le retour des chasseurs. On entend un souffle rauque, des râles qui proviennent de la chambre de l'homme qui a montré tant de hargne à tuer le loup. Le fils de cet homme prend son courage à deux mains et s'y dirige et là que voit-il ? Son propre père, celui-là même que l'on croyait encore sur les lieux occupé à achever le loup. Il était allongé sur son lit, sa chair hachée, crevée, éclatée sous les balles, et sur son corps des traces de poils noirs qui disparaissaient rapidement. Cette histoire est une leçon de philosophie. Les hommes ne se rendent même pas compte que, dans leur vie dolente, ils ont quelque part le double d'eux-mêmes qui est en train de détruire la planète. Ils partent chasser les choses qu'ils ont créées. C'est ce même Gâloup qui fascina Lawrence Durrell, protecteur et ami d'Hemingway. Il me fit venir aux Etats-Unis, me raconta, en bon Irlandais, la fascination qu'il avait pour le loup. Il a ouvert une boîte de haricots et une bouteille de champagne pour célébrer mon arrivée dans la littérature anglo-saxonne. J'ai rencontré ce jour-là l'homme qui a fait mon destin. Comme vous aujourd'hui, peut-être, à qui je livre ma boue, témoin de l'étrange et de l'imaginaire paysan. Peut-être y trouverez vous quelques pépites qui vous ordonneront. » Et il me dit encore avant de refermer la porte, sa tête hachurée de poils gris dans l'entrebâillement : « Je n'attends rien de vous si ce n'est de vous donner l'impression qu'une fois partie de chez moi vous aurez rencontré quelqu'un qui est un peu vous, plus tard. Que loup vous garde, Marie. »

5

Chamane

Roberte Hamayon

« Tel un loup, je me considère, mais les hiboux hurlent et, dans la nuit, j'ai peur. »

Gray HAWK

Les indiens Suyá fêtent quatorze jours durant la cérémonie de la Souris[1] pour célébrer le passage des jeunes garçons à l'âge d'homme. D'un coin à l'autre du village s'installe une polyphonie composée de chants, de sifflements d'oiseaux, de sourdes lamentations, de cris gutturaux, de grognements et autres hurlements d'animaux. Le chœur est dirigé habilement par un chaman, sorte d'oracle, de responsable spirituel, de guide pour la chasse, de médecin et de poète dont dépend l'unité de la communauté, une sorte d'« élu » dont la vocation doit se révéler aux yeux des siens.

Chez les aborigènes australiens pour qui rêver est une force, l'initié doit apprendre les vibrations et les rythmes des différents langages animaux. Chez les Desanas d'Amazonie, le chaman en devenant jaguar a la capacité d'aller visiter le royaume des ancêtres dont la plupart sont des esprits animaux. Quant aux formules que prononce le chaman inuit, elles remontent, dit-on, au début des temps lorsque le grand maître de l'univers donna la terre aux hommes et aux animaux. Entre eux n'existait aucun conflit : « Un homme pouvait devenir un animal et un animal un homme... Tout le monde parlait une même langue... »

Le dualisme, qui dans nos sociétés oppose nature et culture, est inconnu de ces peuples pour qui la nature fait partie intégrante d'un vaste ensemble d'interactions sociales où l'homme n'est qu'un acteur parmi d'autres. S'il existe, au sens large, un chamanisme sibérien, indonésien, océanien, nord et sud-américain, reste que le terme « chaman » provient du toungouse *saman*, une langue altaïque, et se rattache aux verbes « danser, bondir, s'agiter ». Les bases philosophiques du chamanisme eurasien (dont la tradition indique que le premier chaman apparu sur terre était une femme) sont symbolisées elles aussi par la notion d'unité entre la nature et l'humanité et par le dualisme obscur-lumineux, féminin-masculin. Le chaman établit une relation magique avec le maître esprit des animaux afin que ce dernier concède chaque année à la tribu un certain quota de gibier à ne pas dépasser sous peine de famine l'année suivante. Car le chamanisme est fondé sur la réalité d'un autre monde où tout est possible. Il nous apprend l'art de la métamorphose et nous enseigne que tout est intrinsèquement vivant pour celui dont la vision s'étend au-delà des apparences.

Directeur d'études à l'Ecole pratique des hautes études, section des sciences religieuses, Roberte Hamayon a effectué de nombreuses missions en Bouriatie et en Mongolie à l'époque du communisme. Elle a fondé, en 1969, le Centre d'études mongoles, ainsi que la revue *Etudes mongoles et sibériennes*, au sein du laboratoire d'ethnologie et de sociologie comparative de l'université de Paris X-Nanterre[2].

Le chasseur obéit à un érotisme

— Le chamanisme sibérien a bien failli disparaître dans les années 30 avec l'éducation athéiste du régime soviétique ?

— A cette époque, les chamans ont été persécutés, déportés, assassinés. C'est la Seconde Guerre mondiale qui a démontré que cette religion avait une importance cruciale pour la survie de la communauté. Les gens se sont dit que le malheur les accablait parce qu'ils avaient délaissé le culte de leurs ancêtres. Ils se sont remis à sacrifier, à faire des offrandes, des prières. Là-dessus est arrivée la victoire de Stalingrad qui les a confortés dans leurs croyances. De fait, les autorités soviétiques ont laissé faire. Au début des années 80, bien avant la chute du Mur, le chamanisme sibérien a retrouvé son identité.

— Le chamanisme sibérien est donc basé sur une relation privilégiée avec le monde animal ?

— Essentiellement une relation par rapport au monde du gibier dont on se nourrit, comme l'élan ou le renne sauvage que les Samoyèdes appellent « vie, ce dont on vit ». Il est le plus répandu des cervidés et, après l'élan, roi d'entre eux à tous les égards, le plus apprécié. Le chamanisme va vraiment de pair avec l'activité de chasse.

— Tuer de tels animaux nécessite des rites de pardon, de réconciliation ?

— D'abord, on n'emploie jamais le terme « tuer ». On dit que l'animal s'est donné par amour. Il existe ensuite une culpabilité à pister et rabattre l'animal. Le chasseur vit toujours dans la crainte que les congénères de l'animal qu'il finit par abattre ne se vengent.

— Comment ?

— En ne se laissant plus attraper. Dans l'acte de prendre le gibier, la chasse reste un meurtre, avec la menace de vengeance qui s'ensuit. C'est pourquoi ces peuples ne conçoivent la chasse que dans le cadre d'un échange, d'un accord à passer avec les esprits des animaux. Tout le chamanisme repose en fait sur l'art de négocier cet échange par une alliance conclue entre deux partenaires : l'homme et l'animal. C'est ainsi que le chaman est supposé épouser une fille de l'esprit d'un gibier, donc une femelle animale de la famille des rennes ou des élans, et c'est ce mariage symbolique qui va lui permettre d'aller en tant que chasseur dans le monde des esprits animaux pour obtenir des promesses de gibier. Le rituel dure dix jours et prépare la saison de la chasse. Pour pouvoir chasser dans le monde des animaux, il faut impérativement se conduire en mari et non pas en amant qui fait figure de ravisseur. Le chasseur obéit donc à un rituel de mariage avec des chants, des danses, des prières, un certain érotisme.

— Un érotisme ?

— Tout à fait. L'érotisme du comportement est très poussé et pour cause : les promesses de gibier ne sont obtenues que si le chaman parvient à séduire la femme animale. Il se conduit exactement comme l'étalon en rut. Il mime à la fois le duel contre les rivaux, la séduction, la parade et l'accouplement. C'est ce qui explique aussi son costume et ses bottes en peau d'élan ou de renne avec des ramures sur la tête. Tout le vocabulaire de la chasse s'apparente à celui utilisé dans le cadre d'une union. Le fusil est appelé le gendre ; c'est lui qui va aller chercher une fille, c'est-à-dire du gibier, pour le rapporter à ses beaux-parents, la communauté. Le gibier, c'est la femelle qui se donne par amour. Donner à percevoir l'animal imité est leur seule règle et chaque chaman a sa manière de s'y prendre. Imitant le renne, il gambade, renifle, s'ébroue, fait des bonds aussi hauts qu'il peut et pousse des cris. A la fin de ce rituel, le chaman se couche, il est livide, à tel point que ceux qui l'entourent doivent le réanimer. Les Occidentaux ont longtemps pensé que le chaman était sujet à un malaise dû à l'épuisement. En fait, il doit payer pour ce qu'il a pris : il doit littéralement se donner à manger aux esprits. C'est l'explication que ces peuples vous donnent. Littéralement : « De même que nous mangeons la chair des animaux, de même les esprits de ces animaux se nourrissent de la chair et du sang des humains. C'est pour cela que nous vieillissons, que nous tombons malades, parce que les esprits des animaux nous grignotent peu à peu. » Cet échange symbolise l'activité de chasse mais il explique aussi les conceptions de la maladie et de la mort de ces populations. Plus vous aurez abattu de gibier, plus vous aurez à rendre. Pour que le sacrifice ait une valeur d'offrande, il faut offrir quelque chose. Or un peuple chasseur ne possède pas d'animaux. Ils ne les possèdent que morts. Les sacrifices sont tous le fait de peuples éleveurs et ils sont effectués sur des animaux domestiques.

— L'homme chasseur s'offre donc en guise de sacrifice par l'intermédiaire du chaman ?

— En effet. Il existe aussi des populations qui sont à la fois éleveurs et chasseurs de rennes. Ils élèvent quelques-uns de ces animaux pour faciliter la chasse comme leurres afin d'attirer leur congénère sauvage, pour servir d'animal de bât, y compris pour les sacrifier à leur place. La logique de l'échange entre les deux partenaires est la suivante : on se mange la viande, la chair et le sang mais on ne touche pas aux os. On va les exposer dans la forêt de façon à ce qu'ils se recouvrent de chair et on aura un animal gibier qui renaîtra dans la même espèce ainsi qu'un enfant dans la même lignée humaine. On prend soin de les remettre dans l'ordre anatomique, on ne coupe pas les os longs, on ne brise pas le crâne, on le pose délicatement sans jamais l'entailler et on lui dit : « Reviens-nous vite. »

C'est comme ça que la réapparition du gibier est conceptualisée.

— Revenons au chaman allongé et livide à la fin du rituel. Il s'offre comme le ferait une femme ?

— C'est cela. Il joue un double rôle. D'abord celui du mâle et ensuite celui de la femelle consommée. L'assimilation entre gibier et femme motive la métaphore quasi universelle de la consommation pour évoquer l'acte sexuel.

— Pourquoi se transforme-t-il en gibier ?

— Parce que l'homme lui aussi doit finir en gibier et nourrir les esprits afin que l'échange puisse se renouveler et que les animaux reviennent alimenter les hommes. C'est un don d'amour dans les deux sens. On ne prend jamais rien sans donner. C'est ce qui explique aussi que le chasseur n'emporte jamais plus de gibier qu'il n'en a besoin ; il n'aime pas faire des provisions, juste ce qu'il lui faut pour tenir jusqu'à la saison de chasse suivante.

— Le chaman sibérien visite-t-il d'autres mondes animaux ou reste-t-il fidèle à celui des rennes et des élans ?

— Il peut se comporter en oiseau. Comme pour les animaux cornus, il adoptera le comportement des luttes entre rivaux et de séduction à l'égard de la femelle. Il bénéficie aussi de l'appui d'auxiliaires de chasse qui l'aideront dans son voyage à repérer le gibier en forêt, à résoudre un problème propre à la communauté. Si, chez les Bouriates, l'assimilation avec un renne ou un élan est prédominante, ailleurs le même chaman aura des pattes de renne aux pieds et des plumes d'aigle sur la tête, cumulant symboliquement les capacités de l'un et de l'autre animal. Le cheval est assimilé à la femme. Comme elle, il peut servir de monture, être consommé mais il n'est pas imité car il n'a pas les attributs de virilité que le chaman cherche à avoir. Le loup c'est l'animal qui débarrasse la forêt des bêtes malades. On évite de le tuer et d'une manière générale de s'en approcher, de le croiser. La chasse à l'ours exige coopération et partage mais est plus prestigieuse et plus ritualisée car l'ours n'est pas un gibier régulier. Dans la plupart des sociétés sibériennes, les grands rituels ont lieu à la belle saison, pendant le séjour des oiseaux migrateurs. On dit que le chaman, l'hiver, est sans force pour chamaniser tant que les oiseaux ne sont pas revenus le revigorer. Les oiseaux migrateurs (cygnes, oies, grues) semblent spécialisés dans ce rôle de porteurs. Ils concrétisent l'idée même de renouveau.

Un ours mort peut se réincarner en humain

— N'est pas chaman qui veut ?

— La vocation chamanique se signale de façons diverses selon les régions du globe. Dans le cas présent, tous les petits garçons vont s'entraîner à être chaman, ce qui veut dire imiter le cri des animaux, savoir danser, chanter, lutter, front contre front, comme les rennes, dompter les éléments, etc. Dans certaines populations, c'est toute la communauté qui opère le rituel car on peut être chamaniste sans avoir de chaman alors qu'ailleurs le clan va désigner un personnage pour remplir ce rôle et le lui révéler en fabriquant pour lui un costume car on ne s'autoproclame pas chaman.

— Il y a quinze mille ans, près du lac Baïkal, on a retrouvé des peintures rupestres représentant des figures couronnées brandissant un tambour entourées de représentations animales. A quoi sert ce tambour ?

— C'est un réservoir à esprits ; il est là pour recevoir et transmettre les promesses de gibier, les messages, les désirs des esprits. Il représente aussi la femelle surnaturelle du chaman, son double animal dont la vie est liée à la sienne — que sa peau se déchire et son maître en meurt.

— Contrairement à d'autres populations, on ne dit pas que tel animal peut-être la réincarnation de tel homme et vice versa ?

— On ne peut renaître que dans ses descendants. De fait, ces populations n'ont jamais pu adhérer aux conceptions bouddhistes qui leur ont été proposées. Cela dit, les modalités de comportement chamanique sont trop diverses pour pouvoir être désignées d'une seule et même façon. Chez les Ghiliaks, on retrouve une autre croyance, selon laquelle un ours mort peut s'incarner dans un être humain, l'ours étant perçu comme le reflet de l'homme. Chez les peuples de l'Altaï, il existait même des fêtes de l'ours car on pensait que l'animal était le porteur de l'âme d'un homme défunt.

— L'âme du chaman peut être toutefois emportée à jamais par l'esprit animal ?

— On dit que beaucoup de maladies psychiques à issue mortelle sont attribuées à l'amour dont s'enflamme pour un homme tel ou tel animal. Il y a danger : à terme, une telle séduction signifie la mort du chasseur. Les femmes ne sont pas non plus à l'abri et peuvent se laisser séduire par des amants ours. Les femmes ghiliaks qui avaient mis au monde des jumeaux étaient soupçonnées de les avoir conçues avec des ours.

6

Du totem de l'éléphant

Jacqueline Roumeguère

> « Si je meurs ici, roulez-moi dans une couverture massaï, creusez un trou profond au pied du rocher léopard, à la courbe du fleuve Mara. Je reposerai en paix. Je sentirai le lourd poids des vingt-neuf éléphants majestueux lorsque, au mois d'août, ils accomplissent leur circuit rituel. Je sentirai frapper les sabots des buffles rageurs ; j'entendrai les hippopotames siffler et souffler l'eau en jets d'eau vers le soleil, saccadés par le cri rauque des canards sauvages... et je saurai que je suis redevenu un esprit-lion. »
>
> Jacqueline ROUMEGUÈRE-EBERHARDT

De la vénération des animaux dans l'Egypte ancienne aux bestiaires des Pères de l'Eglise en passant par les bêtes impures de l'islam, les animaux ont toujours été associés aux forces surnaturelles qui gouvernent le destin des hommes. Messagers, pères, guides, oracles, génies du bien ou du mal, partout et à toutes les époques, ils ont servi de support et de symbole à la morale humaine avec une infinité de nuances. Chez les Kayapos du Brésil, on se peint des formes animales sur le corps car chaque maladie est liée à un animal. Les Achuar de l'Amazonie équatoriale considèrent le gibier comme l'équivalent d'un beau-frère qui appelle au respect et à la défiance : les humains peuvent se métamorphoser en animaux et vice versa. En Afrique, les Massaïs font partie de ces peuples pour qui le totem, qui est souvent un animal considéré comme l'ancêtre et le protecteur du clan, joue un rôle capital dans l'organisation sociale. Il est vénéré, protégé par un ensemble de tabous, notamment alimentaires, dont la transgression entraîne, dit-on, de grands malheurs. Le totem est présent dans de nombreuses régions du globe, dont l'Amérique du Nord, l'Australie et l'Afrique. Il traverse l'histoire de l'anthropologie au gré d'une succession d'interprétations plus ou moins réductrices. « Partout dans le monde, l'étude du totem est digne d'intérêt et de considération alors qu'il rencontre en France, où on le réduit encore à un objet de superstition, la plus grande des réticences. On n'entend rien à sa véritable signification parce qu'on n'est pas prêt à vouloir comprendre. Lévi-Strauss disait que le totémisme comme tel n'existe pas. Je l'affirme aussi. Ce n'est pas une autre philosophie ou une autre religion, c'est l'identité culturelle de base de l'individu. » A l'étude distanciée par souci d'objectivité, l'ethnoanthropologue Jacqueline Roumeguère-Eberhardt, directeur de recherches au CNRS, a préféré le voyage initiatique et la pratique des cérémonies sacrées au sein des populations africaines qu'elle a étudiées tout au long de ces trente dernières années[1]. La lecture que la grande dame blonde a ramenée du totem africain a bouleversé les lois du genre et permis l'émergence de nouvelles visions. En prenant l'initiative, dans les années 60, de lancer la cartographie totémique de l'ensemble de l'Afrique noire, Jacqueline Roumeguère a montré que le totem, qui lie chaque individu à un animal particulier, offre une observation des populations autrement plus vivante que les descriptions post-coloniales. « Cette cartographie totémique, un travail qui se poursuit depuis plus de trente ans maintenant, donne les migrations à travers l'Afrique parce qu'au fur et à mesure que les populations avancent, elles laissent dans certains lieux des petits groupes d'individus appartenant à leur totem. C'est ainsi qu'un grand initiateur du Zimbabwe m'avait dit : "Je peux traverser l'Afrique en dormant chaque soir dans un village apparenté." C'est cela qui m'a lancée sur cette géographie totémique. »

L'entrée dans la danse du Python

Tout dans la vie de cette femme semblait la prédestiner à vivre l'une des plus audacieuses aventures scientifiques. D'abord ses grands-parents et parents missionnaires suisses, nourris du désir de voyager et d'inculquer aux populations du Mozambique les croyances du Vieux Monde ; son aïeule, Isabelle Eberhardt, qui fit scandale à dix-huit ans lorsqu'elle décida de tout quitter pour partir vivre seule avec les Touaregs ; sa petite enfance passée sur les rives du fleuve Limpolo, au milieu des zébus rouges comme la terre d'Afrique. C'est là que Jacqueline Roumeguère est née. C'est là qu'elle a grandi sous la férule d'un grand-père passionné de botanique, surnommé « Tonnerre » par les Tsongas et d'un père qui, avant de mourir trop tôt, lui fait découvrir le pays sur son fidèle étalon. Lorsque, à cinq ans, elle accompagne pour la première fois sa mère en Europe, Jacqueline enrage et ne rêve que d'une chose : retrouver l'exubérance de ce pays sauvage qui l'a vu naître, poursuivre sa conquête des terres africaines sur le cheval de son père, se fondre encore dans le rythme des tambours et le rire des Tsongas. « Je voulais m'enfouir dans une case enfumée, où on m'offrait des galettes de farine de maïs, préparées au rythme des chants et des pilons. » Le désir est trop fort. Elle y reviendra donc, suivra l'école d'initiation des jeunes filles tsongas et du peuple venda du nord du Transvaal. L'occasion pour elle d'apprendre à danser avec les jeunes princesses, le *Deu*, autrement dit « la danse du python qui se déroule », un rituel qui dure plusieurs mois, parfois plusieurs années, au cours duquel sont revécus rituellement tous les mythes de la création. Des jeunes gens et des jeunes filles s'enchaînent pour former une longue file et avancent ensemble le même pied au son du tambour qui est considéré comme la voix de Dieu : « Le propre de l'initiation, c'est de vous tendre les clés — de vous offrir des possibilités sans jamais vous y contraindre. Soit on les saisit au vol et on les utilise, soit on passe à côté... C'est un engagement de toute une vie car, grâce à l'application de ces données initiatiques, on atteint au moyen d'un parcours personnel, impliquant des efforts constants, d'être en phase avec la connaissance profonde du monde vivant qui nous entoure... C'est en dansant la danse du Python que je suivis mes premiers cours d'histoire africaine, de logique, de sociologie, d'épistémologie, ce qui me donna une base incroyablement solide pour affronter bien plus tard les bancs de la Sorbonne. »

Que vient donc faire le python dans ce rite ?

« Le python mythique est lié aux origines de la vie, il gouverne l'eau des fleuves et de la pluie fécondante, il est le symbole de la fertilité des femmes et des champs. Il est tabou de tuer un python à l'époque des pluies. Si l'on doit en tuer un, sa tête et sa queue sont enterrées dans l'enclos du bétail pour le protéger et assurer sa fécondité et le reste de son corps est jeté dans le fleuve. A l'origine, les hommes et toute la création étaient assis dans le ventre du python qui les vomit... On retrouve ici la conception de l'initiation comme retour aux origines : d'une part au sein maternel, d'autre part à la création, la sortie de l'initiation étant considérée comme une renaissance. Chaque individu initié est prêt à assumer son rôle procréateur et social. » Plus l'adolescente grandit, plus elle est habitée par la conviction de devoir sauvegarder certaines connaissances initiatiques appelées à disparaître. Les chefs des villages l'y incitent. Jacqueline Roumeguère poursuit donc son périple, au jour le jour, « une réalité austère, âpre, étonnante », où la mort et la vie se conjuguent, toujours silencieuses et solennelles pour les hommes et les bêtes. Ici, un enfant né trop tôt abandonné par sa mère sur une termitière symbolisant le sein de la mère primordiale au Zimbabwe ; là, une antilope qui régale la communauté sauf celui qui a posé le piège, isolé dans son coin et demandant pardon au créateur d'avoir tué une de ses créatures. « Tous les pièges sont détendus dès qu'un animal a été pris et ne seront reposés que lorsque la viande aura été épuisée. »

« Je suis du totem de l'éléphant »

D'une aventure à une autre, Jacqueline Roumeguère devenue entre-temps chercheur au CNRS finit par rencontrer les Massaïs du Kenya, pasteurs et guerriers nomades. Elle ne connaît rien de ce peuple, si ce n'est qu'ils se déplacent d'un pâturage à l'autre avec leur bétail, consomment uniquement de la viande du cheptel, boivent du lait et du sang prélevé à la veine jugulaire de l'animal et vivent dans des cases en bouses de vache séchées. Elle va y vivre plus de vingt ans et y élever ses trois enfants, adoptés symboliquement par un chef massaï qui deviendra par la suite son compagnon.

« On avait peine à comprendre en France que j'essayais de déchiffrer des cycles rituels massaïs, jamais encore décrits, et que la seule façon de le faire était de vivre sur place avec eux chacun des préparatifs et de constater l'implication du totem de chacun dans la vie quotidienne de la communauté. Le totem est la première identité de l'homme africain, c'est son code génétique. Son identité est liée à celle de l'animal. On peut changer de tribu mais on ne peut jamais changer de totem. Les initiés connaissent les correspondances entre les mondes minéral, végétal, animal et humain. Ce sont des données non pas inventées ou que nous pouvons déduire mais des codes, des clés qui sont légués lors de ces initiations. Si je suis du totem de l'antilope, cela entraîne le tabou de consommer cet animal : on ne dévore pas son frère ni les plantes que l'antilope ne peut pas manger. Le fait même de transgresser ces règles a des répercussions physiques sur le corps et le mental : l'individu tombe malade ou meurt. Le totem vous situe donc par rapport à l'univers, au monde, à vos obligations, vos possibilités dans le mariage. Tout cela est lié à l'exogamie : quelqu'un appartenant au lion dans le nord, chez les Bayas, n'épousera pas une jeune femme venda du totem lion. Pourquoi ? Parce qu'il la considère comme sa sœur. Il y a là aussi la notion de cette unité dans la diversité. On admet la différence de l'autre. Le lion est bien sûr un totem important : la légende dit que les lions n'ont peur de rien sauf de l'Olmurrani, c'est-à-dire du guerrier massaï, arrogant et nonchalant comme eux. Un jour que nous nous trouvions en mauvaise posture dans le désert du Kalahari, nous avons été suivis pendant des heures par des lions. Ils étaient à moins d'une dizaine de mètres et progressaient avec nous, au même rythme, avec détermination, imperturbables. Mon cheval tremblait, je priais. La nuit tombait lorsque nous sommes arrivés à un village bushmen. Les lions étaient toujours là. Ils rôdèrent autour du campement jusqu'à l'aube. On m'expliqua qu'il s'agissait de mes lions protecteurs, venus m'accompagner. Je le crois.

« Beaucoup d'autres totems existent, tels le rhinocéros, le léopard, le buffle, le serpent, le scorpion, la hyène.

Comme dans l'Egypte ancienne, c'est elle qui permet le passage des âmes et des corps dans le monde des morts. Les Massaïs n'enterrent pas les morts, on les laisse à l'air libre et ce sont les hyènes qui viennent assumer leur devoir. Les gens ressemblent habituellement à leur totem. Regardez-moi. N'ai-je pas la corpulence de l'éléphant, sa lenteur ? (J'acquiesce. J'ajouterais : la majesté.) C'est le totem de la famille royale venda à laquelle j'ai été assimilée à travers les danses, les initiations. Je ressens physiquement cet animal, suis sensible à ses déplacements, sa construction sociale, les sons qu'il émet, sa souffrance et sa colère. Je communique avec ces animaux, ils viennent autour de ma maison sur les rives de la rivière Mara, me présentent leurs petits. D'année en année, ils se souviennent de leur circuit, de chaque arbre, de chaque buisson, de chaque palmier succulent, de la saison des fruits, des hommes rencontrés et de leurs comportements. Ils passent sans bruit sous ma fenêtre la nuit et me soufflent tout bas que, du temps des rêves, ils aidèrent mes frères à traverser les Alpes, car jadis, on le sait, les Massaïs le disent, ils furent les amis des femmes. »

7

Cet autre de l'homme

Pascal Picq

> « Dans un univers de parole grandissante, de contrainte d'aveu et de parole, elles [les bêtes] seules restent muettes, et de ce fait elles semblent reculer loin de nous, derrière l'horizon de la vérité. Mais c'est ce qui fait que nous sommes intimes avec elles. Ce n'est pas le problème écologique de leur survie qui est important. C'est encore et toujours celui de leur silence. Dans un monde en voie de ne plus faire que de parler, dans un monde rallié à l'hégémonie des signes et du discours, leur silence pèse de plus en plus lourd sur notre organisation du sens... leur silence nous analyse. »
>
> Jean BAUDRILLARD

Lorsqu'on interrogea le philosophe grec Diogène sur la raison qui le poussait à sillonner les rues d'Athènes en plein jour, une lanterne à la main, celui-ci s'écria sur le ton de l'évidence : « Je cherche un homme. » C'est la mission que s'est donnée Pascal Picq [1], paléoanthropologue, en se lançant sur la piste de nos frères d'évolution : les grands singes. « Tout ce qui fait l'homme (ou prétendu comme tel) se retrouve chez eux, dit-il. La fabrication et l'utilisation des outils, la phobie du serpent, le partage de la nourriture, la notion du bien et du mal, la politique et la morale, la conscience de soi et de l'autre, le tabou de l'inceste, les interdits alimentaires mais aussi l'usage de la sexualité et des émotions pour maintenir la cohésion sociale. Ils sont capables de reconnaître sur une photographie le visage de leurs proches, de se transmettre des attitudes et des gestes sous la forme d'un apprentissage social. Même les fondements du langage humain se reconnaissent dans les modes de communication des chimpanzés et des autres grands singes. » Et l'on va comprendre avec lui que seules des raisons mécaniques (position du larynx et du pharynx inadéquate) les empêchent de parler. Car ils conçoivent ce mode de communication au niveau du cerveau. Pour preuve : la découverte récente par des neuroanatomistes d'une aire de Broca et de Wernicke située dans l'hémisphère gauche du chimpanzé, précisément les zones du langage chez l'homme. Pour reconstituer le cheminement de nos aïeux et leur adaptation, cet homme issu de la physique théorique, qui se dit être un électron libre et que je perçois comme un accélérateur d'idées, s'est donc lancé dans l'univers des grands singes. Par le plus grand des hasards.

Une histoire de singes lavant des pommes de terre

Tout avait pourtant commencé avec les vaches qu'il gardait enfant dans son Limousin natal. Fils de maraîchers conduits à émigrer, portés par le vent des mutations socio-économiques, c'est en région parisienne où il échoue avec sa famille qu'il fait le vœu pieux de ne rien faire comme tout le monde. Alors que le monde bouge autour de lui, le petit d'homme se laisse gagner par l'impatience de comprendre la réalité et ses mystères. L'aspirant se défoule dans un premier temps dans le sport, les sciences naturelles et l'histoire. Il se heurte aux critères de sélection de ceux qui orientent et décident de l'avenir des jeunes en fonction de leur niveau social. La rancune le tenaille encore, de celle qui trempe les caractères. Et voilà qu'un professeur de philosophie, sorte d'extra-terrestre égaré dans les méandres du lycée technique qui accueille alors Pascal Picq, se lance un matin dans la description inspirée d'une société de macaques laveurs de patates douces au Japon, sur l'île de Koshima.

« Cette histoire de singes qui lave des pommes de terre couvertes de sable dans l'eau de mer m'a littéralement fasciné. Une première rencontre avec les singes. Je mesure aujourd'hui l'audace de ce cher professeur. Un philosophe en khâgne avait-il seulement le droit de prononcer le vocable sulfureux "singe" ? »

Lorsque sa licence de physique théorique conduit Pascal Picq à gamberger sur les méthodes de datation en archéologie préhistorique, il découvre, admiratif, la célèbre Lucy (exhumée en 1974 dans la vallée du Rift). De la paléontologie humaine, il poursuit l'enseignement de l'anatomie humaine à l'université Duke aux Etats-Unis et y retrouve de nouveau la piste des grands singes. « Pour savoir comment notre mâchoire s'était construite, il fallait bien comprendre ce qui s'était passé chez les primates. »

Si le panthéon indien ou égyptien réserve au singe une place de choix, Pascal Picq n'est pas en reste. Son enthousiasme à remonter aux origines de l'homme en empruntant la voie simienne ne laisse pas indifférent. En France, elle suscite même des haut-le-cœur dignes des passions du XIXe siècle, époque où les théories darwiniennes démontrent la proximité entre les grands singes et les hommes, où l'on affirmait que le diable, voulant imiter Dieu créant l'homme, avait inventé le singe.

« J'étais effaré de constater à quel point le singe était encore tabou, comme si l'évolutionnisme était une menace. Comment pouvions-nous envisager l'hominisation si nous les méprisions de la sorte et si nous continuions à penser l'évolution comme une pyramide chapeautée par l'homme, finalité d'un acte créateur divin ? Une idée qui persiste depuis Aristote. Etre “plus ou moins évolué” ne veut rien dire. Nous sommes les derniers représentants de la lignée évolutive des hominidés sur la planète des singes. Pour autant, les chimpanzés sont, eux aussi, le fruit d'une longue évolution. Ils ne nous offrent pas un spectacle de nos origines, ne sont pas nos ancêtres, mais nous montrent ce qu'est la place de l'homme dans la nature par l'héritage commun que nous partageons avec eux. »

Peut-on apprendre à parler aux singes ?

Dans les années 50, de nombreux chercheurs ont enseigné à de grands singes le langage des sourds-muets américains. Washœ, une jeune femelle chimpanzé de dix mois, élevée par deux psychologues, Allen et Beatrice Gardner à l'université du Nevada, en 1966, pouvait non seulement reconnaître et décrire les images d'objets ou d'animaux qui lui étaient soumises, mais aussi accroître son vocabulaire en observant et en imitant les signes utilisés par ses instructeurs. Un autre couple, Ann et David Premack, a eu l'idée d'apprendre à Sarah, une femelle chimpanzé, à communiquer grâce à un lexique composé de figures géométriques colorées, chacune d'entre elles correspondant à une idée définie. Ces travaux ont eu le mérite de nous révéler que les grands singes ont un répertoire cognitif dans lequel s'inscrivent ces capacités linguistiques.

— Donner la parole aux singes a permis de mettre en évidence des caractéristiques qui n'ont pas été mobilisées dans la nature. Cette capacité des chimpanzés ou des bonobos à s'adapter à un environnement humain et à comprendre un langage mis au point par les hommes ne s'est pas arrêtée là. Lorsque d'autres chimpanzés sont venus rejoindre les premiers, jeunes et adolescents, on a vu apparaître une transmission des signes. Ils se sont mis à communiquer entre eux par l'intermédiaire des gestes que les hommes leur avaient enseignés. Ce qui nous donne là la preuve qu'ils sont capables de conserver ce qu'ils ont appris et de le transmettre comme un caractère acquis.

— Agée de quinze ans, Panbahnisha est une femelle bonobo qui maîtrise aujourd'hui trois mille mots par l'intermédiaire d'un outil informatique. Selon la primatologue Sue Savage-Rumbaugh qui mène cette expérience avec elle, à l'université de Géorgie (Atlanta), la communication avec les singes est désormais possible. Jusqu'où peut-on aller ? Est-ce qu'on pourra un jour dialoguer avec les grands singes en laboratoire et que nous raconteront-ils ?

— Jusqu'à présent, les éthologues réalisaient des tests qui permettaient d'évaluer leurs performances face à des tâches définies. En somme, une appréciation très limitée des capacités cognitives et qui ignore surtout la pluralité des formes d'intelligence. Les expériences mises en œuvre à Atlanta installent en revanche les grands singes dans des situations où ils peuvent réellement communiquer leurs propres désirs, leurs intentions, voire leur état mental. Ce sont eux qui ouvrent la fenêtre sur leur rapport au monde. Plusieurs chercheurs en psychologie animale ont fait remarquer que la communication entre les expérimentateurs et les grands singes est construite sur le mode injonctif. En d'autres termes, les singes sont incapables de s'exprimer sur un mode déclaratif, de raconter une histoire, en l'occurrence la leur — ce qui du reste les préserve des désenchantements de la psychanalyse ! En insistant sur ce constat, certains cherchent à maintenir le statut de l'humain contre vents et marées. C'est ridicule. Rappelons-nous que nous demandons aux grands singes de s'exprimer sur le mode du langage humain. Ont-ils seulement envie de nous raconter des choses ?

— Les facultés d'apprentissage du langage des chimpanzés correspondent-elles à celles des petits enfants ?

— Des études en psychologie comparée concernant l'apprentissage des modes de communication symbolique indiquent de grandes similitudes entre les enfants et les grands singes jusqu'à l'âge de deux ans. Ces derniers progressent même sensiblement plus vite que les humains jusqu'à un certain stade. Ensuite, c'est l'enfant qui prend le relais et entre dans une phase d'apprentissage très active. C'est peut-être là que se loge une différence fondamentale, ce qui n'empêche pas que nous partagions une intelligence avec les singes.

— Le cerveau du chimpanzé, dans un contexte de laboratoire, donc constamment sollicité par le langage des signes, pourrait-il, de génération en génération, réaliser des performances intellectuelles de plus en plus importantes ?

— Le fait que les chimpanzés possèdent des structures similaires aux nôtres est d'une importance considérable. Ce sont des potentialités héritées d'un ancêtre commun qui expliquent cette incroyable capacité à apprendre le langage humain, à l'utiliser et à le transmettre. Les observations montrent bien que les singes qui se sont laissé enseigner par l'homme adaptent et réutilisent ensuite ce langage pour communiquer spontanément au sein de leur groupe sans avoir recours à des sollicitations humaines. Si ces expériences pouvaient se poursuivre dans le temps, l'intelligence des chimpanzés serait peut-être à même de créer une intelligence collective avec ses propres cultures. Cela a sans doute commencé ainsi avec *Homo habilis*, il y a deux millions et demi d'années.

— Certains soutiennent que ces travaux ne pourront

jamais nous éclairer sur les origines du langage. D'autres pensent l'inverse.

— Les capacités cognitives et communicatives mises en évidence chez les grands singes, homologues aux nôtres, proviennent forcément de notre dernier ancêtre commun. De grands linguistes, au demeurant bien ignorants des singes, ont postulé que le langage est apparu spontanément grâce à une mutation génétique magique, hypothèse déclinée sur le registre « et que la parole soit ». Quant à la plupart des anthropologues, ardents partisans des équilibres, ils n'attribuent encore le langage qu'à l'homme. Au nom de ce principe, on dénie tout langage aux autres hommes, Neandertal ou Cro-Magnon. Ce genre d'hypothèse interdit toute recherche sur les processus graduels et sur les grands singes. C'est une perversité scientifique et épistémologique.

— Le langage est-il né du besoin de communiquer ?

— Ce n'est pas parce que le langage sert à véhiculer certains types de messages (devoirs, intentions, narrations, évocation de situations décalées dans le temps ou l'espace) qu'il est apparu pour cette raison. Les observations effectuées dans la nature montrent que les chimpanzés participent à toutes ces situations sans avoir pour autant acquis de langage articulé. Aujourd'hui, grâce notamment aux nouvelles techniques d'imagerie médicale, on s'aperçoit que lorsque l'on prononce le mot « marteau », une région spécifique du cerveau s'active. C'est exactement la même qui entre en action lorsqu'on va utiliser un marteau sans même le désigner oralement. Le langage s'est donc modelé depuis ce substrat cérébral existant. Puis graduellement, mais selon parfois des modalités évolutives rapides qui nous échappent, le langage a dû servir à stabiliser de nouveaux comportements sociaux.

— Avant l'apprentissage du langage des signes, n'a-t-on pas essayé de leur faire prononcer des mots jusqu'à ce que l'on constate leur incapacité anatomique ?

— On l'a tenté, c'est vrai. Et c'est là une preuve de naïveté anthropocentrique. Quelle utilité à faire de nos frères d'évolution des esclaves de nos tentatives de communication ? Il nous faut être plus fins et opérer la démarche inverse : accéder à leurs univers mentaux en ne les dénaturant pas. Des animaux conditionnés pour être des hommes ne révèlent qu'une triste procédure relevant du cirque. Etre humain, c'est avoir conscience des différences qui nous échappent, des multiples liens qui nous relient aux autres espèces et qui enrichissent notre univers de connaissances.

II.

L'ÉCHANGE

Introduction

La grande alliance entre l'homme et les animaux

La meute du couple de loups blancs a élu domicile dans le vallon envahi de fougères depuis plusieurs saisons déjà. Régulièrement, les quinze membres du clan parcourent leur immense territoire peuplé de bisons, de chevaux et de rennes.

Dans le sillage des chasseurs confirmés, les louvards âgés d'un an à peine observent leurs aînés flairer le sol et décoder les messages de ceux qui l'ont traversé. Le loup blanc et sa compagne sont de ces couples qui ne font preuve d'aucune tolérance. Tout intrus est impitoyablement chassé ou tué. A ce point qu'ils n'hésitent pas à entraîner leurs troupes dans de véritables batailles rangées contre d'autres meutes lorsque celles-ci n'ont pas respecté les signaux olfactifs marquant les limites de leur territoire. C'est ainsi que le couple de despotes a décidé d'éradiquer le clan des loups gris. Au soir du cinquième jour des affrontements, la bataille a laissé sur le sol gelé plusieurs morts dont les mâles alpha de chacune des deux bandes. La louve blanche, sérieusement blessée, ainsi que le reste de la meute ont été chassés et les cadavres dévorés par les vainqueurs. En trottinant, le clan de la louve blanche a quitté le vallon et progressé droit devant des heures durant. Ce qu'un loup parcourt en une nuit équivaut à trois jours de marche pour un homme. Epuisés, la louve et les siens se sont installés dans un sous-bois emmêlé de lierres, de ronces et de buis, laissant derrière eux les loups gris s'entre-déchirer pour le pouvoir. Qui aurait pu imaginer qu'un matin les deux clans enterrent la hache de guerre ?

Certainement pas les hommes qui, au pied de la colline voisine, à l'abri d'un rempart rocheux, ont dressé leur campement, juste en bordure de la rivière, point de rencontre des animaux venant se désaltérer. Là-bas, la vie se déroule depuis des lunes sous le porche de l'entrée de la grotte. Réunis autour du feu, les hommes dorment et mangent, confectionnent des armes, des parures d'ivoire et de coquillages. Ils préparent aussi leur matériel de peinture constitué de coquilles creuses pour transporter la couleur, de palettes en pierre pour effectuer les mélanges et de fragments de colorants taillés en forme de crayons. Parfois, ils revêtent des dépouilles animales : tête et cornes de bison, bois de cervidés et queue de loup ou de cheval. Les cheveux coiffés en chignons, longs, lisses, ou nattés, le visage recouvert d'ocre rouge, alors ils se mettent à danser en imitant les cris des animaux qu'ils chassent pour mieux les ensorceler.

Ce matin, un vent sauvage et glacé s'est levé qui secoue les ramures des arbres. Sur un rocher en surplomb un groupe d'hommes revêtus de combinaisons de fourrure observe. Ils sont là pour la chasse. Autour de leur cou sont accrochées des têtes d'animaux découpées dans de l'os en guise de pendentif. Des canines de renards, des dents et des griffes de loups pendent de leurs manches. Est-ce pour appeler sur eux la bénédiction de l'animal, s'approprier ses qualités de chasseur ou éloigner son esprit ? En plus de leurs armes, ils ont aussi emporté des phalanges de renne perforées d'un trou en guise d'appeaux. A plat ventre sur la pierre gelée, ils guettent les silhouettes altières des chevaux qui paissent au loin. Soudain d'autres chasseurs s'approchent. Ce sont les meutes de la louve blanche et des loups gris réunies en un seul clan. Pour connaître la direction du vent, les loups hument en tous sens. Lorsqu'ils sentent la trace d'une proie, ils pointent le nez dans la même direction puis se rassemblent nez à nez, en agitant la queue dans un silence absolu. Chacun des membres attend que le loup alpha donne le signal. Alors les plus lourds, dominants en tête, progressent doucement dans l'herbe et dans le vent sans crainte d'être perçus par le gibier. D'autres loups, plus souples, partent en direction de la colline en contournant la horde. Ils rampent, à l'opposé de leurs congénères, oreilles plaquées, ventre à terre...

Alertés par l'odeur des fauves, les chevaux s'agitent, soufflent, grattent le sol. Dans la prairie, les loups qui se sont découverts chargent la horde qui fait volte-face et s'enfuit au grand galop. Rapidement, une vieille jument est séparée du troupeau et poussée dans la direction des chasseurs situés plus avant. A peine est-elle encerclée que la louve blanche bondit sur elle, tranche le cuir de la gorge tandis que les autres sectionnent ses jarrets pour la renverser au sol. Ses longues jambes effilées battent encore un peu l'air lorsque le compagnon de la louve lui arrache les entrailles farcies d'herbes puis le cœur. Tout à l'heure, après la curée, les hommes viendront prélever, s'il en reste, la moelle des os. Puis, dans le jour finissant, ils s'enfonceront dans les profondeurs de leur caverne. A la lumière vacillante de leur lampe en pierre et de leurs torches, ils partiront redécouvrir les peintures de leurs ancêtres imprimées sur les parois. Alors surgiront de l'ombre des animaux étranges, des têtes de chevaux décharnés, des ours à tête de loup, des bisons à tête de sanglier, des personnages mi-homme mi-animal. Et ils se livreront à une cérémonie pour prendre possession des lieux, dominer la nature, célébrer la féminité, favoriser la multiplication du gibier et celle des enfants, éloigner le danger, symboliser les alliances entre clans, solliciter le pardon de l'animal avant son sacrifice lors des prochaines expéditions de chasse.

Souvent la clique humaine observe les loups qui contemplent longuement leurs proies. Plusieurs jours d'affilée, ils les voient revenir s'installer au même poste de surveillance comme s'ils évaluaient le comportement, l'état de santé et les réflexes de chacun des animaux évoluant sous leurs yeux. Ils les aperçoivent aussi rôder autour du campement, chaparder un reste de carcasse, déguerpir ventre à terre sous un jet de pierre, endurer comme eux le froid et la faim, s'adapter en toutes circonstances. Il y a longtemps que les hommes et les loups s'épient mutuellement. Avant même que Cro-Magnon ne conquière l'Europe, tout droit venu du Proche-Orient il y a quarante mille ans. Avant même que naisse l'homme moderne quelque part en Afrique de l'Est voilà cent mille ans. Alors que les hommes ne connaissaient pas encore le feu, disposaient seulement de quelques outils rudimentaires et se nourrissaient de viande crue et de charognes disputées âprement aux animaux. Péniblement, le peuple des hommes a dû s'appliquer à maîtriser les techniques de chasse, à les adapter selon chaque espèce, à inventer de nouvelles armes, plus légères, à inventer entre eux un langage basé sur les sons et les rictus. Comme les loups, les hommes ont appris à s'organiser entre eux, à observer le comportement et l'anatomie du gibier. Des ossements de *Canis lupus* sur des sites d'occupation humaine ont été observés en différents lieux d'Europe, à Tautavel, de moins 700 000 à moins 100 000 ans, dans le Kent à Boxgrove, il y a quatre cent mille ans. Confronté à l'animal, l'homme s'est révélé à lui-même. En le tuant pour s'en défendre, se protéger du froid ou le manger, il était enfin capable de maîtriser la vie. En apprivoisant le loup puis en le domestiquant, l'homme mettait un terme à sa solitude.

Du loup au chien

Les loups se sont laissé envoûter par nos ancêtres parce qu'ils ont été perméables à nos formes, nos sons, nos odeurs puis nos caresses. Ils ont sans doute été fascinés sensoriellement de la même manière que les antilopes peuvent l'être par les tigres, que les oiseaux le sont par les crocodiles, les rats par les serpents ou les rennes par les hommes, attirés par le sel et les phéromones contenues dans leurs urines. Toutefois, la question récurrente qui taraude tout un aréopage de scientifiques reste celle-ci : les hommes ont-ils domestiqué le loup par nécessité ? Personne n'est d'accord. Les chercheurs se perdent en conjectures et nul ne peut dire avec certitude que telle ou telle hypothèse prévaut sur une autre. Certains pensent que nos ancêtres n'ont pas pu formuler ce projet dans la mesure où il aurait fallu qu'ils sachent au préalable à quoi ils destinaient l'animal, ce qui semble bien improbable. Quel a donc été le moteur ? Pour l'ethnologue Jean-Pierre Digard, l'homme aurait exprimé là son désir, coriace, de domination et de conquête du monde vivant. Un besoin viscéral qui a présidé à notre actuelle boulimie de connaissance et à notre pouvoir sur la vie. Aux Etats-Unis, l'éthologue James Coppinger, grand spécialiste des *Canis*, partage l'avis de Stephen Budiansky, ex-rédacteur en chef de l'édition américaine de *Nature*, revue scientifique internationale. C'est le loup qui se serait spontanément laissé séduire par nous en accédant à nos restes. Les conséquences de cette alliance ont été ensuite un cerveau atrophié et un comportement altéré pour les descendants de l'animal ensorcelé, autrement dit une condamnation à l'enfance éternelle et à la dépendance sitôt son âme vendue à l'homme. A l'abri de tout souci de survie, *Canis lupus* se serait laissé aller généreusement à l'infantilisme. Si l'on en croit d'autres spécialistes, la domestication du loup et sa transformation progressive en chien n'a pas seulement entraîné une diminution du volume crânien de l'animal. En nous reposant sur les aptitudes naturelles du chien à pister les proies et flairer les dangers, c'est la taille même de notre cerveau qui aurait diminué de 10 pour cent en dix mille ans [1].

Que le loup ait été ou non un auxiliaire de tous les instants, le chien, biologiquement conçu pour rester un enfant, est désormais tout entier tourné vers notre écoute, complétant notre propre néoténie. « Le chien nous permet de jouer avec notre réponse à la nature animale qui refuse de se plier à la culture, souligne Aaron Katcher. Le chien se situe dans un système symbolique extrêmement signifiant, à savoir le système d'images et de métaphores renvoyant à la double nature de l'homme — ange et bête —, à la perte d'une grande part de notre nature animale quand nous quittons l'enfance et à la douloureuse ambivalence de l'homme face à l'amour soumis. » Conséquence ou non, le chien est aussi devenu un animal sacrificiel dont on peut de loin assimiler l'euthanasie pratiquée à tour de bras — 300 000 euthanasies chaque année en France, 10 millions aux Etats-Unis — à une véritable immolation de substitution, version moderne d'un rituel obligé pour permettre l'émancipation de l'homme, un peu comme l'agneau de la Bible qui, par sa mort, donne à l'enfant le pouvoir d'accéder à l'état d'adulte.

Chienne de vie

L'histoire du chien s'est donc écrite avec celle des civilisations humaines. Les sociétés égyptienne et assyrienne attribuent au chien, molossoïde ou miniature, un statut d'auxiliaire de chasse, de gardien et de compagnon d'agrément, parfois de guérisseurs ou de bouillottes pour les nuits froides[2]. En Egypte[3], des fresques représentant des chiens décorent les tombes des hommes. A Cynopolis, si un chien vient à mourir, les habitants de la maison dans laquelle il a vécu se rasent la tête et le corps, jettent la nourriture en signe de deuil. Dans la culture gréco-romaine, quand il ne fait pas office de poubelle, de chair à canon ou de viande sur pattes, le chien est apprécié en tant que compagnon des enfants, des aveugles, des mendiants mais aussi pour agrémenter la vie des gens aisés. A Rome, le chien détient le privilège de participer aux grands jeux du cirque et c'est dans l'arène qu'il combat les ours et les lions. Héros civilisateur pour les Murut du nord de Bornéo, il est en revanche l'animal honni en Inde car supposé symboliser pour les élites de la société hindoue les roturiers peu respectueux des traditions. Qu'on ne s'étonne donc pas si, aujourd'hui encore, le chien reste le support rêvé de toutes les identifications et projections. Le chien est devenu un membre de la famille à part entière[4]. Au point que l'on se bat désormais pour sa garde au cours d'un divorce. « L'animal remplit des fonctions ou rôles d'agent de sécurité, de substitut, de médiateur, de béquille physique ou affective, tout en étant le réceptacle des émotions, affects, fantasmes, projets du possesseur et de ses proches, souligne Hubert Montagner. Le second registre concerne l'exhibition ou l'organisation de la mise en scène d'un être "potiche-miroir" qui valorise le narcissisme, symbolise ou confère un pouvoir et des fonctions sociales. » A l'abri de nos mots, nous tentons de communiquer avec lui pour mieux nous parler à nous-mêmes. Le résultat est souvent dramatique car cet animal, dont on a oublié la véritable nature au point de brouiller tous ses repères par nos manques affectifs, devient l'élément familial perturbé, celui qui déprime, s'ulcérise, se mutile ou agresse. C'est lui que l'on médicalise. Pour preuve, le chiffre d'affaires annuel du marché américain des psychotropes vétérinaires frôle désormais le milliard de dollars[5].

1

Liaisons dangereuses

Michel Chanton

> « Pendant qu'il reste encore quelques-uns de ces êtres anachroniques, de ces individus hors la loi, déparant une société organisée autant que les herbes folles une plate-bande, j'en veux fixer l'image, pour nos contemporains dont la plupart ne peuvent plus les comprendre, pour nos après-venants qui ne pourraient plus même les concevoir, en une confession véridique. »
>
> Robert HAINARD

Michel Chanton est un éthologiste en colère. C'est un homme pourtant plein d'humour, à l'esprit philosophe. Toutefois, la vision d'un chien portant une casquette de base-ball le consterne. L'idée que l'on puisse proposer un centre culturel pour chiens avec atelier de peinture comme aux Etats-Unis le mortifie. Il ne décolère pas non plus contre certains vétérinaires français qui prétendent résoudre les problèmes existant entre une famille et un chien en plaçant l'animal sous psychotrope de manière systématique.

« Ce qui structure un échange réciproque entre un homme et un chien, explique Michel Chanton, c'est la demande de contacts réciproques. En tant que mammifères sociaux, tous deux ont besoin de vivre en groupe, au sein d'une organisation sociale clairement définie. Parce que le chien n'a pas la possibilité d'établir de relations avec d'autres congénères, il se suffit plus ou moins bien des codes sociaux humains qui sont relativement calquables sur ceux de l'espèce canine. C'est ce qui explique d'ailleurs qu'on a l'impression que la communication entre un chien et les membres d'une famille fonctionne à merveille. Faute de trouver des semblables à quatre pattes, le chien se tourne vers l'homme et, de fait, devient très demandeur de rituels d'interactions et donc de communications.

« Les phéromones, du grec *pherein hormân*, qui signifie "transporteur d'excitation", sont une production hormonale dirigée vers l'extérieur. Ce sont les signaux les plus répandus dans le règne animal et les plus anciens aussi : les organismes primitifs comme les protozoaire échangent leurs informations par ce moyen. Donc, l'émission inconsciente de celles-ci renseigne le chien sur notre humeur. Si notre nez est tapissé de cinq millions de cellules olfactives pour une surface de muqueuse ne dépassant pas 4 cm^2, celui du chien en possède 44 fois plus pour 150 cm^2. Pour compléter la reconnaissance et l'analyse des molécules olfactives, l'animal possède aussi un outil supplémentaire, régressé chez l'homme dès les premiers mois de la vie fœtale : l'organe voméro-nasal. Situé à l'avant du palais, ce capteur transmet au cerveau — où les cellules consacrées à leur reconnaissance sont quarante fois plus nombreuses que chez l'homme — des informations gustatives et olfactives. Un atout qui permet au chien de pouvoir distinguer un homme d'un autre, de repérer à plusieurs kilomètres les phéromones dégagées par une femelle en chaleur ou encore de retrouver des cadavres immergés à plusieurs dizaines de mètres de profondeur [1], de reconnaître tous les objets qui ont été touchés par une femme se trouvant dans la seconde période de ses règles, le moment clé où son organisme fabrique de la progestérone. Il est aussi capable d'identifier la peur ou la nervosité qui envahit un être vivant, homme ou animal. » Des chiens ont également révélé des comportements d'inquiétude dans l'heure qui précède les crises convulsives de leur propriétaire épileptique. Est-ce dû à l'embrasement des cellules cérébrales de leur maître, à une odeur particulière ? Sans que l'on sache expliquer pourquoi, d'autres ont détecté des arrêts respiratoires chez des nourrissons, des tumeurs cutanées cancéreuses, l'hypoglycémie de leurs maîtres diabétiques.

« Certaines études[2] montrent que, face à un inconnu, le chien va chercher à connaître son identité en flairant généralement la zone génito-anale, ce qui se pratique communément entre canidés. Par contre, si le chien veut analyser l'état émotif d'un être humain, il va renifler les paumes des mains, les plantes des pieds et, si elles sont accessibles, toutes les régions où la sudation a tendance à se manifester de façon plus ou moins intense selon les émotions qui nous habitent. Comme les gens sont friands d'idées qui les satisfont, les propriétaires pensent que le chien partage nos soucis quotidiens, nos chagrins, nos angoisses existentielles. En fait, il réagit à des signaux physiologiques qui sont le résultat de notre émotion. Le chien ne comprend pas notre langage, à la limite une prosodie. Par contre, quand il y a discordance entre les différents canaux de communication, il va attacher de l'importance aux intonations de notre voix qui deviennent pour lui riches de sens. Certes, ce ne sont que des productions de sons mais elles traduisent un état mental. Il devient alors impossible de tricher avec l'animal. De fait, si l'on est dans un état de colère intense mais que l'on veut, malgré tout, rappeler le chien avec le projet de lui flanquer une correction, notre intonation va immédiatement trahir notre état émotionnel. Le chien va déceler deux messages contraires et considérer alors que la communication n'est pas fiable, l'interpréter comme une menace et finir dans la grande majorité des cas par désobéir.

« Lorsque s'installe l'incompréhension, à aucun moment le maître ne se pose la question de savoir si le chien comprend le message qu'il tente de lui transmettre. Il s'agit encore moins de savoir si le maître sait se faire entendre de lui. Le chien est coupable de ne pas comprendre. Conclusion : s'il n'obéit pas, c'est qu'il me nargue. Puisqu'il refuse d'obéir, on va le faire dresser. Tout au long de ma carrière, j'ai vu quelques milliers de propriétaires de chiens confondre aveuglément hiérarchie et obéissance. Tous étaient persuadés que la place du chien dans la hiérarchie de groupe était acquise à partir du moment où l'animal se montrait obéissant et flexible. Ce sont deux choses radicalement différentes. Sur un terrain de dressage qui le conditionne, le chien peut en effet se montrer fort discipliné parce qu'il se soumet à une contrainte mais rien ne l'empêche, dans un autre contexte, de se montrer agressif envers sa famille d'accueil.

De la hiérarchie humain-chien

« Le chien a besoin de vivre dans un groupe social hiérarchisé à l'intérieur duquel l'espace et les déplacements de chacun sont contrôlés par un individu que l'on appelle Alpha. C'est ce dernier qui mange avant les autres, se reproduit pour assurer la survie de l'espèce, ne tolère aucune rébellion. Au sein même de ce groupe géré par un chef, chacun occupe un rang social déterminé, peut ou non jouir de certains privilèges, agresser ou ne pas répondre à l'agression. Si l'on met en présence une dizaine de chiens sans intervention humaine, on observe l'émergence d'un individu alpha dans les dix minutes. Si l'on introduit un autre individu, tout est à refaire. La hiérarchie est éphémère. Un chien peut être dominé dans un groupe et dominant dans un autre[3]. A l'intérieur d'une maison, le chien doit trouver sa place dans la hiérarchie que compose la cellule familiale. Dès son plus jeune âge, il sera soumis à son maître considéré à juste titre comme le chef de meute mais aussi aux différents membres de la famille. Le schéma type de la hiérarchie est le suivant : le père de famille — parfois la mère — est en première position, ensuite vous avez le chien puis, en troisième position, les enfants. Lorsque les enfants grandissent, le chien peut craindre la remise en question de la hiérarchie en particulier à l'âge de la puberté. Ce qui explique que bon nombre de morsures ou de comportements agressifs ont lieu pendant cette transition.

« Cela dit, sur les 60 pour cent de morsures sur enfant qui sont le fait du chien de la maison, il s'agit d'un gamin qui a harcelé son chien sans avoir compris les limites à ne pas dépasser parce que ses parents ne le lui ont pas appris. Quand le chien est contraint à la menace parce qu'il a tout essayé et que rien ne marche, qu'il n'a plus d'espace de fuite, l'enfant ne va pas percevoir cette menace et, de fait, cela va contraindre l'animal à passer à l'étape supérieure qui est la morsure. Au cours de sa croissance, il arrive aussi que l'animal remette la hiérarchie en cause et défie une personne de la famille. La réponse doit être instantanée et claire : la personne accepte le défi et "remet le chien à sa place"[4]. A mon sens, le chien incarne aux yeux de l'homme l'esclave idéal, celui sur lequel il peut assouvir son désir d'omnipotence le plus entier, du contrôle de sa sexualité jusqu'au choix de l'heure de sa mort. Tout individu traverse un stade d'inadaptation sociale dans l'enfance, très vite recadré par un ajustement qui lui fait comprendre que tout n'est pas permis. Or tout redevient possible avec un chien y compris le tuer, à condition que l'on respecte les formes légales. Le tuer à coups de bâton ou à coups de fusil sur la voie publique risque de vous mener au tribunal mais le conduire chez le vétérinaire en réclamant son euthanasie parce qu'il urine dans le salon ou risque de compromettre vos prochaines vacances est une démarche socialement admise. Personne n'oserait vous le reprocher. »

2

L'homme qui nous réconcilie avec les animaux

Boris Cyrulnik

Restons quelques instants encore à notre alliance avec *Canis*... Les éthologues cliniciens et les vétérinaires ont fait le constat que la pensée du propriétaire pouvait façonner le comportement et le développement biologique du chien. Certaines personnes attendent, par exemple, de leur compagnon qu'ils défendent la maison. Ils développent une peur relative de l'environnement qui va être perceptible par l'animal. Face à cette émotion enregistrée par différents canaux, le chien va alors adopter une attitude menaçante que les propriétaires vont analyser comme un comportement de défense de la maison.

« Ce n'est pas de la transmission de pensée, je dirais que c'est de la *matérialisation de pensée*, précise Boris Cyrulnik. Dans certaines pathologies comme les maladies maniaco-dépressives où les gens sont tantôt euphoriques, tantôt mélancoliques, jusqu'à se sentir responsables de toutes les plaies du monde, on voit que le chien s'adapte impeccablement à l'humeur du propriétaire. Quand le propriétaire est gai, il va se mettre à aboyer, gambader, quand il est triste, le chien ne bouge pas, il se met à trembler. J'avais un patient qui faisait des bouffées délirantes à répétition. Selon l'accueil que me faisait son chien, je savais dans quel état il se trouvait ou allait se trouver. Le chien qui vit dans un monde de sympathie est hypersensible au moindre indice émis par le corps du propriétaire adoré. C'est donc bien une matérialisation de la pensée humaine transmise au chien qui façonne ce dernier. Les vétérinaires avec lesquels je travaille montrent, chez des chiens, des troubles d'hypertension, de diabète, d'ulcères hémorragiques gastriques, des dermatoses suppurantes... de graves maladies dont le point de départ se situe dans la pensée du propriétaire.

« On rencontre souvent le cas d'un chien choisi pour remplacer le chien précédent décédé. De même couleur, de même race, on lui attribue la même place à la maison, parfois un nom identique. Que se passe-t-il ? L'animal souffre de la comparaison affective de son propriétaire avec le disparu au point d'en tomber malade. Comment peut-il en effet se sentir valorisé ? Quoi qu'il fasse, il est sans cesse comparé au disparu idéalisé. L'histoire du propriétaire et la représentation mentale qu'il a de son chien transmettent à l'animal des signaux contradictoires, incohérents. Il devient impossible pour lui de trouver et d'utiliser un code clair de comportement avec son maître. Ces émotions vont fabriquer des troubles métaboliques et à long terme des maladies organiques ou des comportements altérés. Un symptôme est une proposition de communication. Le chien se lèche la patte jusqu'au sang, se réfugie derrière un meuble, présente des troubles sphinctériens, des gastrites, une hypervigilance avec tremblements, etc. La guérison du chien passe par une restructuration de l'imaginaire du propriétaire qui doit faire le deuil du premier chien et envisager le second comme un être différent. »

L'insatiable curiosité de Boris Cyrulnik

Boris Cyrulnik est l'un des pionniers de l'éthologie française. Il est aussi neuropsychiatre, psychanalyste, psychologue, auteur de nombreux ouvrages. Ancien maître-nageur et rugbyman, voyageur infatigable et poète, il fait partie de ces hommes qu'une enfance instable et sans famille n'a pas rendu amer mais au contraire curieux de l'univers du vivant. De ce manque d'identité et de références, il a fait un tremplin qui l'a obligé, pour survivre, à se poser des questions constructives sur la nature humaine et à se chercher dans toutes sortes de milieux sociaux. C'est ainsi qu'il s'est construit ce qu'il appelle un « père synthétique fait de rugby, de science, de débrouillardise et de pamphlet politique », dont chaque morceau lui a apporté une vision différente de l'homme. A la fin de la Seconde Guerre mondiale, Boris Cyrulnik est âgé de sept ans. Un soir à Bordeaux, à l'heure de la Libération, il est par hasard le témoin impuissant de l'assassinat d'un milicien par les libérateurs. Etrange : ceux-ci tiennent le même langage que les occupants de la veille, justifient leur crime au nom d'une vérité qu'ils disent cohérente. Que se cache-t-il donc derrière les belles paroles des hommes ?

Première attitude éthologique. Une envie puissante de comprendre le monde qu'il habite envahit Boris Cyrulnik. A douze ans, il se promène avec un livre de psychologie animale dans la poche, s'émerveille devant l'organisation d'une fourmilière, s'intéresse aux naturalistes et se frotte aux adultes qui remettent en cause les croyances antérieures, dénoncent les frontières entre les disciplines scientifiques. Sous l'impulsion de son ami Hubert Montagner, aujourd'hui psycho-physio-éthologue, il découvre dans les années 60, au terme de ses études de médecine, une toute nouvelle discipline, considérée alors comme scandaleuse : l'éthologie humaine. En plein questionnement, préférant à l'analyse la synthèse, il se lance dans cette science novatrice en complément de la psychiatrie, de la psychologie sociale, de la clinique, rejetant avec force l'idée de se spécialiser. Pour lui, le mélange des genres, l'approche conjointe du corps et de l'esprit, de la parole et de la molécule, de l'homme et de l'animal est un parcours indispensable pour mener à une compréhension globale de la dimension humaine. Une démarche d'homme libre. Une fois sur cette piste, il ne s'arrête plus, accumule une foule de documents, travaille sur la biologie de l'affect, le pouvoir du langage, les signes du corps, applique à l'homme des méthodes d'études, réservées jusqu'ici au milieu animal — ce qui lui vaut immédiatement de solides ennemis chez ses confrères psychanalystes et neurobiologistes —, parcourt le monde et crée un groupe transdisciplinaire de recherche en éthologie clinique à l'hôpital de Toulon-La-Seyne. Objectif : étudier le développement humain, la complexité des systèmes relationnels, l'influence du verbe, de l'inconscient et des signes de communication non verbaux sur la biologie et la construction psychologique d'un individu. Très vaste programme, qu'il embrasse pourtant avec aisance, humour, générosité.

Ce que l'animal domestique dit de son maître

— Vidons d'emblée le sac de l'éthologie : étudier l'animal permet-il de mieux comprendre la génétique du comportement de l'homme ?

— C'est exactement ça. Le fait d'étudier la phylogenèse, qui est la comparaison entre les espèces, permet de mieux comprendre l'ontogenèse et la place de l'homme. On comprend mieux aussi la fonction et l'importance de la parole dans le monde humain. Il existe une première gestualité universelle, fondée sur le biologique, proche de l'animalité. Dès que le langage apparaît, une deuxième gestualité imprégnée de modèles culturels prend place. Là, la première gestuelle s'enfouit, les sécrétions d'hormones dans le cerveau changent. Donc, on comprend mieux comment le langage se prépare, comment le choix des mots pour raconter un fait révèle l'interprétation qu'on peut en faire, comment la parole peut changer la biologie en changeant les émotions.

— L'éthologie est une démarche naturaliste. Quel genre de naturalisme ?

— Rien à voir avec le naturalisme de Jean-Jacques Rousseau. C'est une démarche naturaliste parce qu'elle appréhende l'homme dans sa globalité, dans son environnement. Les vétérinaires avec qui je travaille font des observations naturalistes, c'est-à-dire là où notre culture les fait travailler, parce que la condition naturelle de l'homme, c'est sa culture. Ils demandent l'autorisation aux clients de mettre une caméra pendant la consultation et, là, on voit des choses étonnantes. Par exemple, un couple amène un chien malade en consultation. Quand le vétérinaire pose une question, l'homme et la femme rentrent en compétition parce que chacun veut parler. Le ton monte. Le chien aboie, la femme parle plus fort que l'homme, lequel, furieux, se tourne alors vers le chien et lui ordonne bruyamment de se taire. Il impose le silence à l'animal parce qu'il ne peut pas interrompre sa femme. Dans ce cas, le chien est devenu le symptôme de la compétition relationnelle existant dans le couple.

— Le comportement du chien révèle donc le soi intime de ses propriétaires ?

— Cela va encore plus loin. Dans l'acte même de choisir son chien, il y a révélation de soi. Le chien élu devient un délégué narcissique. J'opte pour ce chien parce qu'il est rustique, sportif, ou de caractère solitaire, ou combatif revient à dire : j'aime qu'il me ressemble ou j'aime ce qui est rustique, sportif... La mode des chiens miniatures ou molossoïdes sont aussi des symptômes de notre culture, ils font office de discours social. On préfère aujourd'hui la puissance des animaux à la vulnérabilité des petits que portaient autrefois les femmes entretenues et assistées. De la même façon, des lévriers racés ne se développeront pas dans les mêmes milieux que les bergers allemands ou les setters. L'amateur d'afghan est plutôt silencieux, solitaire, intellectuel alors que celui qui montre une préférence pour le boxer aime bavarder, faire du sport, s'agiter.

— Les animaux parlent de nous. Nos odeurs, regards, gestes et paroles parlent-ils aux animaux ?

— Lorsqu'un bébé humain pleure, cela nous trouble profondément. Si l'on enregistre ces cris et qu'on les fait écouter à des animaux domestiques, on assiste à des réactions intéressantes : les chiennes gémissent aussitôt, couchent leurs oreilles. Elles manifestent des comportements d'inquiétude, orientés vers le magnétophone. Les chattes, elles, se dressent, explorent la pièce et poussent des miaulements d'appel en se dirigeant alternativement vers la source sonore et les humains. Il semble exister un langage universel entre toutes les espèces, une sorte de bande passante sensorielle qui nous associe aux bêtes. Dès qu'il s'agit de captiver l'animal, le sens du toucher devient aussi un instrument efficace. Chez l'homme, le toucher est un canal de communication très charpenté parce que c'est le premier à entrer en fonction, dès la septième semaine de la vie utérine. Cela dit, l'absence de toucher et au contraire l'approche neutre donnent aussi des résultats. Il y a quelques années, j'ai amené des enfants dans l'enclos des biches du parc zoologique de Toulon. Parmi eux, des psychotiques. A notre grande surprise, nous avons vu une petite fille trisomique, élevée en milieu psychiatrique, se serrer contre une biche, qui l'avait laissée venir à elle sans bouger le moins du monde. La même biche sursautait lorsqu'elle approchait un enfant non handicapé. Elle s'enfuyait à grande allure, dès qu'il se retrouvait à trois mètres d'elle. Nous avons filmé et analysé ces séquences. Les enfants psychotiques, perdus en eux-mêmes, évitent le regard, marchent de côté et doucement. Les autres enfants regardent les animaux en face, sourient et montrent les dents, ils lèvent la main pour caresser l'animal et se précipitent vers lui. Autant d'actions interprétées comme des agressions.

L'animal nous enseigne l'origine de nos comportements

— Selon vous, les animaux nous obligent à remettre en cause beaucoup de nos certitudes ?

— Première certitude à abandonner : les animaux ne sont pas des machines. Nous avons peut-être une âme, mais cela ne nous empêche pas d'habiter le monde des sens. Il faut habiter les deux si l'on veut être un être humain à part entière. Il y a aussi la représentation qu'on se fait de l'animal et qui lui donne un statut particulier, et cela explique un grand nombre de nos comportements. Considérant le chien comme un outil, si le chien est cassé, on le jette. Quand j'ai fait mes études de médecine, on nous apprenait que l'animal ne souffrait pas et on nous faisait faire des opérations sans anesthésie. L'animal criait, et lorsqu'on s'élevait contre ça on nous répondait qu'il s'agissait d'un réflexe ! Le bénéfice de l'esprit cartésien, c'est l'analyse, qui nous a donné le pouvoir. Le maléfice du cartésianisme, c'est aussi l'analyse : on a coupé l'homme de la nature, on a fait des animaux des choses, on a dit qu'un animal ne possédant pas l'organe de la parole ne souffrait pas et, là-dessus, on en a déduit qu'un aphasique n'était pas un humain, qu'un enfant qui ne parlait pas ne devait pas non plus éprouver de douleur. Les animaux vivent dans un monde d'émotions, de représentations sensorielles, sont capables d'affection et de souffrances, mais ce ne sont pas pour autant des hommes.

— A chacun son univers. Un monde de sangsue n'est pas un monde de chien...

— Lequel n'est pas un monde humain. Plus on cherche à découvrir l'autre, à comprendre son univers, plus on le considère. Dès l'instant où on ne tente pas cette aventure, on peut commettre des actes de violence sans en avoir conscience. Toutefois la violence se déguise sous de multiples formes, et nos désaccords à son sujet viennent très souvent de définitions non communicables parce qu'on a d'énormes différences de points de vue. L'aigle qui se saisit d'un lapin n'est pas violent. On peut tout à fait imaginer que, dans sa propre représentation des choses, il ramasse le lapin pour le porter à ses aiglons et qu'il s'agit au contraire d'un acte de tendresse. Le sentiment de violence chez les humains se soumet essentiellement à des représentations. Les grands crimes contre l'humanité ont été accomplis sans que les gens qui les ont perpétrés éprouvent l'impression d'avoir été violents. Le piège est caché dans la sémiotisation du monde et dans la soumission à des représentations culturelles. Et c'est au nom du bien, de la nation, de la morale ou d'un dieu qu'ils ont éliminé des millions de personnes dans des conditions de torture extrêmes, sans se poser la moindre question et même au contraire en éprouvant une impression d'euphorie et de devoir accompli. Seulement, dès le moment où nous personnalisons les victimes en leur attribuant, par exemple, une vie de famille, nous percevons alors cet acte comme un crime violent. Les Aztèques ont été chassés et dépecés vivants. Lorsqu'ils protestaient et hurlaient de douleur, les soldats de Cortés, confiants dans leur bon droit et l'idéologie en vigueur à cette époque, affirmaient qu'ils ne souffraient pas. Par contre, dès qu'ils leur ont attribué une âme, ils ont cessé de les dépecer. Lorsque les premiers croisés sont partis, ils ont tué les Alsaciens parce que les malheureux ne parlaient pas la même langue.

Incompris, ils étaient donc dangereux. Chez les animaux, celui qui porte les significations les plus captivantes, c'est un autre de la même espèce. La proximité des congénères crée un monde sensoriel partageable. Dans le monde des hommes, l'étrangeté angoisse, celle-ci agresse et déclenche la violence en retour.

La guerre est-elle naturelle ?

— Cela existe aussi dans le monde animal ?

— La destruction de l'autre existe chez les animaux, ne serait-ce que pour manger, se défendre ou conquérir un territoire mais, en règle générale, ils ne sont portés par aucun sentiment de violence, tout simplement parce qu'ils vivent dans un monde de pure perception. Chez les rares espèces animales qui font preuve d'un sentiment de morale, c'est-à-dire d'une aptitude à se représenter le monde de l'autre, l'entraide et la violence peuvent naître en même temps. Les grands singes sont parfaitement capables d'empathie, d'arbitrage, de diplomatie, de solidarité, de consolation, de réconciliation, parce qu'ils sont touchés par l'autre et qu'ils savent que la conciliation est plus avantageuse que la bataille — cela dit, ils peuvent aussi tuer, partir en guerre, attaquer des bandes adverses sans avoir été provoqués au préalable, avec des intentions meurtrières et terroristes. L'apparition du sentiment de morale chez certaines espèces animales s'associe donc avec la possibilité de violence, celle qui fait détruire l'autre au nom de la représentation que l'on s'en fait.

— Faut-il pour autant se résoudre à dire que la guerre est naturelle ?

— A partir d'un certain stade de conscience, elle devient un processus logique, car le monde de représentation des autres constitue presque toujours un objet menaçant, qui nous effraie. La violence humaine est différente de la violence animale. Aux sources de l'humanité, elle était certes partageable avec les animaux. Les premiers hommes étaient continuellement agressés par la nature. Dans les sépultures collectives du paléolithique et du néolithique, l'immense majorité des squelettes datés appartiennent à des enfants et des femmes, les plus vieux ne dépassant pas vingt-cinq ans. A cette époque, l'homme était la proie des fauves. D'ailleurs, on a tout lieu de penser que l'homme de Néandertal a disparu de cette façon-là. Alors que Cro-Magnon, plus ingénieux pour développer des techniques, a su sans doute résister aux prédateurs. Certains avancent que cette brutalité originelle aurait laissé des traces dans notre inconscient collectif. En réalité, je ne sais pas si c'est un vestige archaïque ou un alibi pour justifier notre soif de fureur aujourd'hui. Quoi qu'il en soit, le rituel a donné depuis toujours les codes nécessaires pour contrôler la violence. Chez les animaux, elle est constamment contrôlée par la ritualisation. Chez l'homme antique, les jeux du cirque illustrent une mise en scène, certes cruelle, mais codée et régulée. La violence est alors dans l'esprit de la victime, pas dans celui du fauve qui mange un chrétien, ni même dans l'esprit des spectateurs qui éprouvent un sentiment de vie intense en assistant à ces exécutions dans une société trop bien organisée.

3

Le chien, lien social

Joël Dehasse

Chiens agressifs, sociopathes, anxieux, phobiques, ils sont de plus en plus nombreux à venir consulter les services vétérinaires spécialisés dans les troubles du comportement. Les maîtres se succèdent et c'est avec la mine coupable et l'épaule basse qu'ils avouent à demi-mot que la cohabitation entre eux et leur chien n'est décidément plus possible. Dans la majorité des cas, le comportement des propriétaires est à l'origine du problème. Lorsqu'une chienne met au monde ses petits, elle crée un lien d'attachement nécessaire au développement psychomoteur de chaque individu. Mais dès que ceux-ci atteignent quatre mois, elle opère un détachement qui va permettre au petit animal d'intégrer le groupe social. Si le chiot s'approche d'elle pour la téter, elle va grogner. S'il insiste, elle mord. La plupart du temps, lorsqu'un chiot de trois mois arrive dans une famille, en quête d'un statut, personne ne pense à pratiquer ce détachement qui consiste à ne pas répondre en permanence à ses sollicitations et à lui octroyer un coin à lui.

A huit mois, le chien subit alors des crises d'anxiété lorsqu'il se retrouve seul à la maison et, de fait, hurle toute la journée, salit ou détruit le mobilier. En outre, si le chien a obtenu la permission de manger à table, dormir dans le lit, passer le seuil des portes le premier, se coucher dans les lieux de passage, histoire de surveiller l'espace collectif dont il dépend, il vit au quotidien avec la certitude d'avoir endossé les responsabilités de la meute. Comment, après cela, remettre en cause ses prérogatives sans susciter sa colère ? Dans vingt pour cent des cas, la famille risque de se heurter à un problème car, dans ce schéma hiérarchique, un geste anodin pour l'homme peut avoir une tout autre signification pour le chien. Par exemple, si le fait de flatter le chien sur les flancs ou sous le cou le remplit de joie, il n'en est pas de même si vous le caressez sur la tête car vous lui rappelez dans ce type de situation qu'il n'est pas le chef. Certains prendront ce geste pour une déclaration de guerre et le conflit aura lieu.

De l'animal comme lien social

L'animal joue un rôle au sein du foyer qui l'accueille. En intervenant sur le comportement de l'animal, le vétérinaire agit en même temps sur les relations de la famille. « La famille est un écosystème qui s'autorégule et s'organise hiérarchiquement. Elle possède sa propre homéostasie, remarque Joël Dehasse, vétérinaire comportementaliste belge. La pathologie la plus fréquente en médecine vétérinaire est effectivement une perturbation de la hiérarchie. En fait, ce n'est pas le chien qui est malade mais le groupe social qui fonctionne en produisant un chien agressif. Qui initie le déséquilibre ? Qui l'amplifie ? Pour illustrer mon propos, je vais vous citer en exemple le cas d'une famille au sein de laquelle vivent deux chiens et deux jeunes filles. Un des chiens acquis comme chien de remplacement par la mère souffre d'un syndrome d'hypersensibilité lié à une hyperactivité. La mère qui a eu des difficultés d'attachement avec sa fille cadette s'attache enfin à elle. La mère demande alors l'euthanasie du chien. Je refuse. Le chien reçoit un médicament. Quelque temps plus tard, l'amélioration spectaculaire du comportement du chien est accompagnée d'une demande de la fille adolescente de quitter le système familial. Après dix jours loin de sa famille, celle-ci revient et d'intenses conflits parents-enfant surviennent. Quinze jours plus tard, le conflit est ouvert entre le père et le chien tandis que les relations parents-adolescentes sont au beau fixe. Cette approche nous montre donc que l'animal joue un rôle au même titre que les autres membres de la famille. Il joue le rôle de symptôme équilibrant le système. Bien entendu, il n'est pas consciemment acquis ou adopté pour remplir cette fonction parfois expiatoire. Pour guérir l'animal, c'est donc tout le fonctionnement du système qu'il faut changer. En fait, la relation homme-animal est fort similaire à la relation conjugale ou familiale au point de faire jouer inconsciemment à l'animal le rôle du patient désigné. L'innocence animale n'est plus respectée tant la fonction de l'animal a été humanisée. Changer son comportement ne sera possible que par un changement de la hiérarchie du système. Pour cela, il faut une participation familiale. C'est à ce moment qu'il faut analyser les messages simples, complexes, les doubles messages, scindés éventuellement, les doubles liens. »

4

L'enfant d'eau

Jonathan et Christiane de Sèze

> « Lorsque tu grandis, ne pose pas de questions. Observe, écoute, et attends, la réponse viendra. »
>
> Larry BIRD

C'est l'histoire d'un petit prince couleur de miel, bercé par l'amour d'une mère aux yeux pain brûlé. Autour d'eux, une famille magnifiquement solidaire, deux éthologues audacieux, spécialistes de la communication, et quatre dauphins qui n'ont de magique que la délicieuse sensation de leur présence pour animer les flots. C'est l'histoire d'un projet baptisé du nom de ce bambin différent : Jonathan, un enfant autiste à la rencontre de dauphins[1]. En 1995, ce dessein, alors au tout début de son existence, avait vaguement retenu mon attention. Mon réflexe initial a été de l'imaginer fondu dans le moule habituel de ces entrevues médiatisées entre dauphins thérapeutes et enfants autistes qui fleurissent régulièrement dans les pages des magazines. J'avoue que cet enthousiasme collectif et larmoyant m'a toujours agacée. D'une part, par la mièvrerie des clichés romantiques rebattus par les médias, n'hésitant pas à promouvoir le dauphin au rang de héros porteur de pouvoirs surnaturels et, de fait, transmettant de faux espoirs à des parents déjà éprouvés. D'autre part, le business sous-jacent, la capture, la détention, bref, l'exploitation des dauphins, animaux sauvages par excellence. Trois ans ont passé et le témoignage de Christiane de Sèze, mère de Jonathan, allait en fin de compte me secouer car il se révélait qu'il sortait des sentiers battus. Mais venons-en aux faits.

Balayer son ego n'est pas rien, même auprès des dauphins

Jonathan a trois ans lorsque le diagnostic de la maladie tombe et plonge ses parents et ses quatre frère et sœurs dans la perplexité et la révolte. Depuis 1943, année où le psychiatre Léo Kanner fut le premier à décrire ce syndrome, l'autisme est resté une énigme. On ne sait toujours pas si son origine est biologique ou psychologique. On constate en revanche que ce handicap touche le traitement de l'information par le cerveau et entraîne des troubles du comportement et de la communication verbale et non verbale.

« Jonathan ne réagit pas comme les autres enfants aux approches, aux sourires, aux contacts sociaux. Il s'isole souvent et ne parle pas.

« Lorsque cette maladie fait irruption dans votre vie, vous dérapez, vous refusez d'y croire, explique doucement Christiane de Sèze. Les mois qui suivent sont difficiles, monstrueusement tristes. La révolte, la peur, le sentiment d'injustice nourrissent vos jours, gangrènent vos nuits, déforment votre regard vis-à-vis de cet enfant que vous envisagez parfois, malgré vous, en terme de fardeau, de douleur, de gêne. Vous ne supportez plus de le voir ni de croiser le regard apitoyé ou réprobateur des autres. Ces regards-là vous tuent à petit feu, vous désignent coupable.

Vos amis proches s'éloignent, vous-même prenez vos distances avec d'autres relations parce que vous avez peur des critiques. C'est une révolution interne qui prend des allures de guérilla. Le combat est difficile, les déceptions sont fréquentes. Puis vient le moment où l'on peut dépasser la souffrance, où cette douleur qui s'est exercée dans la rage, curieusement, vous pacifie, vous rend calme, maître de vous ; où la sérénité reprend le dessus comme s'il avait fallu toutes ces peurs, ces vertiges, cette lutte pour se réinstaller et s'amarrer de nouveau au réel, ralentir et trouver dans l'amour les clés pour échapper à l'emprise de la pression sociale. Grâce à mon enfant, tout ce cheminement m'a donné la capacité d'aimer et de comprendre l'autre.

« A cinq ans, Jonathan ne cherchait pas à jouer avec son frère jumeau, ni avec moi ou le reste de la famille ; il ne semblait pas nous voir, nous n'attirions visiblement pas son attention. En revanche, j'ai remarqué qu'il se montrait très attiré par les animaux et par l'eau dans laquelle il faisait preuve d'une grande aisance. Sa joie était visible. Etre heureux mène à l'épanouissement. J'ai donc projeté de nous retrouver, lui et moi, en vacances, sur un site où il puisse conjuguer les deux. Je n'avais aucun objectif thérapeutique à l'esprit, je voulais juste offrir à mon fils un moment de bonheur. La rhétorique du miracle de la guérison par les dauphins n'a jamais recueilli mon adhésion. Toutefois, ces animaux sont devenus avec le temps un moyen d'apprendre à comprendre, à décoder et à motiver l'attention de mon enfant. Je suis allée à Cadaqués, sur la Costa Brava, en Espagne, dans un site où un vétérinaire utilisait quatre dauphins (de l'espèce *Tursiops truncatus*) en semi-liberté dans un but thérapeutique. Il a accepté mon désir de placer Jonathan dans l'eau avec les dauphins à la condition que je trouve un thérapeute pour l'encadrer.

« Après de vaines recherches en France, je suis rentrée en contact avec un couple de chercheurs universitaires,

Véronique Servais, psychologue et chercheur en anthropologie de la communication en Belgique, et Jean-Luc Renck, éthologue et spécialiste des relations entre l'animal et l'homme. Trois années durant, ils sont venus nous rejoindre en Espagne. L'aventure est devenue humaine. Jonathan n'était finalement pas le seul à devoir apprendre à se comporter face à une situation nouvelle. Résultat : le fait que nous soyons tous logés à la même enseigne a de toute évidence créé un contexte extrêmement porteur. Un autre aspect non négligeable du projet revient à la collaboration entre professionnels et parents, pour laquelle nous avons opté. La confiance et le respect mutuels que cet horizon présume d'installer ne sont pas tombés du ciel. Avant d'en arriver là, nous avons dû sortir de nos coquilles respectives pour apprendre à partager des réflexions et des remises en question quotidiennes. Choisir de balayer son ego n'est pas une mince affaire, même auprès des dauphins ! En fait, cette histoire cousue main pour un enfant autiste nous a largement propulsés au cœur de la communication entre les hommes. Nous avons dû nous rendre à l'évidence que, pour vivre pleinement ce projet basé sur le bien-être d'un enfant, le nôtre serait tout aussi précieux à épanouir. Si nous n'avions pas choisi d'éclaircir les premiers orages survenus entre nous, notre aventure ne baignerait pas dans autant de clarté et de sincérité et qu'en serait-il des sourires de Jonathan ?

Que se passe-t-il réellement entre un enfant autiste et des dauphins ?

« Concernant la communication entre Jon et les dauphins, il est très difficile de dire ce qui se passe. Il s'agissait de dauphins capturés en Amérique du Sud et maintenus dans une crique en semi-liberté. Ils bénéficiaient de tous les éléments naturels mais demeuraient néanmoins dans un enclos qui chaque année se réduisait de plus en plus. A la fin, ils sont partis au Costa Rica où deux d'entre eux sont morts. Jonathan a appris à nager avec eux. La première année, il avait une bouée. On a laissé les choses se dérouler naturellement. Sans intervenir ni chercher à provoquer un contact. L'eau était sombre, agitée, froide mais il prenait plaisir à les voir, à les toucher, à évoluer au milieu d'eux.

« L'année suivante, Jonathan savait parfaitement nager. De fait, il se déplaçait vraiment avec eux, s'amusait à plonger en profondeur en leur compagnie, donnait l'impression de danser et de glisser comme eux. Aujourd'hui encore, il nage toujours ainsi, en apnée. Au début, il était plus proche de Machiste, l'un des deux dauphins mâles. Celui-ci était constamment soumis par Chango, le mâle dominant. Quand il tentait d'évoluer dans le bassin, Chango lui barrait la route et l'obligeait à retourner dans un coin où il restait pendant des jours, prostré. Dès qu'il le pouvait, il venait solliciter Jonathan avec qui il compensait visiblement le manque de relations avec ses congénères. C'est d'ailleurs lui qui est venu à la rencontre de Jonathan lorsqu'il s'est mis à l'eau pour la première fois, alors que les autres sont restés en retrait.

« Un jour où ils étaient séparés par un grillage, on a pu observer Jonathan et ce dauphin nager côte à côte, presque collés l'un à l'autre, comme si aucune barrière n'existait entre eux. La seconde année, ce n'était plus exclusivement Machiste qui sollicitait Jonathan mais le groupe au complet. On a pu remarquer que si Jonathan ne se sentait pas bien, les dauphins n'étaient pas linéaires dans leur action. A d'autres moments, c'est Jonathan qui refusait de se mettre à l'eau parce que les dauphins n'étaient pas venus le voir. Vous dire ce qui se passe ? Je n'en sais rien. Jonathan a accompli des progrès : il s'est amélioré dans sa maîtrise de l'environnement jusqu'à descendre seul à la crique sur un terrain accidenté ; il a appris à nourrir les dauphins, à se concentrer, à imiter ; il a manifesté des comportements sociaux clairement dirigés vers les dauphins tels que des invitations au jeu, des saluts au début et à la fin de chaque séance, une mémorisation de ce qui avait été acquis l'année précédente. Pour le reste, comment expliquer un regard qui s'allonge, un geste plus adroit, plus de calme, plus de présence ? Tout cela a demandé beaucoup de temps, de patience, de volonté de sa part et de la part de son entourage.

« Jonathan a dix ans et le projet d'aider cet enfant à progresser, en favorisant son bien-être, se poursuit aujourd'hui sous une forme nouvelle : le projet *Terre et Mer*. En pleine mer, Jonathan rencontrera cette fois des dauphins libres. Sur terre, les activités scolaires de la classe dans laquelle il se rend habituellement seront organisées autour d'un journal qui racontera l'expérience de Jonathan avec les cétacés. Il est important que des enfants écoliers rencontrent à l'école un enfant autiste avec toutes ses difficultés mais qu'ils puissent aussi l'envisager dans un autre contexte dans lequel il possède ses propres compétences. Ils grandiront ainsi avec ce souvenir d'un enfant handicapé qui est le dernier de la classe mais qui ailleurs s'épanouit admirablement dans le milieu qui semble le sien. Au contact des dauphins viendra s'ajouter un travail de recherche avec des animaux terrestres, en l'occurrence des chiens de sauvetage en mer. J'ai de plus en plus le sentiment que nous pouvons apprendre d'un enfant autiste par le biais des animaux. »

5

Le monde du « dauphin merveilleux »

Véronique Servais

> « L'aventure n'est pas une tricherie. S'il triche, l'aventurier sera vite démasqué. Comme dans toute activité humaine, il y a, dans l'aventure, les vrais, les purs, et les autres. »
>
> Paul-Emile VICTOR

Les dauphins fascinent les hommes depuis longtemps. En Crète déjà, mille cinq cents ans avant J.-C., on a représenté ces animaux sur des fresques qui en disent long sur l'ancienneté de l'engouement humain pour les cétacés. Des textes d'écrivains et de poètes leur ont été consacrés. Aristote, le premier à décrire les cétacés comme des mammifères dans *Histoire des animaux*, n'avait pas manqué de compléter ses observations en racontant quelques histoires de dauphins entretenant des relations d'amitié avec des hommes. Elles se sont renouvelées à travers les âges jusqu'à nos jours. Et tandis que les rencontres entre touristes et dauphins ont transformé en près de quarante ans la baie de Monkey Mia, à Shark Bay en Australie, en un gigantesque champ de foire visité par plus de sept cents personnes chaque jour, sous la houlette de vigiles en maillot, d'autres types de rapports plus anciens perdurent dans la tradition.

En Mauritanie, les pêcheurs locaux (les Imragens) collaborent par exemple avec des dauphins sauvages qui les aident à rabattre le poisson. Même chose à Santa Catarina au Brésil. Côté thérapie, l'histoire est plus récente. Elle date du début des années 70 avec Horace Dobbs, neurophysiologiste qui a vu sa vie transformée après sa rencontre avec un dauphin sauvage (baptisé Donald), au large des côtes britanniques. Ce spécialiste de la recherche sous-marine envisage alors les bienfaits qu'un tel contact pourrait procurer auprès de personnes dépressives. A la même époque, en Floride, Betsy A. Smith, professeur en sciences sociales, tente une expérience pionnière : faire se côtoyer un adolescent autiste âgé de dix-huit ans et des dauphins captifs pendant un an. Les résultats montrent alors de la part du jeune une meilleure concentration sur des problèmes posés durant plusieurs dizaines de minutes alors qu'il n'en était pas capable auparavant.

Passerelles et dédales entre réel et imaginaire

A la fin des années 80, d'autres expériences similaires ont eu lieu sur la base des travaux de Betsy Smith avec des résultats qui, bien que bénéfiques, ont été accueillis avec scepticisme par la communauté scientifique. Que se passe-t-il donc entre un dauphin et un gamin autiste ? Pourquoi les dauphins sont-ils aptes à motiver ces enfants qui ne sont visiblement stimulés par rien ? Si la réponse est toute trouvée pour les aborigènes d'Australie, qui depuis toujours considèrent le dauphin comme un guérisseur né, il en va autrement pour la science occidentale plongée dans la perplexité. Ce qui, du reste, semble parfois compréhensible : comment ne pas réagir avec la plus grande réserve face à cette célébration romantique du dauphin ? Toutefois, à vouloir user d'un scepticisme par trop radical, on finit aussi par se laisser piéger de la même façon que ceux qui tentent de trouver un début d'explication en se tournant vers l'irrationnel. C'est ce qui s'est passé pour l'expérience baptisée « Auti-Dauphin », un projet de recherche mis en place en 1991 en Belgique, destiné à mesurer la réalité des effets supposés bénéfiques des dauphins sur l'apprentissage chez douze enfants autistes âgés de sept à treize ans[1]. En voulant coller au protocole, les chercheurs sont passés à côté de leur mission...

Véronique Servais est psychologue, spécialiste de la communication. Si sa voix est d'une grande douceur et ses gestes déliés, l'œil est aiguisé, le tempérament volontaire. Elle a collaboré a ce projet, s'est interrogée.

« Le principe était de proposer aux enfants des exercices (reconnaissance de formes et de couleurs) dans des lieux différents : d'une part une salle de classe, d'autre part le bord d'un bassin où évoluaient des dauphins... Au cours des deux premières séances, j'ai vu (grâce aux enregistrements vidéo) de superbes séquences d'approche de la part des dauphins, et des réactions intéressantes de la part des enfants. Certains étaient très attirés par les animaux, prêts à les toucher spontanément dès la seconde seance, capables aussi de longs contacts visuels. Mais, dans tout cela, l'équipe n'a vu que comportements aléatoires et sans signification...

Dix-sept mois plus tard, une première évaluation est faite afin de mesurer les progrès réalisés. « A ce moment les résultats sont "accablants" : tous les enfants du groupe dauphins obtiennent le score maximum au post-test ; certains sont même capables de généraliser ce qu'ils ont appris au dolphinarium à un problème comparable mais présenté sur un autre support à l'institution, ce qui est rare chez les enfants atteints d'autisme. Par contre, aucun des enfants du groupe classe ne peut maîtriser la tâche de classement et seul un enfant du groupe ordinateur a réussi à maîtriser le déplacement du curseur. Nous sommes devant ces résultats, que nous n'osons rendre publics, et nous sommes terriblement embarrassés... Nous devons conclure que les dauphins "augmentent l'apprentissage" chez les enfants en augmentant leur capacité d'attention... En nous opposant aveuglément au monde du "dauphin merveilleux", nous avons construit notre projet en opposition à certaines représentations de la communication avec l'animal (communication directe, communication télépathe), à certaines représentations de l'animal (supérieurement intelligent, doté de qualités hors du commun), contre un ensemble de croyances et de pratiques restées non examinées. Pour être "plus scientifique", nous avons exclu de nos outils intellectuels toute référence à la communication, à l'interaction et aux relations de peur d'être contaminés par des idées de communication ou de relations magiques. »

L'expérience étant jugée imparfaite, elle est reconduite avec d'autres enfants. A terme, aucune différence n'est, cette fois, observée entre les groupes. L'ambiance est moins détendue que la première année et on contraint les bambins à s'intéresser aux tâches auxquelles on les soumet en réprimant systématiquement leur intérêt pour les dauphins.

« Aucun des enfants n'a réussi à maîtriser les tâches pour lesquelles ils ont été sollicités, et tous ont des résultats intermédiaires. Nous sommes toujours incapables d'expliquer nos bons résultats du groupe dauphins de la première année mais, soulagés, nous allons pouvoir conclure que "les dauphins ne favorisent pas l'apprentissage chez les autistes". Pour notre équipe, c'est la fin du projet Auti-Dauphin... »

Le succès est relatif. Pour Véronique, il est lourd de conséquences. Rétrospectivement, il lui apparaît clairement que la procédure a gâché l'enthousiasme des enfants et au final la richesse même de l'expérience. « Nele, une enfant de huit ans, pose des problèmes car elle tente de s'échapper du lieu où elle apprend pour courir au bord du bassin. Là elle regarde les dauphins en souriant, hurle de joie. Nous avions pour objectif de répondre à la question : "Les dauphins peuvent-ils aider les enfants autistes ?" et nous voici en train de considérer le plaisir et l'intérêt de Nele pour ces animaux comme un problème... sans même percevoir toutes les potentialités que son comportement portait ni l'absurdité de la situation. Ces problèmes sont la trace de la déchirure que nous avons imposée au réel dans notre volonté de faire œuvre de science. Ils indiquent que nous avons manifestement commis des erreurs dans notre manière de séparer le réel de l'imaginaire et la nature du social. »

Au terme de cinq années, ce premier projet scientifique visant à évaluer la contribution des dauphins au travail avec des enfants autistes a certes permis de faire la lumière sur certaines questions mais trop de rationalité l'ont voué à l'échec. « Des options par trop dirigistes pour son exécution ont laissé de larges zones d'ombre. En particulier, les données recueillies n'ont pu apporter d'éclairage ni sur l'intérêt réciproque de l'enfant et du dauphin, ni sur la forme des interactions entre l'enfant et les animaux, ni sur l'effet que pourraient avoir les contacts avec les animaux sur les comportements sociaux des enfants autistes... Pour un chercheur ouvert à la vertu créative de l'analogie, le monde du "dauphin merveilleux" est un dédale inextricable : les utopies, la tendance sectaire et le recours fréquent au surnaturel qu'il y rencontre le pressent de distinguer le vrai du faux, les illusions des vrais "faits". Dans ce brouillard, lorsque nos repères habituels ne fonctionnent plus et que l'on est pressé de prendre position pour ou contre le "dauphin merveilleux", comme nous l'étions à Auti-

Dauphin en raison de la pression médiatique, la tentation est grande de tout condamner d'un bloc, et de renvoyer aux limbes du délire tout à la fois les anecdotes, les témoignages, les belles histoires et l'émotion — pourtant indéniable — que le dauphin fait naître en nous. »

6

L'enfant et l'animal

Hubert Montagner

> « Quand j'étais petite, je ne voulais jamais me tuer le lundi parce que j'avais cheval le mercredi. »
>
> Agnès R.

En 1792, l'asile de York, en Angleterre, fut l'un des premiers établissements à se servir officiellement d'animaux dans ses traitements. L'idée fut ensuite reprise en Allemagne puis aux Etats-Unis à partir des années 40, en France et au Canada dans les années 70. Des études ont démontré que les animaux peuvent aider des patients à se rétablir à la suite d'une longue maladie, à surmonter une dépression. Les débuts de la thérapie équestre remonte à 1960 en Suède et en Norvège. Il s'agit de la possibilité d'acquérir les notions de temps et d'espace (une acquisition qui se fait normalement par le nourrisson lorsque sa mère le porte) et de s'en servir. Le cheval représente la douceur, la chaleur, le bercement, en bref la sécurité suffisante nécessaire à l'apprentissage spatio-temporel qui, pour une raison ou une autre, n'a pas pu être acquise. En outre, l'animal augmente le contact avec la réalité, favorise la socialisation, l'expression, la prise de conscience de son corps et de l'environnement, augmente l'estime de soi et diminue considérablement l'angoisse et le stress. Aux Etats-Unis où 8 000 chiens ont été enregistrés comme chiens thérapeutes, les poissons et les oiseaux ont intégré les prisons depuis 1975 (un programme similaire a lieu à la maison d'arrêt de Lyon depuis dix ans).

Quand on ne sait plus qui apprivoise qui

Psychologue à l'université de Yeshiva aux Etats-Unis, Boris Levinson fut l'instigateur en 1960 des expériences de *pet therapy* (traitement par l'animal). Un jour, il reçoit des parents et leur garçon autiste. Jingle, le chien bâtard de Levinson, manifeste soudain un grand intérêt pour le gamin et lui lèche les mains. Sous le regard médusé de ses parents, le garçon réagit en caressant l'animal. Mieux, pour la première fois de sa vie, il manifeste un désir — celui de revenir. Et il reviendra, plusieurs fois. Peu à peu, la confiance que l'enfant témoigne au chien s'étend à Boris Levinson, qui réussit finalement à saisir ses problèmes, à l'aider et à le réintégrer dans la société. La psychologie est d'accord là-dessus : un animal rassure un enfant sur lui-même parce qu'il ne porte pas de jugement. Il est une source de stimulations sensorielles dès l'âge de six mois, il est encore celui par lequel il découvre les étapes fondamentales de la vie : la sexualité, la naissance et la mort. On sait aussi que les enfants proches d'un animal qui sert à la fois de refuge, de confident et de médiateur ont moins peur que les autres dans la vie, développent un sens aigu de l'amitié, ont un sommeil moins perturbé, prennent plus de plaisir à jouer, à rire et apprennent très tôt à surmonter les contradictions du monde adulte. Au cours des premières années de vie, près de la moitié des rêves des enfants impliquent des animaux — pour tomber au-dessous de la barre des sept pour cent à l'âge de dix-huit ans ! Plus on mûrit, plus on se sépare de l'animal.

Emissions vocales, odeurs, gestes, postures comportementales, contacts, déplacements composent un véritable et fabuleux dialogue sans paroles, un langage sémiotique efficace et se présentent comme une passerelle sensorielle qui relie deux univers différents. Quiconque a déjà observé un enfant ou un jeune adolescent au contact d'un animal a pu le constater : on ne sait pas qui apprivoise qui ! Dans un premier temps, l'animal, comme l'enfant, garde ses distances puis la curiosité prend le dessus et une première approche est tentée, médiatisée par le corps.

— Tout se passe comme si les animaux avaient une connaissance des états émotionnels des enfants à travers leurs comportements mais aussi leurs sécrétions odorantes, explique le professeur Hubert Montagner, psychophysio-éthologue. Ils peuvent sentir la peur, la joie, la tristesse. Prenons l'exemple du chien : quand un enfant est accueilli par un chien et le caresse, l'animal a tendance à lui renifler le visage et la poitrine. Il semble que les sécrétions cutanées aient une tonalité émotionnelle différente selon qu'il s'agit des glandes céphaliques, des glandes du cou ou d'autres régions corporelles. Si l'enfant est agressif, le chien a tendance à lui renifler les mains. S'il lui est étranger, il va flairer la région anogénitale pour s'assurer du degré de reconnaissance de l'individu qu'il a en face de lui. Lorsqu'il y a agression de l'animal envers l'enfant, c'est qu'il y a eu un mauvais décodage de l'information. Il se peut que l'enfant qui se trouve dans de telles situations sécrète une odeur traduisant une anxiété, une frayeur, qui insécurise immédiatement l'animal.

— Pourquoi, en règle générale, le contact s'établit-il de façon si naturelle ?

— Parce que l'enfant est capable de manifester un ensemble de signaux non contradictoires dans toutes les situations, auxquels l'animal est réceptif. Intéressé par les êtres de vie qui l'entourent, il va se comporter de façon vraie, sans ambiguïté. Si un enfant s'accroupit, avance la main paume en haut, incline la tête sur l'épaule et lance des appels constitués de vocalisations modulées, il y a de fortes chances pour que l'animal s'approche de lui avec l'intention de le lécher. Tout se passe comme si l'enfant manifestait des signaux que le chien reconnaît et qui l'apaisent. Ce comportement amical, voire protecteur, est propre aux mammifères à sang chaud et aux oiseaux. Mais il peut aussi s'établir des relations privilégiées entre un enfant et un vertébré à sang froid. Tout dépend de l'enfant. Le processus est le même avec tout animal. Après, interviennent les particularités propres à chaque espèce.

7

Quand les animaux réapprennent aux enfants à aimer

Samuel Ross

> « On voit souvent des enfants s'identifier à des animaux sauvages. C'est qu'il y a chez l'être humain des instincts d'agression non utilisables dans la société. Alors, pour l'enfant, se projeter dans l'image d'un être sauvage qui vit très loin dans des endroits où il n'y a pas d'humains, lui donne le doit d'exprimer des émois agressifs qui l'aideront à se développer et qui, en fait, ne nuisent à personne... Quand un enfant peut aimer un oiseau et que cet oiseau peut s'envoler très loin dans le ciel, promener son vol partout où ne pourrait aller l'enfant, il semble que l'enfant soit un peu moins impuissant. En s'identifiant à ces animaux, en leur donnant un peu d'amour, c'est un peu de lui qui échappe à cette condition terrestre si éprouvante. »
>
> Françoise Dolto

« Il n'y a pas de traitement psychiatrique dans le monde qui vaille un chiot qui vous lèche le visage ! » Voilà ce que soutient Samuel Ross, médecin et pionnier des fermes pédagogiques. Depuis cinquante ans, cet homme exceptionnel à la crinière blanche et au physique de cow-boy, businessman, psychologue et agriculteur avéré, vérifie quotidiennement sa théorie. Autour de lui, deux cents enfants de six à quinze ans s'activent au milieu de quatre cents animaux sauvages et domestiques, dans une ferme située à Brewster, dans le Connecticut, sur soixante-cinq hectares de terrain. Une véritable entreprise agricole encadrée par Myra Ross, sa femme et partenaire dans cette aventure depuis quarante-sept ans, et une équipe de cent quarante-huit personnes composée essentiellement de psychiatres, de psychologues, d'éducateurs, de vétérinaires et de travailleurs sociaux.

C'est en 1947, alors qu'il n'a pas encore vingt ans, que Sam achète cette ferme à l'orée d'une forêt de mélèzes avec l'aide financière de son père, médecin à New York. Il y fonde la première ferme pédagogique baptisée : Green Chimneys. Objectif : aider par l'animal les enfants en difficulté. Si la jeunesse de Sam face à l'importance de la tâche rend le père quelque peu perplexe, la détermination et l'esprit visionnaire du fiston vont finir par le convaincre. Universitaire à quinze ans, Sam Ross a en effet toujours été en avance sur son temps. Pour le coup, il a l'intuition que l'animal peut donner le moyen à des enfants chahutés par la vie de se réconcilier avec elle. Nous sommes au lendemain de la Seconde Guerre mondiale et l'animal comme soutien thérapeutique est loin d'être à l'ordre du jour. Qu'à cela ne tienne, Sam s'organise, communique ses intentions par voie de presse. Un demi-siècle plus tard, le budget de Green Chimneys dépasse les vingt millions de dollars et le concept a fait le tour du monde. Aujourd'hui, la zoothérapie est en passe d'obtenir les lettres de noblesse des grandes méthodes de guérison.

« J'ai toujours cru aux valeurs thérapeutiques des animaux, dit Sam. La plupart des enfants de mon établissement sortent d'instituts psychiatriques ou devraient y être.

Beaucoup ont subi dans leur passé des épisodes d'abandon, d'abus sexuels, d'agressions physiques ou émotionnelles au point que la plupart sont devenus suicidaires ou asociaux, voire meurtriers. Ce sont des enfants qui ont vécu de véritables calvaires. Prenons l'exemple d'Alison, une fillette de neuf ans. Ses parents et leurs familles respectives ont une longue histoire d'alcoolisme, de toxicomanie et de maladie mentale. Alison a perdu sa mère à l'âge de cinq ans, à la suite d'une maladie dont elle a été le témoin. Elle a été sexuellement molestée par son père et chroniquement privée de soins par ses deux parents. Elle a fait de multiples tentatives de fugues, s'est montrée agressive, anxieuse, suicidaire. Billy, lui, a huit ans. A quatre ans, ce petit garçon a été placé dans un foyer d'accueil par sa mère toxicomane qui craignait d'abuser de lui. C'est un enfant qui a alors très vite sombré dans la régression et les crises de nerfs à répétition, détruisant les objets, crachant sur les gens, jouant avec ses excréments.

Grâce aux animaux, la majorité des enfants cassés finissent par s'en sortir

« En cinquante ans, des milliers de cas semblables ont partagé nos vies. De prime abord, ils semblent irrécupérables. Pourtant, si vous leur mettez un animal dans les bras qui les accepte tels qu'ils sont, leur regard sur la vie change radicalement. L'animal sait percevoir nos états d'âme et y répondre. Ce contact développe un lien d'amour, une première relation de confiance. Lorsque ces enfants arrivent, ils sont effondrés, écrasés de douleur, incapables de faire confiance aux autres. Ils choisissent donc dès leur arrivée à la ferme un animal qui va servir d'abord de refuge puis de pont avec le personnel. Cet animal va les aider à construire une relation avec un être humain. Il ajoute un élément essentiel aux programmes de soins et d'éducation car il donne à l'enfant une occasion d'aimer et d'être aimé pour ce qu'il est. Il lui permet d'apprendre à respecter et à prendre soin de tout élément vivant et fortifie le concept d'être en relation avec le monde qui les entoure. Ici, les enfants retrouvent la joie de vivre et l'envie d'être des adultes différents, plus soucieux de la communauté. Bien sûr, les problèmes ne se règlent pas du jour au lendemain. Il y a tout un processus de reconstruction de l'individu qui s'opère. Les soins donnés aux animaux, les contacts corporels avec eux, les séparations et les retrouvailles, la complicité mais aussi les sautes d'humeur des bêtes ou leur maladie à gérer sont autant de situations qui invitent l'enfant à s'investir dans une relation d'échange.

« Toute l'année, nous combinons le travail en classe à de nombreuses autres activités. L'après-midi est une occasion de faire du cheval, des promenades, de s'occuper des travaux de la ferme, d'apprendre tout de l'agriculture, des plantes et des animaux ou bien de jouer librement. Nous avons un programme où les élèves apprennent à éduquer ces chiens d'assistance qui seront au bout de plusieurs mois donnés à des handicapés. Un autre programme consiste à sauver des poulains de l'abattoir, à guérir des animaux sauvages blessés ou des animaux domestiques abandonnés. Régulièrement, nos enfants rendent visite avec leurs animaux à de jeunes adolescents profondément handicapés, nécessitant des soins dans des institutions. Dans toutes ces expériences auxquelles les enfants sont confrontés, il s'opère un renversement des rôles : ce sont eux qui donnent, qui vont utiliser leurs connaissances et ce qu'ils ont de meilleur en eux pour venir en aide à l'autre. Si un enfant se montre peu enthousiaste envers les animaux ou s'il a déjà fait preuve de maltraitance envers eux par le passé, nous en discutons. Il est supervisé lorsqu'il est en leur compagnie. Notre but est alors d'aider l'enfant à comprendre pourquoi ces actions de cruauté n'étaient pas convenables, comment il pourrait mieux gérer sa violence, combien il est important de respecter tout être vivant. Au bout de deux ans et demi, les enfants retournent dans une famille d'accueil ou dans leur propre famille lorsque le contexte le permet. La grande majorité de ces enfants cassés finissent par s'en sortir, reprennent leurs études, deviennent des adultes épanouis, confiants dans l'homme grâce à l'animal. »

Nous avons vu comment l'animal et l'humain étaient capables d'interagir et de s'*entre-percevoir* grâce à leur bagage sensoriel pour les uns, et à leurs représentations symboliques pour les autres. Nous allons désormais partir à la rencontre d'hommes et de femmes qui ont su donner un sens à leur existence en se laissant ensorceler par des univers animaux.

Certains ne s'y sont réfugiés (comme les enfants ébranlés dont nous venons de faire connaissance) que pour mieux comprendre, décoder et réintégrer ensuite le monde des hommes. La blessure puis l'empathie avec l'animal ont sécrété le désir de se questionner, de créer, d'habiter pleinement la terre et parfois même le ciel. L'enjeu de ces expériences uniques n'est pas de célébrer une attitude marginale ou naïvement naturaliste, mais plutôt de montrer comment on peut faire émerger et comprendre la nature humaine et saluer le propre de l'homme. Invariablement, tous m'ont fait penser à cet enfant qui demeure en nous, audacieux, émerveillé et curieux de l'autre, mais aussi à cet ancêtre qui, jadis, a su mettre un terme à sa solitude en acceptant la complicité des animaux. Ce pacte, qui, à travers le temps et les cultures, a été perverti bien des fois, participe pourtant encore à ce jour à rendre la vie des hommes troublante.

Jean Jaurès disait que si un peu de socialisme pouvait peut-être vous écarter de l'amour de la nation, beaucoup de socialisme ne pouvait que vous y ramener. Nous pourrions le paraphraser : « Un peu de naturalisme peut vous écarter de l'amour de l'humanité, beaucoup de naturalisme vous y ramène assurément. »

III.

LA FEMME SAUVAGE

Introduction

Histoires de femmes en territoire animal

« J'ai grandi près de la frontière entre Michigan et Indiana, entourée de bois, de vergers et de champs, et à proximité des Grands Lacs. Là, mon esprit a été nourri de tonnerre et d'éclairs. Toute la nuit, les champs de maïs craquaient et parlaient à voix haute. Plus haut vers le nord, les loups venaient caracoler et prier dans les clairières au clair de lune. Nous pouvions tous, sans crainte, nous abreuver aux mêmes ruisseaux. » Et puis le vent a tourné et les loups ont été massacrés, la nature outragée. Aux yeux de la psychanalyste, conteuse et poétesse Clarissa Pinkola Estés, ce n'est pas un hasard si les étendues sauvages de notre planète ont disparu en même temps que la compréhension de notre nature profonde. Le constat de cette femme, issue d'une double lignée de conteurs-guérisseurs, mexicaine de naissance et hongroise d'adoption, est sans appel : la vie sauvage et aussi la femme sauvage sont toutes deux des espèces en danger, car la nature instinctive féminine (celle qui permet de créer, de danser, d'inspirer, de prier, d'aimer, de faire des enfants, de guider, d'écouter) « est saccagée au même titre que la faune et la flore par ceux qui veulent nettoyer l'environnement sauvage de la psyché et parvenir à l'extinction de l'instinctuel ».

Freud disait que la fonction essentielle de la civilisation était de lutter contre l'animalité qui est en nous. Ici, c'est tout le contraire. Affranchir l'animal ligoté en soi, c'est une histoire au féminin, la promesse d'une réconciliation avec l'expérience et le ressenti plutôt que le raisonnement logique. « Comme beaucoup de femmes avant et après moi, j'ai vécu comme une créature, une *criatura*, déguisée, raconte Pinkola Estés. Comme mes sœurs, j'ai trébuché sur mes hauts talons et je suis allée chapeautée à l'église. Souvent, pourtant, ma queue fabuleuse dépassait de dessous l'ourlet de ma robe et mes oreilles pointaient jusqu'à faire glisser mon chapeau. » C'est en revisitant les contes, le folklore, les mythes utilisés au quotidien dans sa pratique de la psychanalyse que cette grande dame qui se dit aussi « gardienne des vieilles histoires » invite toute femme à sortir de sa gangue, à retrouver la flamme assoupie, l'essence sauvage de sa nature féminine. Non dans le sens péjoratif du terme, c'est-à-dire sans se départir de son humanité et de ses repères sociaux, sans revendiquer une idéologie féministe mais en retrouvant en soi un tant soit peu de bon sens, de patience, d'écoute et d'éveil. Quel rapport avec l'animal ? Nous y voilà. Il est une fable qu'elle raconte et qui, à mon sens, symbolise parfaitement cette liberté d'être, cette renaissance et cette empathie avec le vivant, c'est celle de la « *Loba* » dite « la femme-louve » ou encore « la femme aux os ».

Dans les années 60, Clarissa Pinkola Estés traverse les Etats-Unis, du nord au sud, à la recherche d'un lieu où s'établir. Elle a besoin d'espace, d'eau, d'animaux, du chant des loups, animal dont elle étudie par ailleurs la biologie. A cette époque, malheureusement, les loups ont été exterminés dans la plupart des Etats. Toutefois, des récits continuent de courir sur eux. Intriguée, elle part à leur quête. Parvenue aux limites du Texas, Clarissa rencontre de vieux fermiers qui lui racontent des histoires de femmes sauvages et solitaires que l'on aperçoit tantôt réfugiées dans des cavernes, tantôt parcourant le désert au volant d'improbables guimbardes. Leur occupation principale consiste à redonner vie aux hommes et aux animaux morts. L'une d'elles s'appelle la *Loba*, la louve. Son travail nécessite de ramasser des os de loup dans le désert. Dès qu'elle a réuni toutes les pièces d'un squelette, elle se met à chanter si fort que la terre tremble. Alors, peu à peu, le loup se reconstitue, s'habille de chair et de poils. Il respire, reprend vie, se redresse, court vers le canyon et, frappé par un éclat de lune, se transforme en femme qui rit, libre et heureuse. « La *Loba* montre ce que nous devons chercher, insiste Pinkola Estés, l'indestructible force vitale. » En somme, cette vigueur qui survit, s'adapte, cette alliance entre l'esprit et le corps, la culture et la nature.

Les rencontres qui vont suivre sont des histoires de femmes en territoire animal, un clin d'œil à la fragrance de la femme sauvage dont l'âme n'a jamais cessé de caracoler sous la lune avec les loups. Elles ouvrent le bal.

1

L'allaitement des animaux par les femmes

Jacqueline Milliet

> « Toute chose qui donne la vie est femelle. Quand les hommes commenceront à comprendre les liens de l'univers, ce que les femmes ont toujours su, le monde changera pour le meilleur. »
>
> Lorraine CANŒ (auteur mohawk)

« Margaret Mead, une grande dame de l'ethnologie, a parfaitement su résumer la personnalité de l'anthropologue. Si l'on se pose des questions sur sa société, on devient sociologue ; si l'on s'interroge sur soi-même, la psychanalyse est une voie de choix. Mais si on se pose les deux questions à la fois, alors on devient ethnologue. Je m'identifie complètement à cette interprétation. »

Qui parle ? Jacqueline Milliet, anthropologue suisse. Son champ d'études et d'enquêtes se porte sur l'allaitement des animaux par les femmes, leur rôle dans la domestication animale et le statut de l'animal familier dans les sociétés urbaines.

« Ce qui me fascine dans la relation homme-animal, c'est une constante. Quelle que soit la société, celle-ci se déplace comme un curseur sur une ligne de démarcation entre la nature et les humains. Il y a là une infinité de possibilités, et c'est l'agencement et la compatibilité de certaines possibilités qui font la spécificité de chaque culture. Les combinaisons ne sont jamais fixes, elles doivent être réactualisées, négociées en permanence, réinventées, au même titre d'ailleurs que n'importe quel trait culturel. Toutefois, rien ne remplace la fascination des humains pour d'autres êtres vivants, puisque ceux-ci sont des témoins de ce qu'ils ne sont pas, tout en étant pourtant incroyablement proches. »

C'est portée par ces réflexions que Jacqueline Milliet revisite le mythe nourricier de la femme dans la définition traditionnelle de la domestication des animaux. En se basant sur les étonnantes relations entretenues entre des femmes et des animaux, différentes d'une culture à l'autre, elle montre que rien n'est figé et regrette parfois que l'on se soit arrêté au seul fonctionnement du corps des femmes, en l'occurrence l'allaitement, pour expliquer leur rôle social.

Le sein nourricier des femmes a-t-il modifié le comportement animal ?

Retour en arrière. Même si nous n'en avons pas de certitude absolue, il semblerait que de l'allaitement de louveteaux soit née la domestication du chien vers 12 000 avant J.-C. dans les régions péri-arctiques et entre 10 000 et 8 000 avant J.-C. dans le nord de l'Europe et au Moyen-Orient. Ramenés au campement par curiosité par nos ancêtres chasseurs-collecteurs qui, par ailleurs, vivaient sur les mêmes territoires que les loups, il est probable que les jeunes aient été ainsi recueillis et nourris par les femmes. Or les toutes premières semaines de la vie d'un animal jouent un rôle décisif dans la formation des liens sociaux que celui-ci va par la suite entretenir avec son environnement.

L'empreinte humaine modifie le comportement de l'animal. Les loups apprivoisés ont été par la suite sélectionnés et sont devenus dépendants de l'homme tout en remplissant l'un des rôles les plus utiles aux premières sociétés humaines : celui d'auxiliaires de chasse. Quels sont les indices qui tendent à supposer que les choses ont pu se dérouler ainsi ? L'existence, aujourd'hui encore, d'une telle technique domesticatoire. L'allaitement des animaux par les femmes est en effet une conduite que l'on rencontre fréquemment dans de nombreuses populations. Indiennes d'Amazonie et horticultrices mélanésiennes procèdent de la sorte : elles nourrissent au sein des petits d'animaux ou prémastiquent des aliments qu'elles leur donnent dans la main ou posés sur le bord des lèvres. L'anthropologue précise :

« S'il est une pratique courante dans ces deux larges aires culturelles, cet allaitement particulier peut aussi renvoyer à des comportements isolés, disséminés sur de plus vastes régions et concerner un échantillon important de mammifères. Il est certain que bien des sociétés connaissent le phénomène de l'empreinte et qu'elles l'utilisent comme moyen de domestication. L'apprivoisement d'un animal doit toujours précéder le sevrage et le moment le plus favorable pour la formation du lien social varie selon les espèces. L'attachement — ou le résultat du processus d'imprégnation — ne passe pas seulement par la récompense alimentaire, mais aussi par le contact physique qui est une technique domesticatoire qui consiste à faire subir aux animaux des stimulations remplaçant celles de la mère génitrice à laquelle ils ont été arrachés. L'habitude se retrouve en Asie du Sud-Est, en Australie et en Tasmanie, en Océanie au sens large, en Amérique, en Afrique et en Europe. Les femmes nourrissent ainsi surtout des chiots, des gorets et des pécaris, mais il leur arrive d'allaiter aussi des oursons, des singes, des faons, des ratons laveurs, des castors, et des agneaux. »

La place de l'animal téteur dans les cultures traditionnelles

L'allaitement des animaux par les femmes et l'apprivoisement qui en découle n'ouvrent pourtant pas forcément la porte à la domestication. Preuve en est avec les Indiens d'Amazonie qui demeurent avant tout des chasseurs-cueilleurs alors qu'il leur serait tout à fait possible de domestiquer les animaux dont ils s'entourent. Pour eux ainsi que pour d'autres sociétés (Pygmées, Aborigènes, Eskimos, Amérindiens), la nature et les animaux font partie intégrante de leur construction sociale. Les animaux sont considérés dans ces sociétés comme des parents, des alliés ou des ennemis qu'il faut séduire, respecter, célébrer au cours de rituels de pardon ou de réconciliation afin qu'ils se laissent encore chasser par les hommes. Lorsque de petits animaux sont recueillis, adoptés et nourris par les femmes, ils ne peuvent donc pas être élevés pour être consommés régulièrement, ce serait un acte cannibale.

« Je me suis rendu compte que ce qui déterminait le rôle des femmes par rapport aux animaux allaités, c'était d'abord leur statut et les différentes cultures dans lesquelles elles évoluaient. Il s'agissait à chaque fois de critères de choix indispensables pour certaines sociétés. L'allaitement des animaux serait par exemple culturellement incompatible avec l'élevage laitier. Ensuite, d'après mes recherches, l'allaitement intervient essentiellement pour éviter la mort d'un petit, ramené de la chasse s'il est sauvage, malade ou rejeté par sa mère s'il est domestique. Dans de nombreuses circonstances, il peut aussi s'expliquer par des raisons qui relèvent de la puériculture locale et du bien-être des mères et des enfants. L'animal téteur est un animal domestique que l'on met au sein pour tirer le colostrum, ou pour maintenir les glandes mammaires en activité.

« Dans presque toutes les situations, l'allaitement se produit donc soit au hasard de la survie des animaux, ce qui peut entraîner l'animal à occuper ensuite une position à part — sans que cela soit systématique —, soit à des animaux desquels on attend dès le départ un rôle spécifique qu'ils auraient probablement pu remplir sans être apparentés par le lait. En plus, l'animal allaité occupe des fonctions très diverses : il lui arrive d'être exploité plus ou moins activement, ou dans certaines conditions carrément privé de tout contact, tué et mangé, ou, au contraire, adulé jusqu'à la fin de sa vie. »

À la rencontre de la mère des origines

Sur l'île d'Hokkaïdo au Japon, les femmes aïnous du début du XXe siècle allaitent au sein de jeunes oursons qui grandissent avec la famille humaine. Vers l'âge de trois ans, au cours d'une fête annuelle qui se déroule en automne ou au milieu de l'hiver, l'animal est promené à travers le village puis sacrifié. Les femmes dansent, chantent et pleurent puis la chair de l'animal est mangée par toute la communauté, convaincue que l'esprit de l'ours retourne après sa mort dans les mondes supérieurs pour visiter les dieux et protéger les hommes.

« La pression du colonialisme japonais et russe a bouleversé un tant soit peu l'identité culturelle et les traditions des Aïnous. Toutefois, le festival et l'allaitement des ours n'ont pas totalement disparu. La promiscuité des femmes avec les animaux n'a rien d'inhabituel. Elle illustre la prégnance d'une relation naturelle entre eux, une relation civilisatrice dont la quintessence serait l'allaitement des animaux, et elle reste profondément ancrée dans notre système de représentations. »

Et pour cause : l'histoire de la femme à la fois généreuse et destructrice trouve, dit-on, ses origines dans les premières expressions de religiosité de nos ancêtres. Cette idée a étayé le culte de la Déesse-Mère qui symbolise dans le panthéon mythologique de nombreuses sociétés la naissance et la mort, la fécondité, le cycle de la vie. A en croire certains mythologues, la Terre des origines aurait donc été femme, une déesse-mère à la fois bienveillante et destructrice, à l'origine même de la pensée, maîtresse des arbres et des bêtes[1], oracle, spirituelle, androgyne, louve, serpent, truie et jument[2]. Les Grecs puis la tradition judéo-chrétienne et l'arrivée d'un dieu mâle n'auraient pas manqué de contester ensuite sa légitimité pour finir par nier tout bonnement le rôle de la femme dans le monde.

C'est juste, rien ne prouve l'existence d'un culte originel lié à la Terre-Mère et prétendre que les toutes premières sociétés ont été, par voie de conséquence, matriarcales, relève quelque peu de la spéculation. Toutefois, on ne peut nier le fait que les hommes ont assimilé la Terre féconde et la nature généreuse et complice à la femme-nourrice. En témoignent les figurines féminines sculptées dans la pierre, l'os ou l'ivoire au paléolithique supérieur (28 500-20 000 av. J.-C.) puis les premières peintures animalières associées à ces mêmes représentations des symboles de la fécondité. En Anatolie, l'ancienne ville de Çatal Höyük (6 500 av. J.-C.) offre aux regards d'extraordinaires peintures, sculptures et bas-reliefs qui représentent des attributs féminins associés à des animaux tels que des vautours, des renards, des taureaux et des béliers. Ces déesses-mères, ces idoles mystérieuses en osmose avec l'animal, demeurent au cœur des mythes fondateurs, enfouies en nous à jamais, elles reviennent hanter nos contes et nos légendes, agiter la pensée des scientifiques et des philosophes et rôdent sur l'humanité disloquée comme une part d'enfance éternellement renouvelée.

2

La femme-renarde

Arlette Chosson

> « Bien que la différence entre l'homme et les autres animaux soit énorme, il paraît raisonnable d'affirmer qu'elle l'est un peu moins que la différence existant entre les hommes eux-mêmes. »
>
> GALILÉE

Les dernières heures de la nuit exhalent des senteurs de mousse, d'écorces humides et de feuilles tièdes. Dans le sous-bois couleur de cendres se dessine la silhouette frissonnante d'une femme vagabonde, Arlette Chosson. A ses côtés se tient Kitsoune, un jeune renard mâle de trois ans. Deux ombres complices que rien ne semble gêner aux entournures, ni la brume nouée à leurs chevilles ni les aboiements des chiens du village niché en bas, dans la vallée. La nuit durant, tous deux ont parcouru plusieurs dizaines de kilomètres à travers champs et forêts. Ils se sont roulés dans l'herbe, ont grignoté des baies, visité d'anciennes caches de nourriture, inspecté les branches basses des érables et des robiniers à la recherche d'oiseaux endormis à surprendre. Le reste du temps, Kitsoune a encore délimité son territoire avec la minutie d'un géomètre. A plusieurs reprises, ils ont fait fuir des chats sauvages et puis croisé Maruchka, la compagne de Kitsoune depuis l'hiver dernier. Une frêle renarde aux yeux canailles ourlés de longs cils noirs et à la gorge ceinte d'une élégante fourrure blanche. A la lueur du jour naissant, Kitsoune est venu saluer Arlette puis il a disparu derrière un buisson d'aubépine. Sur le chemin du retour, Arlette se demande parfois ce qui la pousse à vivre ces activités nocturnes que personne ne comprend sinon cet étrange besoin de retrouver sa part d'animalité dans le mutisme des renards. Plus qu'une habitude, un entêtement, sans la peur de s'égarer.

Le repère des Lichkou

Un village aux confins de la Bourgogne. L'été est proche. La nature s'ébroue dans des embrasements de soleil. Au pied d'une colline qui respire la tourbe et les primevères, il faut emprunter un sentier que l'herbe tente de faire disparaître. Au bout se dresse une maisonnette en pierre, le repère des *lichkou* (renards en tchèque), nichée dans les frondaisons de glycines, de cerisiers sauvages et de tilleul. Sur le toit pentu courent de gros lézards, rescapés d'un monde ancien. S'y collent aussi des papillons silènes noirs et blancs dont les ailes ont des allures d'échiquier. Un renard adulte apparaît, talonné par deux jeunes. Leurs yeux, éclats d'ambre doux, jaugent Arlette avec un mélange de calme et de méfiance, leurs oreilles sont dressées et leurs corps en alerte. Arlette pousse un cri de reconnaissance, clair et gai comme un rire d'enfant. Aussitôt, les renards plongent derrière elle, leur queue rousse ondulant entre les touffes hérissées d'épinettes. Quand, au cours d'une promenade nocturne, Arlette entend l'appel de Kitsoune ou d'autres de ses compères sauvages et que, sur cet appel auquel elle répond, s'engage un dialogue passionnant, elle trouve à cette complicité un compagnonnage sans fioritures qui la rattache au présent, dépouille la réalité. Pas de sentimentalisme, juste la densité de l'instant, l'impression d'habiter pleinement l'espace, d'être guérie de ce qui lui pèse intérieurement : la division. Le mimétisme avec les renards qui partagent sa vie depuis plus de quinze années surprend. Comme eux, chacun de ses mouvements respire l'impatience et le refus de se livrer. Son visage est anguleux, son regard furtif, son corps étrange, porteur d'éléments de chair et de liberté. Il marche à contretemps comme s'il voulait s'échapper, prendre sa distance avec le présent et ses incertitudes.

Sa maison est une tanière. Le plafond est bas, le sol en terre battue. L'odeur du renard est partout : âcre et musquée. Rangées du sol au plafond, une kyrielle de sculptures racontent les peurs des hommes : chouettes, diables, chats, loups et goupils se dressent comme des gargouilles dans le mince filet de lumière qui vient du dehors. La mémoire des vivants semble émaner des crânes d'hommes et de renards qui luisent, défiant le temps, disposés côte à côte au sommet d'une étagère. Je ne peux m'empêcher de songer à ces textes chinois où l'on apprend que, pour se réincarner en humain, les renards s'affublent d'un crâne et d'ossements humains qu'ils collent sur leur corps avec de la boue. De la même façon, quand un esprit-renard est devenu vieux, « dans une tombe à l'abandon, il se transforme en une femme à la mine engageante, son poil se fait chignon, son museau visage poudré, sa longue queue se change en robe cramoisie et traînante... [1] ». Si les chamans de Pékin utilisaient des crânes de renard pour la divination et s'il était fréquent qu'un esprit-renard parle plus particulièrement à une chamane, il n'en demeure pas moins que les légendes chinoises ont assimilé la ruse du renard à la séduction et à l'intelligence diabolique de la femme, deux caractéristiques représentant un danger social. « L'apparition de la femme-renarde n'a-t-elle pas été une façon de dissuader la société chinoise de laisser poindre en son sein des tendances à l'autonomie féminine qui l'auraient mise en péril ? remarque Rémi Mathieu, spécialiste de la Chine[2]. Par ailleurs, le renard n'était-il pas situé à l'intersection de deux forces : celle de la résurrection et celle de la beauté du diable qui, se combinant et prenant appui sur cette autre image d'une femme que nous qualifierons de “libérée”, donnèrent naissance dans la Chine des III et IVe siècles à cet être d'une fascinante étrangeté, la femme-renarde ? »

Dans l'intimité des renards

Comme le loup, dont il possède la résistance et l'opiniâtreté, le renard hante les hommes, quelle que soit la culture. Tantôt symbole de la fourberie et de l'hystérie, tantôt dieu de la fertilité et de l'abondance, le goupil a fait couler beaucoup d'encre. Il orne toujours les églises médiévales, peuple les poèmes et la littérature moyenâgeuse et contemporaine. Parce qu'il a été traqué sans relâche jusqu'au plus profond de ses repaires séculaires, le renard jadis diurne est devenu ce noctambule rebelle qui, désormais, n'hésite plus à élire domicile dans les grandes cités : Paris, Rome, Stockholm, Copenhague. Au cœur de Londres, ce sont désormais soixante mille renards urbains qui cavalent dans les dédales du métro et les jardins privés, errent dans les parkings, nichent dans les bâtiments désaffectés et traquent dans les immeubles en ruine des grappes de rongeurs[3].

Petit rat. C'est ainsi qu'Arlette a débuté sa carrière sur scène. A dix-huit ans, elle est engagée dans une troupe de théâtre après une audition où elle joue une adaptation de Marie Webb : *La Renarde* ! On n'échappe pas à son destin. Arlette se passionne ensuite pour les œuvres de Franz

Kafka. Elle découvre des textes qui lui parlent de la nature sauvage dont les hommes se sont peu à peu coupés. *L'Ane Culotte* d'Henri Bosco, auteur passionné par les sociétés animistes, est un aventurier qui tente, en recréant un paradis dans le Lubéron, de rétablir ce lien perdu avec le monde animal.

Du coup, c'est toute l'enfance d'Arlette qui refait surface. Ces journées passées à courir dans les vignes et les crêts couverts de myrtilles et de bruyères, à déloger le castor, le héron cendré et la couleuvre dans les saules le long du Rhône. Avec les souvenirs des promenades vécues comme des escapades reviennent en mémoire les sensations délicieuses au contact des animaux et du fleuve sauvage aux remous ronflants. Comme l'Antonio de Jean Giono, Arlette aime ce Rhône en crue, indompté, toujours recommencé, qui respire, provoque, chahute, s'apaise ou se fâche. Ses résistances face à la création s'envolent. Elle qui se pensait claquemurée dans des regrets éternels, le corps étriqué dans la peau d'une très vieille petite fille, la voilà qui retrouve confiance en elle, et se met à écrire et à mettre en scène ses propres spectacles. Elle y exprime la dualité entre l'intellect et le ressenti, la liberté et la contrainte, l'homme et l'animal. Entre deux tournées, elle trouve refuge dans la province des grands crus : la Bourgogne.

A peine est-elle installée dans une vallée aux pentes crêpelées de vignes qu'elle recueille un renardeau de trois mois à peine dont la mère vient d'être abattue. Elle le baptise Kitsoune. Le petit animal, terrorisé, refuse tout contact. Au moindre mouvement, dans sa direction, il feule comme un chat en colère, les oreilles couchées, la gueule aplatie. Pendant plusieurs semaines, Arlette l'habitue à sa présence, au son de sa voix. Elle cherche à le captiver en bougeant lentement, en chantant, en parlant, sans le regarder. Pour se nourrir, il attend qu'elle dorme. Le jour, il se terre dans un coin.

Au bout de deux mois, il accepte enfin la main que lui tend Arlette, la renifle. Le lendemain, il saute sur ses épaules. Un soir, Arlette s'installe avec lui dans l'enclos qui lui est réservé. Ensemble, ils jouent et crient. Des cris aigus, cristallins. Et tandis que les voisins jugent et crient au scandale, que les langues vipérines la désignent déjà comme une sorcière, Arlette se laisse enseignée par Kitsoune. C'est lui qui, en s'échappant à plusieurs reprises dans la forêt, l'invite à découvrir l'intimité des renards sauvages. Leur langage sonore, qui se compose de ronronnements, de jappements, de claquements, de stridulations et de chants mélodieux. La manière dont ils camouflent leur odeur en foulant spontanément d'autres sources de parfums comme la menthe sauvage ou les écorces de pins. Les chemins qu'ils empruntent, toujours les mêmes ; les taillis qu'ils affectionnent en plein jour, enroulés en pelote, à l'abri des regards. Si, d'aventure, un renard traverse le territoire de Kitsoune, le conflit s'organise selon un rituel précis à base de grimaces faciales. L'intrépide maraudeur est chassé sans morsure. Qu'un renard exprime sa dominance, il se pavane queue et oreilles dressées. Inversement, il se soumet en ouvrant sa gueule et en grimaçant, la tête basse et les oreilles rabattues, dos arqué, pattes arrière fléchies.

A l'heure où les étirements du jour rallument l'horizon comme un brasier, Kitsoune rentre à la maison avec Arlette. Mais parfois aussi, l'animal l'abandonne. Ombre parmi les ombres, il retourne au cœur des bois comme un amant pressé rentre chez lui.

Un vilain désir de possession

D'autres renards vont faire leur entrée dans la vie d'Arlette. La plupart sont incapables de retourner dans la nature car blessés ou trop imprégnés par l'homme. D'ordinaire, ces animaux sont solitaires et ne se rencontrent qu'en période de rut. Il arrive qu'ils vivent en groupes, au sein desquels un couple dominant règne sur les congénères[4]. Les tribus vivant sous le toit d'Arlette ont organisé une hiérarchie particulière : un mâle dominant et des femelles qui choisissent et se disputent leur mâle auprès de qui elles demeurent. Les renards élevés au biberon considèrent Arlette comme la renarde dominante, et en cela la respectent, à la différence de ceux qui sont nés dans la nature et qui, restant méfiants à son égard, se permettent aussi toutes les libertés. Certains soirs, lorsqu'elle leur apporte des quartiers de viande pour leur repas en faisant mine de rentrer de la chasse, une véritable transe saisit les animaux. Le dominant vient saluer Arlette en lui léchant la bouche puis mange le premier. Viennent ensuite les femelles et enfin les autres mâles qui n'ont pas autorité mais n'ont de cesse de provoquer le dominant pour remettre en question son statut. Sitôt le festin consommé commence alors un concert. Les femelles crient davantage que les mâles. Arlette se couche au milieu d'eux, mêle sa voix aux leurs et connaît des moments prodigieux. Mais aussi des accès de doute que la brisure des mots rappelle : — « Est-ce la liberté perdue ou ma propre identité que je recherche à travers eux ? D'ailleurs, le monde des renards est-il réellement accessible ? La question n'est-elle pas elle-même un vilain désir de possession ? » Arlette ira jusqu'à intégrer les renards les moins farouches de sa tribu dans ses spectacles.

C'est aux premiers froids de l'hiver qu'Arlette a pu assister à l'accouplement de Kitsoune et de sa compagne. Ils s'étaient rencontrés à la saison des feuilles rousses, Kitsoune avait su évincer gaillardement tous ses rivaux. La façon dont le couple fête ses noces mélange violence et facéties. A la manière des paradisiers, des singes ou des goélands, Kitsoune a proposé à sa compagne quelques offrandes : une poule d'eau, des fruits, une branche d'arbre, un caillou. Ils ont ensuite batifolé en sautillant comme des cabris, se sont mordus dans l'étreinte puis se sont séparés pour chasser séparément. Arlette savait qu'au printemps suivant Kitsoune lui révélerait l'emplacement de la tanière et la laisserait s'approcher des jeunes.

Cette nuit-là, le vent et la neige n'avaient pas faibli. Au matin, un manteau blanc avait recouvert toute la végétation, l'air glacé piquait la gorge. Ce sont les aboiements des chiens puis les cris des chasseurs qui ont alerté Arlette. Postés autour de sa maison pour empêcher Kitsoune de se rabattre, les hommes embusqués ont tiré plusieurs fois. Debout sous les cerisiers du jardin, les mains glacées au fond de ses poches, elle attendit, le cœur en arrêt. Puis elle le vit surgir de la hêtraie, arriver vers elle en sautillant, ralentir à son approche. Un coup de feu claqua. Kitsoune s'écroula, touché mortellement au flanc. Un bouillon de sang se répandit sur la poudreuse, dessina de minuscules ruisseaux comme des racines déployées. Emportée dans son vertige, Arlette plongea dans l'œil de Kitsoune, puits d'or à ciel ouvert. Elle aurait aimé se faire chamane et voyager à ses côtés, se faire bruine et pénétrer son pelage, se dissoudre dans son sang, s'enfouir dans l'écorce et la terre. Elle trouva à la mort une belle insolence, une beauté singulière. Quinze années se sont écoulées. C'est parce que rien ne meurt vraiment que l'on résiste à la mélancolie.

« Lorsqu'un animal sauvage vous donne sa confiance, cela vous oblige à tout remettre en question. Qu'est-ce qui change vraiment ? A quel niveau ? J'ai l'impression que nous étions séduits l'un par l'autre, comme ensorcelés. »

3

Chevaux de sel

Michèle Le Braz

« Rêve pour vous réveiller ! De rêveurs vous deviendrez des éveilleurs ! »

Gitta MALLASZ

Michèle Le Braz, photographe depuis vingt ans, est née en 1945 à Quintin, dans les côtes d'Armor. Aujourd'hui, elle vit à Brest où elle arpente les rivages du sensible.

— Je n'ai pas été une enfant révoltée qui se réfugie auprès des bêtes, j'ai été révoltée tout court. Sans animaux. La révolte débouche sur la solitude. Dans cet exil, on n'a pas le choix : ou l'on jette l'éponge, ou l'on apprend à survivre. J'ai toujours eu peur de me dissoudre dans le présent.

— C'est la raison pour laquelle vous êtes devenue photographe ?

— Pour saisir l'instant et m'y inscrire à ma façon, oui. C'est sans doute parce que l'homme des origines a eu peur de la nuit, de l'inconnu, des animaux et de ses propres rêves qui le faisaient voyager dans des mondes étranges qu'il a inventé l'art et que celui-ci est devenu un langage spirituel, un pacte avec la nature, une façon de négocier avec la mort et l'éternité.

— Survivre est un acte de création ?

— Bien évidemment, car il faut réinventer les lendemains, recréer le désir, se consoler d'être en vie. L'art est un exutoire et l'animal un miroir. Souvent je me suis demandé si la beauté pouvait transformer le monde. J'ai trouvé la réponse un jour où je roulais à bord de ma voiture, le long des falaises de la côte nord du Finistère. Dans un paysage de légende, loin de toute habitation, un cheval aussi large et solide qu'un bloc de granit était assis, face à la mer. Je me suis arrêtée, il n'a pas bougé. Longtemps encore il a regardé l'horizon, la crinière dans le vent comme des envolées d'écume. C'était comme une apparition mystérieuse, un mirage surgi du réel. Face à moi le sauvage, l'inquiétant, l'inconnu et en même temps l'émotion, la nostalgie, le retour à la plus belle des innocences. Celle que l'on a oubliée. Celle d'avant le cri, d'avant la vie disciplinée. J'ai eu peur de m'avancer. C'est lui qui a fait le premier pas : il s'est redressé et approché lentement, très lentement, comme un géant débonnaire. Dans son sillage est apparue une horde de chevaux salés aux yeux sucrés, des traits postiers bretons. Cette vision était sublime, primitive. J'ai ressenti une onde de choc. J'ai eu l'impression, dans ce no man's land giflé par les embruns, de vivre la première vraie rencontre entre l'homme et le cheval, le sentiment profond d'appartenir au monde.

— Et ça a changé le cours de votre vie ?

— Complètement. Les cinq années qui ont suivi, j'ai passé mon temps à les photographier. Sans comprendre pourquoi. C'était devenu une obsession. Dès que je le pouvais, je partais là-bas à deux doigts du cap Penn ar Bed que les Bretons appellent ici la Tête du monde et, dans un état second, je les photographiais de l'aube au crépuscule, qu'il vente ou qu'il pleuve. Longtemps j'ai eu peur de ces chevaux livrés à eux-mêmes, presque sauvages. J'ai commencé à les observer de très loin, paralysée par la peur, puis je me suis rapprochée jusqu'à les caresser avec mon objectif. En appréciant leurs réactions, j'ai surtout appris à me connaître moi-même, à me contrôler. C'était un apprivoisement réciproque. Une relation qui s'est installée dans le silence et le temps grâce au regard, dire tout sans parole, partager la vie, l'animal m'a enseigné l'intelligence du silence. Aujourd'hui, il m'arrive de sommeiller avec les poulains dans les fleurs ou bien de m'allonger au milieu des juments. Dix minutes après, elles se couchent les unes après les autres. Ce contact m'a révélée à moi-même, j'ai retrouvé un regard d'enfant que la fragilité du milieu familial dans lequel j'ai grandi avait éteint. »

Photographier l'animal pour communiquer avec lui

Aux intrigues des cités furieuses et aux labyrinthes des rues, Michèle Le Braz sait désormais qu'elle préfère les paysages immenses, décousus, ces landes chevelues sans homme et sans maison dont la solitude et les rumeurs à fleur de mer s'inscrivent pour l'éternité. C'est pourtant à Paris qu'elle échoue la semaine, la mort dans l'âme. Alors, les soirs après le travail, elle rentre chez elle et s'enferme dans un placard sans aération qu'elle a transformé en un dérisoire laboratoire photo. La manœuvre est héroïque. Elle y développe les précieux rouleaux de pellicule rapportés de ses errances bretonnes, manque d'étouffer, terrassée à plusieurs reprises par d'épouvantables crises d'asthme. Mais l'enfer est salvateur. Elle y retrouve ses « héros mythiques, dépositaires d'un paradis perdu, gardiens d'un monde énigmatique », des chevaux dont l'abandon de tout leur être aux morsures du vent et de la mer résonne en elle. Elle rêve d'un départ. Une terrible agression dont elle réchappe par miracle l'encourage à passer à l'acte. Un jour, elle renonce à la ville et part vivre près des chevaux le tumulte de l'océan, la rumeur des eaux qui mâchent les galets et semble tenir des sermons à la grève.

— Avais-je d'autre choix ? Je suis revenue là où j'étais née, dans cette campagne où je m'étais pourtant sentie si souvent abandonnée. Les chevaux ne sont pas devenus des partenaires de vie intérimaires, ils n'ont remplacé rien ni personne, je dirais plutôt qu'ils ont été des révélateurs. Et j'emploie ce terme tel que je l'utilise habituellement dans la pratique de mon travail : c'est-à-dire la solution qui rend visible l'image latente. Leur patience et leur présence ont réveillé en moi tout un champ de possibles. Ils m'ont ramené à la vie.

— Photographier l'animal est-il une manière de communiquer avec lui ?

— C'est comme séduire leur âme, ramener à la surface des vérités enfouies, ce lien originel entre l'être humain et la nature sauvage. C'est un troc où l'on échange des silences... des silences bavards.

4

Rencontre avec une louve

Hélène Grimaud

« L'animal ouvre devant moi une profondeur qui m'attire et qui m'est familière. Cette profondeur, en un sens, je la connais : c'est la mienne. Elle est aussi ce qui m'est le plus lointainement dérobé, ce qui mérite ce nom de profondeur qui veut dire avec précision ce qui m'échappe. »

Georges BATAILLE

C'est un de ces soirs où la nuit-refuge tempère l'exaltation des jours crus, des jours furieux. Moment rare. Entre le clair et l'obscur, lisière ténue à quoi s'accrochent le rêve et ce désir d'abandon, où l'on marche d'un pas plus souple, parce que l'esprit vagabonde, hors d'atteinte. Nous sommes en Floride, en 1991, le quartier est calme, le verni des façades presque trop soigné. Hélène Grimaud vient d'emménager, elle promène le chien de son ami. Elle marche et elle trouve à ce lien secret qui unit son corps à son ombre incertaine projetée sur le trottoir quelque chose qui ressemble à une danse, une respiration, un jeu sans fin entre le réel et l'irréel, une fabuleuse métaphore de la vie, de ce qui nous échappe de nous-mêmes ou bien de ce qui nous habite en secret. Face à ce théâtre de l'imaginaire, qui jadis a peut-être même rendu fécondes les envolées mystiques des premiers hommes, Hélène pense, ce soir, que son ombre, qui se délie et se rassemble, ne lui a jamais autant parlé de cette quête perpétuelle de soi dans le mouvement et l'action.

La jeune femme connaît bien cette histoire de mobilité permanente, ce roulis des épaules quand le bras et la main dessinent dans l'air des étreintes imaginaires, ces talons qui martèlent le sol, battent la mesure du temps qui passe, ces doigts qui courent, capturent et bataillent sur les objets tels d'intrépides soldats. Enfant, l'agitation cueille son corps sans cesse, comme une houle intérieure, au point d'inquiéter son entourage. « Si je ne remuais pas, je me sentais agitée de l'intérieur. » A neuf ans, l'enfant fébrile se réfugie dans les sous-bois pour réfléchir. Elle s'intéresse au comportement des primates, si proches de l'humain, et à cette tendance de l'homme à vouloir absolument établir une différence entre lui et l'animal. C'est aussi le moment choisi par ses parents pour lui proposer de canaliser son incroyable énergie dans l'apprentissage du piano. La fillette prend l'affaire au sérieux : la musique devient pour elle un second langage, une deuxième matrice.

« J'ai beaucoup insisté, jusqu'à la limite du supportable, et peu à peu le piano est devenu la chose la plus naturelle qui soit. A un moment, il n'y a plus eu de doute. Souvent les gens pensent qu'ils font fausse route alors qu'ils n'ont tout simplement pas osé aller au bout d'eux-mêmes. C'est la pire des choses qui puisse arriver. Par manque de persévérance, parce que les choses ne se révèlent pas à vous tout de suite, on peut passer à côté de l'essentiel et gâcher sa vie. »

Un récital consacré à Rachmaninov lui vaut le Grand Prix de l'Académie du disque à quinze ans. Quinze années plus tard, sa carrière de concertiste est internationale[1]. Sur le trottoir de cette ville de Floride, son ombre avalée par un rai de lumière lui rappelle pourtant la fugacité des choses. Rien n'est acquis, la vie peut prendre à tout instant un biais imprévisible. Comme une porte qui s'ouvre sur l'inconnu, que l'on emprunte pour se surprendre encore.

Une séduction réciproque envoûte la femme et la louve

Au loin, se profile la silhouette d'un homme accompagné par ce qui semble un chien. La démarche de la bête est hésitante, sa tête, portée bas au bout d'un harnais, gigue et se balance étrangement comme un métronome. Hélène est intriguée. Le propriétaire de l'animal ne serait-il pas cet individu asocial et dangereux que ses voisins lui ont dépeint quelques jours plus tôt ? Parvenu à sa hauteur, l'homme s'arrête et engage spontanément la conversation tandis que l'animal, qui n'est autre qu'une louve, s'avance sur elle, comme pour célébrer quelque étrange retrouvaille.

« D'abord, cet homme n'était pas du tout l'être dont on m'avait parlé. C'était un personnage atypique, passionné par la musique classique, la nature et le Grand Nord. A mesure que nous faisions plus ample connaissance, la louve s'est approchée de moi, ce qui étonna son propriétaire car, jusque-là, et c'était la raison pour laquelle il ne la sortait que la nuit, toute présence humaine la rendait folle de terreur. Or nous étions irrésistiblement attirées l'une par l'autre. C'était comme si un fil allait d'elle à moi. Deux mois plus tard, nouvelle rencontre dans la rue, au même endroit. Cette fois, la louve est venue se frotter contre moi, s'est laissée glisser à terre pour m'offrir son ventre, un rituel auquel elle n'avait jamais procédé. Ma vie a changé. Intriguée par la complexité et la richesse du comportement de cette louve, j'ai commencé à dévorer toutes les études menées sur la biologie des loups, à voyager partout où il existait les centres d'études consacrés à l'espèce *Canis lupus* et à rencontrer les spécialistes étudiant leur comportement sur le terrain. Une chose en a entraîné une autre : j'ai entrepris des études en éthologie pour obtenir une licence nationale et avoir la possibilité de créer une fondation et un parc entièrement consacrés à l'étude et à la réhabilitation de cet animal. J'ai adopté la louve que cet homme s'est finalement résolu à me confier. Très vite, d'autres congénères sont venus rejoindre la femelle. Il est certain que je ne serais pas la personne que je suis devenue si cette rencontre n'avait pas eu lieu. Grâce à cet animal, qui a été le déclic, et qui a bouleversé ma vie, je me félicite d'accueillir bientôt un couple de loups mexicains dans le cadre d'un programme de réintroduction. »

La neutralité n'existe pas chez les loups

C'est au cœur d'un paysage de bois et de prairies, à une heure de New York, qu'Hélène Grimaud, assistée d'une équipe, gère aujourd'hui son parc et sa fondation reconnue d'utilité publique[2]. Un monde parallèle qui lui permet de relativiser cette autre partie de sa vie publique consacrée à la musique. Lorsqu'elle joue, on dirait qu'elle se cambre et se cabre comme un animal. Transe émotionnelle au bout de quoi la musique devient organique, où l'artiste exposée rit de s'être mise en péril. « L'animalité en soi, c'est la sauvegarde de l'artiste. Il faut avoir le goût du risque et de la survie. Le cas échéant, on n'a pas grand-chose à dire. »

Lorsqu'elle entre dans l'enclos des loups, Hélène Grimaud n'adopte aucune posture conquérante. Pas le moindre simulacre de dominance, donc pas de conflit hiérarchique à craindre.

« Je ne m'impose pas en figure dominatrice pour la bonne raison que je ne fais pas partie de la meute à plein temps. J'ai donc opté pour un respect mutuel avec le dominant, le seul autorisé à m'accueillir. La neutralité n'existe pas chez les loups. Face aux autres membres, le dominant se tient debout, la queue légèrement dressée, les oreilles pointées vers l'avant. Dès qu'il le permet, les autres peuvent venir me saluer. Il y a toujours beaucoup d'agitation sociale au début puis, au bout d'un moment, tout se calme. C'est un environnement très propice au recueillement. Cette sensation d'harmonie est pour moi une des meilleures façons de penser et travailler mes partitions. Au milieu d'eux, je joue la musique dans ma tête, je pense à sa couleur, son atmosphère, je prends chaque note individuellement et écoute son rapport avec l'autre. »

Américaine d'adoption, Hélène n'a pourtant rien oublié de la France, son pays-racine. Aix-en-Provence est la ville où elle a vu le jour, où elle a grandi, où les espaces sauvages sans cesse grignotés par la présence humaine ont commencé à lui manquer. Besoin de repousser la ligne de l'horizon, d'embrasser des contrées vierges. A l'école, elle se tient à l'écart des autres enfants et n'a qu'une hâte : vieillir. En plus de son isolement, elle fait preuve d'une véritable obsession pour la symétrie. Si elle se blesse un membre, elle reproduit la blessure à l'identique sur l'autre membre. Paradoxe : l'artiste qu'elle est devenue joue désormais à perdre le contrôle, à se laisser emporter, à se rire de la rectitude des choses et des idées. C'est encore elle qui, à présent, pense que la répétition est une chose absolument négative parce qu'elle nuit à la fraîcheur jusqu'à la trahison de soi-même. Rien n'est donc définitif.

« Bien sûr que les choses évoluent. C'est aussi le cas

dans le monde des loups. Chaque animal a un comportement qui lui est propre. Face à une situation semblable, chacun va réagir différemment. Je suis persuadée qu'il y a aussi un contexte culturel chez le loup avec des traditions et des phénomènes de tolérance plus ou moins grands d'une meute à l'autre. Généralement, un loup solitaire à la recherche d'un compagnon et qui traverse le territoire d'un groupe se fait attaquer, parfois même tué. Ailleurs, d'autres font preuve de plus de tolérance vis-à-vis de ces individus isolés. Certains des chercheurs avec lesquels je travaille (notamment le spécialiste mondial David Mech) supposent que, par l'intermédiaire des hormones contenues dans les marques olfactives déposées par les loups, les uns et les autres savent reconnaître si tel ou tel congénère est plus ou moins apparenté à leur famille. Les odeurs jouent un rôle important dans le monde des loups lors du marquage du territoire. Elles servent de panneaux de signalisation. On pense qu'elles peuvent aussi indiquer à celui qui les flaire le nombre et l'identité des membres de la meute. Des preuves filmées sont venues renforcer les hypothèses.

« En 1995, quatorze loups sauvages capturés dans les Rocheuses canadiennes ont été relâchés au nord-est du parc de Yellowstone par les scientifiques du Gray Wolf Recovery Project. Seize loups capturés en Colombie britannique sont venus les rejoindre ensuite. Très vite, ils ont recréé trois meutes baptisées du nom du lieu géographique de leur enclos d'acclimatation : Rose Creek, Druid Peak et Crystal Creek[3]. La bande de Druid Peak, qui avait établi son territoire sur environ 600 km^2 était extrêmement agressive, chassant impitoyablement tout intrus. Au début de l'année 1996, les Druid ont fait la guerre aux loups de Crystal Creek. Ils ont tué le dominant, blessé sa compagne. Quelques semaines plus tard, les Druid se sont attaqués tout aussi violemment à l'autre meute : Rose Creek.

Puis le mâle dominant (alpha) des Druid a été abattu par un chasseur à la frontière du parc. Dans le même temps, un jeune mâle des Rose Creek s'est montré déterminé à quitter sa meute d'origine pour fonder la sienne. La bande de Rose Creek avait appris à ne plus s'approcher des frontières érigées chimiquement par les Druid. Or, fait extraordinaire, le jeune mâle semble avoir remarqué que la meute n'était plus celle qu'elle avait été jadis...

« Un jour, il décide d'approcher la femelle des Druid. Elle se montre immédiatement agressive à son égard. Six heures durant, elle le teste en le menaçant, en le bousculant tandis que les autres membres l'encerclent. Lui reste très calme et, au lieu de perdre de son assurance, ne bouge pas, bien campé sur ses pattes, la tête haute et la queue droite. Et tout à coup l'attitude de la femelle change complètement. Elle commence à lui faire des démonstrations affectueuses. Alors le reste de la meute se précipite sur lui pour lui prêter allégeance en lui léchant les babines comme le font les louveteaux.

« Deux ans plus tard, un jeune mâle de la meute des Rose Creek décidera lui aussi de quitter son groupe pour voler de ses propres ailes. Il traversera le territoire des Druid, lesquels contiendront spontanément leur agressivité. Ils ne feront que le poursuivre sans jamais l'attaquer. Dès que l'intrépide passera la frontière, les poursuivants retourneront tranquillement à leurs occupations — du jamais vu dans cette meute ! Cette plasticité des comportements est étonnante et prouve que, pour saisir ces subtiles nuances au sein même du monde animal, il ne faut pas avoir peur de revisiter les théories et d'ôter nos confortables œillères qui trop souvent nous gâchent la vue et déforment la réalité. »

5

Sur la terre des singes

Alliette Jamart

> « J'ai l'infini à ma portée, je le vois, je le sens, je le touche, je m'en nourris et je sais que je ne pourrai jamais l'épuiser. Et je comprends mon irrépressible révolte lorsque je vois supprimer la nature : on me tue mon infini. »
>
> Robert HAINARD

Histoire classique de l'intolérance qui s'amorce dans la cour de l'école : enfant, Alliette Jamart est affligée d'une malformation du palais qui rend sa prononciation malaisée. Son milieu social pauvre, ses robes tristes et son air effarouché n'arrangent rien. Tout la désigne comme le souffre-douleur idéal. Celui qui tempère le groupe d'élèves débordant d'énergie en assure la cohésion. Expérience cruelle ô combien instructive.

« Etrangement, ces cours de récréation où je passais le plus clair de mon temps réfugiée dans un coin ont été le terrain de mes premières observations éthologiques. Plus tard, avec les chimpanzés, j'ai remarqué à quel point un bouc émissaire désigné par les membres d'un clan pouvait servir à calmer les tensions, redéfinir la position des uns par rapport aux autres. J'ai découvert la solidarité et la réconciliation animales autant que les comportements belliqueux et les agressions violentes, des attitudes tout à fait semblables à celles que l'on rencontre chez les humains. »

A la maison, les disputes familiales sont fréquentes. Elles ajoutent au vide de la vie une amplitude particulière. Alliette est âgée d'une dizaine d'années à peine lorsqu'elle se jure de quitter un jour Montpellier, sa ville natale, pour faire le tour du monde. Plus tard, elle tente une capacité en droit, pense à une école d'infirmières puis lâche tout et s'embarque pour l'Afrique, s'installe au Congo où elle devient commerçante. C'était il y a trente-sept ans.

La rude lutte contre les trafiquants d'animaux sauvages

La vie devient alors plus douce, les jours généreux, les affaires prospères. Alliette est loin de s'intéresser à nos frères primates : les chimpanzés.

« Quand l'un d'eux m'a touchée pour la première fois, raconte Alliette, j'ai ressenti une profonde répulsion. Je me suis enfuie comme si j'avais rencontré le diable. L'idée que nous puissions lui et moi être parents en terme d'évolution me sidérait : moins de deux pour cent de différence entre l'ADN du chimpanzé et celui de l'homme. Ce constat ne m'affectait pas, il m'horrifiait ! »

Première étape. La seconde a lieu bien plus tard, à la fin des années 80, lorsqu'elle croise un vieil homme accompagné d'un chimpanzé dans les rues de Pointe-Noire. Effrayé par le chien qu'elle promène, l'animal se précipite dans les bras de son propriétaire, s'agrippe à son cou et dévisage Alliette d'une manière qu'elle n'oubliera jamais.

« Son regard m'a impressionnée : il était humain ! En quelques minutes à peine, toutes mes idées reçues sur la hiérarchie des espèces se sont effondrées. Ce grand singe appréhendait le monde comme moi et son regard m'interrogeait. Nos efforts pour savoir qui nous sommes et la mémoire de notre hérédité dansaient dans ses yeux. Ce fut pour moi une révélation, un changement de conscience radical. Peu après, son propriétaire est décédé et le chimpanzé s'est retrouvé au zoo municipal. Il s'est échappé de sa cage et a été lapidé. »

Cas de conscience. Alliette retourne dans ce zoo désaffecté et y découvre des singes oubliés des hommes, décharnés, couverts de vermine, épuisés par la faim, la maladie et l'indifférence. Capturés par des braconniers puis saisis par les douanes, ils ont été abandonnés ici dans l'oubli le plus total et ne survivent que grâce à des restes de nourriture que des passants veulent bien leur jeter. Poussée par une indicible détermination, Alliette s'insurge, tempête et obtient l'autorisation de prendre en charge les soins et la nourriture des animaux. Dans l'urgence, elle recueille chez elle une toute jeune femelle chimpanzé moribonde. Contre toute attente, elle se lance dans la lutte contre le commerce illégal des chimpanzés et la destruction de leur environnement. Elle se heurte aux exploitants forestiers qui détruisent l'habitat des grands singes à un rythme effréné, se frotte aux braconniers, aux trafiquants et aux chasseurs, passe outre les menaces qui pèsent sur elle, remonte les filières, sillonne inlassablement les forêts, les villages et les marchés de Pointe-Noire, là où l'on vend la chair boucanée des mères chimpanzés abattues en forêt tandis que les jeunes, ligotés dans des sacs de jute, sont proposés au trafic international. Du nord au sud, les grands singes disparaissent, arrachés à leur paradis africain. On comptait un million d'individus au début du siècle, ils sont aujourd'hui cent cinquante mille et sont menacés d'extinction.

Tout le monde croyait le retour des chimpanzés impossible

Les naissances sont rares dans le monde des chimpanzés, un enfant tous les trois ou cinq ans, guère plus. Les bébés dépendent de leur mère pendant plusieurs années, tètent et dorment avec elles jusqu'à l'âge de quatre ans. Lorsque la mère meurt, le monde du petit s'effondre littéralement faute de repères sociaux et de soins maternels. Brisé, il s'enfonce dans une dépression jusqu'à la mort. L'un des remèdes les plus efficaces : l'affection et les contacts corporels d'où découle un sentiment de sécurité salvateur. De multiples expériences ont été faites en laboratoire dans les années 60 : quand on prive les nouveau-nés de leur mère, leur développement se complique, la courbe de leur poids stagne. Mais si l'on stimule ces mêmes bébés par des caresses et des jeux, cela suffit à provoquer des effets biologiques fondamentaux comme la sécrétion par le cerveau d'une hormone d'apaisement (la bêta endorphine) qui favorise aussi la croissance.

Alliette endosse ainsi le rôle de mère de remplacement et s'étonne de la facilité avec laquelle elle sait lire dans les pensées des grands singes. Elle décode leurs comportements, entend et comprend au-delà de la parole, communique avec eux par le biais d'une série de rictus, de vocalisations étranges, de comportements gestuels allant du grattage social qui est la forme de contact physique la plus pacifique aux grimaces de jeux, lèvre supérieure ramenée en arrière, en passant par ces grognements si particuliers en guise de rires ou encore ces avertissements bruyants qui remettent les jeunes audacieux à leur place. Deux ans plus tard, Alliette se retrouve à la tête d'une nursery d'une vingtaine de jeunes chimpanzés rescapés du braconnage. L'idée germe alors dans son esprit de créer un sanctuaire dans la réserve de faune de Conkouati qui couvre une centaine de milliers d'hectares à 180 km au nord de Pointe-Noire (Congo-Brazzaville). Son but : relâcher les grands singes en liberté. Un pari fou. Personne ne veut y croire. La quasi-totalité des scientifiques considèrent le retour de chimpanzés dans la nature comme impossible. Et pour cause : hormis le cas d'une jeune femelle bonobo qui, à l'âge de trois ans, s'était fait adopter, dans la réserve de Wamba (anciennement le Zaïre), par un mâle adolescent puis par son groupe, toutes les tentatives se sont soldées par de cuisants échecs.

Alliette Jamart insiste. Le gouvernement congolais donne enfin son accord. L'association franco-congolaise HELP (Habitat écologique et liberté des primates) voit alors le jour, une équipe se constitue et l'aventure se poursuit[1]. D'abord, les bébés de moins de trois ans sont gardés dans une nursery, assistés par des humains qui les nourrissent, stimulent leur apprentissage de la vie en forêt, avant de retrouver une semi-liberté sur des îles sur lesquelles le personnel n'intervient plus que pour leur apporter un complément de nourriture. Ensuite, entre six et dix ans, ils sont remis en forêt pour redevenir entièrement libres. « Au lieu de dépenser des millions de dollars dans des programmes immenses pour recueillir des singes dont on ne saura plus que faire quand ils auront grandi, fait remarquer Alliette, il vaudrait mieux réaliser des projets plus petits et combattre le braconnage à la source en donnant aux villageois la possibilité de faire de la protection de la nature un autre gagne-pain ! »

Comment réacclimater les chimpanzés dans la nature ?

Le résultat dépasse toutes les espérances : quinze jeunes anthropoïdes, d'abord placés provisoirement sur des îles du sanctuaire, ont retrouvé leur forêt natale depuis 1996, renforçant ainsi les populations de chimpanzés sauvages sur le site du « Triangle », une zone protégée et isolée, constituée d'une végétation inhospitalière pour l'homme et délimitée par deux rivières. Bien sûr, tout n'est pas simple : les chimpanzés vivent au sein de communautés qui se scindent et se recomposent en permanence. Les tensions y sont fréquentes, mais aboutissent le plus souvent à des règlements à l'amiable avec, à la clé, des congratulations et des séances d'épouillage mutuel. En revanche, si un individu étranger se présente sur leur territoire, l'accueil peut être très violent. Le premier mâle relâché a ainsi subi des attaques sévères de la part de ses congénères sauvages, le second a même été tué. Les femelles, habituées à migrer vers d'autres groupes pour éviter la consanguinité, ont eu plus de chance.

Afin que les nouveaux arrivants sur l'île de la liberté s'intègrent mieux, Alliette Jamart et son équipe sollicitent désormais l'aide du groupe de singes précédemment relâchés et intégrés. Après une longue absence, les singes méfiants à l'égard des autres humains viennent toujours étreindre Alliette. Chacun s'accroupit par terre, tient les mains de l'autre, l'embrasse, le caresse et s'en retourne. Elle reste leur mère, celle qui gronde et qui rassure, qui patiente et qui observe ; celle vers qui l'animal inquiet se précipite, bouche ouverte collée contre la sienne en criant, comme il l'aurait fait avec sa propre mère naturelle.

Aujourd'hui, une vingtaine de chimpanzés ont retrouvé la liberté tandis que d'autres s'y préparent déjà sur les îles.

C'est la saison des pluies. Le ciel n'en finit pas de verser une eau chaude et abondante qui gorge les marécages et semble frapper d'oubli les arbres déracinés. Aliette dégouline, déguenillée. Elle progresse dans cet espace empli des cris furieux des chimpanzés et des mille bruissements qui font vibrer la terre. Les ramures s'agitent, s'arcboutent, s'entrechoquent, fouillées et secouées par les grands singes dont la clameur infinie ne cesse d'enfler et de résonner avec les éléments déchaînés. Comme un défi, une célébration, un pacte. Alliette marche, la rumeur lui dit que les premiers matins du monde n'ont pas dû être différents. Son rire roule dans le vent.

6

Libération delphinienne

Véronica Duport

> « Entre les rivages des océans et le sommet de la plus haute montagne est tracée une route secrète que vous devez absolument parcourir avant de ne faire qu'un avec les fils de la Terre. »
>
> Khalil GIBRAN

C'est un mélange d'Alexandra David-Neel et de Lara Croft. Le teint hâlé, l'œil bleu pétillant, le sac à dos usé jusqu'à la corde, trente ans à peine et déjà douze années d'excursions autour du monde, seule, à la découverte de l'animal et de la connaissance humaine. L'idéal de la modération, Véronica ne connaît pas. Quant au plan de carrière, elle n'en a pas. Ce qui fait courir ce petit bout de femme, c'est justement le fait de ne rien attendre, de puiser dans le voyage, dans le dénuement d'un paysage ou bien dans la cohue des grandes capitales, le renouvellement permanent. A la base de cette vocation d'aventurière : une grand-mère casanière qui jouait du piano dans une maison-nichoir.

« Elle vivait dans un grand chalet centenaire perché sur les hauteurs de Neuchâtel, la ville où je suis née. Un endroit isolé, à l'abri d'immenses sapins, peuplé d'une foule d'animaux agités dont les cavalcades faisaient grincer et vibrer cette espèce de grande arche. »

L'aïeule suisse a le corps tortueux mais plein de vie comme ces racines noueuses qui, tout autour de la demeure, émergent de terre et semblent inviter les arbres à s'évader. C'est elle, la grand-mère sans modération, l'originale de la famille qui va initier sa petite-fille à la compréhension du monde animal, au goût de l'exploration et à la vertu du libre arbitre.

« Elle m'a fait lire *Moby Dick*, m'a raconté le rôle des animaux dans les mythes de la création, m'a décrit la mer comme une matrice originelle d'où, selon les légendes, des animaux avaient un jour ramené le limon des profondeurs pour créer la terre. Elle m'a surtout conseillé de ne pas me gâcher par paresse intellectuelle. Depuis cette époque, j'ai toujours ressenti le besoin d'agir, de vivre dans l'action, de m'ouvrir à d'autres cultures, de parler plusieurs langues comme pour mieux intégrer et comprendre le monde et ceux qui l'habitent. Je l'ai tant écoutée, cette grand-mère adorée au visage de gargouille, qu'à l'âge de la majorité je l'ai quittée. J'ai renoncé à une vie immobile. Je suis partie en Afrique, puis en Amérique du Sud et en Amérique centrale ; j'ai aussi sillonné l'Europe.

« Ça a duré des années. Elle est morte pendant mes voyages. J'aime à penser qu'elle m'accompagne aujourd'hui. »

Rencontre avec l'ex-entraîneur de Flipper

Pour financer son périple autour du monde, Véronica travaille dans chacune des villes où elle s'arrête. A Santa Marta, en Colombie, elle donne des cours de plongée sous-marine. Là, elle apprend qu'un delphinarium recherche des soigneurs dans la ville voisine, à San Andrés.

L'endroit est misérable. Les dauphins capturés en pleine mer tournent interminablement dans des bassins de ciment trop étroits sous le regard perplexe de quelques rares visiteurs[1].

« Il y avait là trois dauphins tursiops, autrement dit de belles bêtes qui pèsent en moyenne 150 kilos pour une longueur de 2,20 mètres. Dans la nature, ce sont des torpilles vivantes, de véritables lévriers des mers, entièrement taillés pour la course. Les dauphins de haute mer (pélagiques) forment de larges bandes de plusieurs centaines, voire un millier d'individus ; les dauphins côtiers, eux, préfèrent vivre en groupe d'une quinzaine d'animaux, généralement apparentés. La hiérarchie est complexe, dirigée la plupart du temps par une femelle qui enseigne les jeunes et leur révèle les us et les coutumes de l'espèce, les routes océanes et ses dangers pendant plusieurs années. Dès qu'ils sont pubères, entre huit ans et douze ans, les jeunes mâles sont chassés de leur groupe. On voit alors des bandes de célibataires insolents prendre du poil de la bête en se frottant aux rigueurs de l'océan. Parvenus à l'âge de la maturité sexuelle, vers quinze ans, ils reviennent parader autour des femelles. En découvrant cet endroit pitoyable, j'ai songé aux belles croyances des cultures grecque, aborigène et arabe, selon lesquelles le dauphin symbolisait la renaissance spirituelle. Je me suis demandé de quel esprit nous étions désormais habités pour avoir transformé de telles créatures en animaux de cirque.

« J'ai commencé à travailler avec une dauphine surnommée Juliana. On me défendit en revanche de m'approcher d'une autre femelle âgée celle-là de neuf ans, Stéphania. Capturée à l'âge de cinq ans, elle se montrait agressive, dominante. J'ai obéi. Un matin, j'ai été saisie d'effroi en découvrant trois jeunes dauphins que les propriétaires venaient de capturer. Les animaux étaient dans un tel état de stress que l'un d'eux fit un arrêt cardiaque sous mes yeux. Je me suis précipitée à l'eau pour tenter de lui faire du bouche à évent. La dauphine Juliana était là et ne bougeait pas. Elle m'observait avec attention. Au bout d'un moment, alors que mes efforts pour ramener à la vie le jeune cétacé restaient sans effet, elle est venue placer son rostre sous mon menton et m'a tirée en arrière, très doucement. Je me suis dégagée pour revenir auprès du petit et poursuivre la respiration artificielle.

« Alors Juliana a répété la même opération, avec cette fois plus de fermeté. Découragée, je suis partie m'isoler près du bassin de Stéphania. Assise sur la plate-forme d'entraînement, les pieds dans l'eau, je ne me suis pas souciée du danger ni du fait que la dauphine avait attaqué les jours précédents les entraîneurs. Elle est venue à mes côtés, a posé son rostre près de mes jambes et n'a plus bougé. Elle est restée là, en attente, stationnaire, à me regarder. Les jours suivants, je suis revenue la voir avec l'envie de la connaître. Je me suis mise à l'eau. Je n'ai pas imposé ma présence, j'ai attendu que l'initiative de me rejoindre vienne d'elle. C'est ce qui s'est passé, elle est venue à moi lorsqu'elle l'a décidé.

« J'ai donc côtoyé Stéphania pendant un an. Une relation privilégiée s'est tissée entre elle et moi alors qu'elle continuait à agresser toute autre personne cherchant à entrer dans son bassin. C'était une belle dauphine, vigoureuse, arrogante, curieuse. Nous parvenions chacune à décoder les comportements et l'état émotionnel de l'autre. Je ne délire pas là-dessus. C'était comme un pont invisible entre deux univers sensoriels différents. Le jour où j'ai dû partir, ça a été pour moi un déchirement. J'ai plaidé sa libération auprès des propriétaires évidemment sans succès. Je me suis promis de revenir pour la sortir de cet enfer. Les deux années qui ont suivi, j'ai tenté l'impossible. Un jour, j'ai pris contact avec Rick O'Barry[2] qui est un ancien dresseur reconverti aujourd'hui en défenseur de la cause des dauphins captifs. Parallèlement, un film s'est monté autour du sauvetage de Stéphania et de fait les moyens ont été à la hauteur pour mener à bien cette mission[3].

« Lorsque je l'ai retrouvée, j'ai eu un choc. Les conditions de la captivité l'avaient réduite à néant. Elle était dans un état désespéré, cadavérique, rongée par des champignons, déshydratée, à moitié aveugle. Elle croupissait dans un bouillon d'excréments, isolée de tout, silencieuse, ne réagissant plus à rien. Son épiderme si fragile dont l'élasticité et les minuscules papilles servent à absorber les turbulences de l'eau à grande vitesse avait été brûlé par le soleil. La dauphine que j'avais connue, hardie et vigoureuse, avait cessé de s'alimenter et semblait attendre la mort comme une délivrance. Je me suis dit que la seule manière de l'aider à s'en sortir, c'était de nouveau de lui donner sans rien demander en retour. Je suis donc descendue dans le bassin avec elle, environ quinze heures par jour. Tantôt sans bouger, en silence ; tantôt en lui parlant doucement, en la caressant, en la massant, en la soutenant pour l'aider à respirer en surface. Quand ils sont en groupe, les dauphins se surveillent mutuellement et s'assurent que leur compagnon remonte régulièrement prendre leur dose d'oxygène. Je sentais ses os sous mes doigts, son corps inerte. La nuit, je dormais sur le bord du bassin.

« Au bout de dix jours, elle est sortie de sa léthargie. Et un matin, elle est venue spontanément à ma rencontre, frotter son rostre dans mon cou, glisser autour de moi comme un gros chat. C'était un moment fort. Elle s'est remise à bouger et à chanter. Les progrès ont été rapides. Il a fallu régler ses problèmes de peau et de poids, la réhabituer à manger seule puis à diversifier sa nourriture, à stimuler aussi son sonar, ses sens afin qu'elle reprenne conscience du monde qui l'entoure car, dans un bassin, le monde est une prison sans le moindre relief. Lorsqu'elle s'est montrée suffisamment forte, on l'a transportée sur l'île d'Albuquerque, située au large du Nicaragua, un endroit idéal pour une réadaptation à l'océan. Lors du premier contact, le remous, le bruit des vagues, la salinité et la fraîcheur de l'eau et surtout l'horizon l'ont affolée. Elle ne reconnaissait rien de cet univers dans lequel elle avait pourtant vu le jour seize ans plus tôt, elle avait perdu sa capacité à s'orienter dans l'espace, à manger des poissons vivants, à jouer avec les courants. C'est terrible de voir un animal sauvage terrorisé face à la liberté.

Chorégraphie delphinienne

« Un mois plus tard, il m'a fallu rompre tout contact avec elle, ne plus m'en approcher, mettre un terme à nos jeux aquatiques afin qu'elle m'oublie et pense à regagner le large, à quitter le monde des humains pour redevenir un dauphin indépendant. J'ai compris à quel point ce sacrifice était nécessaire un soir où je rentrais au campement en bateau. Au large, une centaine de dauphins est apparue. La mer semblait bouillonner. J'ai plongé dans l'eau en me laissant glisser doucement. Et là, j'ai assisté à une chorégraphie delphinienne d'une beauté saisissante. Comme un déluge argenté. Il y avait des dauphins qui tournoyaient dans tous les sens. Curieux, enjoués, sans la moindre crainte, ils venaient m'examiner en dessinant des circonvolutions incroyables, puis d'un bond fulgurant déguerpissaient comme propulsés. J'étais saisie par la musique assourdissante qu'ils produisaient : un mélange de grincements aigus, de clicks, de stridulations, de trémolos et de trilles. Je sentais mon corps vibrer de partout.

« Dans des moments pareils, vous avez l'impression de vous dissoudre. Remonter à la surface devient une déchirure. Vos sensations sont primitives. Tous vos repères sautent et pourtant jamais vous n'avez été aussi présent dans votre corps. Jamais vous n'avez été plus lucide. J'ai vraiment eu conscience, ce soir-là, de l'importance du milieu originel des dauphins. Stéphania appartenait à ce monde-là. Plus tard, j'ai songé à toutes ces rencontres entre les hommes et les dauphins qui ont eu lieu à travers l'histoire depuis l'Antiquité. En Afrique, sur la côte mauritanienne, voilà quatre siècles que les pêcheurs imraguens pêchent avec la complicité des dauphins qu'ils appellent en frappant dans l'eau. Sur place, les animaux poussent les bancs de mulets dans les filets de pêcheurs et partagent avec eux les prises. On voit la même chose en Australie, au Brésil, en Chine, dans les fleuves de l'Amazonie. C'est fabuleux et, en même temps, il serait regrettable qu'un dauphin solitaire amoureux des hommes parce que imprégné ou exclu par ses congénères ou qu'un groupe philanthrope et fidèle par tradition nous fasse oublier que ces animaux sont avant tout des êtres sauvages[4]. Je n'ai plus revu Stéphania pendant six mois jusqu'au jour de son relâcher. La voir prendre le large a été un moment émouvant.

Aujourd'hui, elle a repris le rythme de l'océan et moi mes pérégrinations à géométrie variable d'un pays à l'autre. J'ai vu des espaces vierges de toute beauté mais aussi des lieux dévastés, des océans outragés, transformés en décharges, des animaux massacrés. Jusqu'où l'homme sera-t-il capable de reconstruire ce qu'il détruit ? Cette expérience avec Stéphania a complété l'enseignement spirituel de ma grand-mère : la nature et l'homme sont intimement liés. En communiquant avec un animal sauvage, ce sentiment est décuplé. Pour finir, il vous rend humble, étrangement vulnérable, conscient de vos limites mais aussi de vos ressources pour agir, recevoir et donner. »

IV.

LES CENTAURES

Introduction

Un désir d'inaccessible galop écumant

Je me souviens de l'année de mes huit ans. C'est l'âge où des idées noires sont venues entailler mes jours comme des éclats d'onyx. Il y eut pourtant quelques belles embellies : mon grand-père et nos virées et puis les chevaux sur lesquels je rêvais de grimper comme on décide d'une ascension. Le jour de mon anniversaire, on m'emmena dans un club hippique avec le projet de m'y inscrire. Je lévitais. J'avais en mémoire les histoires vraies racontées comme des légendes de ces chevaux que mon arrière-grand-père capturait et dressait en Camargue, de ceux que ma mère dérobait aux paysans de son village pour courir la campagne à un train d'enfer. Assise à l'arrière de la voiture qui sillonnait les routes de Lorraine où je suis née, je regardais souvent défiler le paysage, le nez collé à la vitre. Je m'imaginais, juchée sur un cheval, filer à toute allure. Cette sensation me grisait parce qu'elle me libérait du poids du réel. Parvenue, ce jour-là, aux portes du manège, j'entrai comme dans un temple. J'aurais donné mon âme pour, dans l'instant, monter sur l'un de ces géants bai brun aux allures de danseuse. Le verbe fut facile, l'enthousiasme communicatif, les projets lancés à long terme. J'exultais. L'euphorie fut pourtant de courte durée car, sitôt les rires calmés, je vis bientôt la feuille d'inscription fendre l'air et terminer sa course au fond d'une poubelle après qu'un problème de vertèbres fut révélé. Vaincue, inachevée, je m'en suis retournée. J'ai laissé derrière moi l'odeur animale, le tambour léger des sabots, le cliquetis des mors et l'espérance d'une enfant de huit ans qui rêvait de s'envoler avec un cheval pour échapper aux éclats d'onyx. Trop tard, ils allaient me ronger, tels des vers dans un fruit. Comme si l'envie s'était cassée avec le rêve, je n'ai jamais plus cherché à monter un cheval et, lorsque l'occasion m'en fut donnée, je n'éprouvai que de l'amertume, pas le moindre plaisir. Plus tard encore, j'ai tatoué le mythique Pégase sur mon épaule, ce cheval ailé né du sang de la Méduse, que mon grand-père, une fois décédé, m'emmenait rencontrer avec lui dans mes rêves. Comme un lien secret entre nos deux mondes.

A la sagesse qui repose sur la soumission, à celle de ces enfants dressés et de ces animaux obéissants qui paraissent si charmants parce qu'on ne les entend pas ; à celle des corps et des esprits éteints par les discours dogmatiques et les théories qui se font religion, j'ai toujours préféré la résistance, le mouvement, l'amplitude, la désobéissance, la révolte, le chahut d'une existence dont on agence les morceaux pour tenter d'y construire un équilibre qui n'appartient qu'à soi. Je retrouve tout cela dans la relation entre l'homme et l'animal et peut-être plus précisément entre l'homme et le cheval : l'expression d'un lien fragile entre la raison et la folie, la densité et la légèreté.

J'ai croisé des hommes, des centaures, dont l'amour pour cet animal est si beau qu'il m'en a donné la chair de poule. J'ai redécouvert le plaisir de prononcer à voix haute, comme une prière longtemps retenue, quelques poèmes sublimes consacrés à la gloire de cet animal. J'ai rêvé à nouveau devant les chevaux de Géricault, l'amitié de Falco et de Crin-Blanc, les folles chevauchées de Bucéphale et d'Alexandre Le Grand[1], la complicité du hussard Marbot et de sa jument Lisette aussi enragée qu'un tigre, la folle chevauchée du cosaque Pechkov et de son cheval Serko à travers la Russie[2]. J'ai retrouvé ce désir larvé pour les chevaux qui pactisent avec le vent. J'ai raffolé aussi de ce langage d'initié qui met la bouche en joie, chante aux oreilles et révèle les rituels sacrés, la dévotion et l'abnégation absolues de ces écuyers pour leur monture. Même si je veille prudemment à ce que cette langue inconnue demeure pour moi incompréhensible. Même si je n'aime que les chevaux fous et insoumis, libres et intrépides, la crinière comme des algues enchevêtrées, la robe tachée de boue, les yeux révulsés et l'écume aux lèvres, prompts à fuir ou à se battre. Je défends ce manque de culture équestre qui me rassure parce qu'il me laisse dans cette quête perpétuelle de l'inaccessible, ce désir d'enfant, cette fascination pour le sauvage qui résiste à l'homme, pour ce cavalier qui croit dompter l'animal alors que c'est sa monture qui l'ensorcelle et lui révèle, ligotée au fond de lui, cette animalité qui le chatouille. Comme au temps des premiers âges. Jamais le cheval ne m'a portée aussi loin et aussi haut que maintenant. Je sais désormais comment je l'aime. En ne le possédant pas. En le devinant, en le désirant. Comme un amour qu'on s'interdit pour qu'il dure toujours, pour que jamais il ne cesse de vous hanter.

1

Le poète et son coursier

Bartabas

> « Mon maître, c'est lui, le cheval. Je ne suis que son valet, ses tissus sont ma raison de vivre ; il est la flamme qui me dévore. Sans lui, je meurs. J'ai déposé mon âme entre ses membres. »
>
> BARTABAS

L'Occident redécouvre depuis peu les rituels chamaniques et totémiques, curieux de cette autre réalité où les esprits animaux parlent aux êtres humains. Sans vision les peuples périssent, dit-on. S'il est un animal qui a suscité les fantasmes les plus fous, les plus intimes, les visions les plus inspirées, c'est bien le cheval. Alors qu'il a été abondamment chassé avant sa domestication, l'homme a rapidement renaudé à s'en nourrir — dès que cette bête est devenue un partenaire au quotidien. Le cas échéant, sa consommation pouvait donner lieu à un rituel religieux pour effacer le sentiment de culpabilité. Ainsi, au XII siècle, les rois irlandais devaient au cours de chaque cérémonie d'intronisation s'unir à une jument blanche. L'animal était ensuite abattu, ses restes bouillis dans un chaudron et proposés aux convives au cours d'un grand festin. Le partage du sacrifice s'effectuait entre Dieu et les hommes.

Inscrit dans la mémoire humaine, le cheval n'a donc jamais cessé d'intriguer et de nous fasciner. Il est présent dans presque toutes les mythologies, en particulier celles de Germanie et d'Eurasie. On le trouve aussi dans l'essentiel des accessoires nécessaires aux chamans des peuples de l'Altaï qui, afin de pouvoir voyager dans l'autre monde, se servent d'une canne à tête de cheval dite canne chevaline. Ce n'est d'ailleurs pas un hasard si la véritable conquête de cet animal a eu lieu — si l'on en croit certains archéozoologues — au cœur des steppes de Russie méridionale, cinq mille cinq cents ans avant notre ère.

C'est en analysant les dents des chevaux appartenant à un peuple ukrainien de cette époque que des chercheurs russes et américains sont parvenus à cette conclusion ; ils ont, en effet, découvert sur celles-ci des traces laissées par des mors rudimentaires [1]. Entre Danube et Don, tout porte donc à croire qu'un beau jour un cavalier zélé eut cette idée géniale et non moins extravagante d'enfourcher un cheval. Une véritable révolution s'ensuivit, d'une importance aussi considérable que la découverte du feu. Juchés sur leur destrier, les hommes des steppes, jadis sédentaires, vont soudain se déplacer plus rapidement, diffuser leurs langues, devenir des guerriers nomades, régner sur l'Asie centrale et menacer l'Europe et la Chine pendant deux mille ans. La guerre a uni l'homme et le cheval, pour le meilleur et pour le pire. Elle a parfois fait de ce couple un centaure, cet hybride innommable, craint et vénéré en Egypte, en Chaldée et en Grèce.

A d'autres moments, les combats ont fait de ces cavaliers scythes, babyloniens, cosaques ou hussards, l'archétype du héros. Même si le cheval est aujourd'hui passé maître dans l'art du loisir, après avoir livré des quantités de batailles, des corons aux sillons à tracer dans les campagnes, il demeure quelques irréductibles pour penser que l'histoire entre les hommes et les chevaux est loin d'être finie. Une légende ne dit-elle pas que les chevaux sont venus sur terre pour libérer les humains de l'animalité ? « Si la nature du cheval n'était pas apparue dans l'évolution, nous n'aurions jamais pu acquérir l'intelligence, a écrit un jour l'auteur allemand Karl König. Grâce à son sacrifice, représenté dans de nombreuses mythologies, nous avons acquis notre intellect. Certaines peuplades ressentent pour leurs chevaux un sentiment d'affection qui peut être comparé à ce sentiment mystérieux d'amour qui unit les deux sexes : c'est le sentiment inné de ce que l'homme doit au cheval. En lui est resté, sous forme de puissance naturelle, ce qui, dans l'homme, s'est transformé en vie pensante. » La rumeur court toujours, colportée par une poignée d'hommes libres.

Le cheval rédempteur

En 1991, la Mongolie-Extérieure a retrouvé son indépendance, s'est détachée de l'ex-Empire soviétique après l'effondrement du communisme. Deux millions d'habitants sur un territoire grand comme trois fois la France. Les Mongols ont renoué avec leurs traditions, leur identité et leur monture pour résister au chaos économique. A leurs yeux, *Equus* a plus de valeur que n'importe quelle femme. Dans ce décor sans âge où les chevaux sont plus nombreux que les hommes et où la steppe à l'odeur d'armoise et de menthe ondule à l'infini, le vent bouscule les âmes et les aigles avec la même insolence.

Bartabas aurait pu y voir le jour et y grandir, devenir chaman — il en a le physique et les absences ; boire du vin ou de l'alcool de lait de jument dans les crânes de ses ennemis sertis de plaques d'or comme les Scythes — « ceux qui traient les juments » et enterrent leurs chefs avec leurs chevaux et leur or —, les pères spirituels de

Tamerlan et de Gengis Khan, fils du loup bleu et de la biche fauve, despote éclairé et unificateur des steppes, de son vrai nom Temüjin.

La première fois que j'ai rencontré Bartabas, il m'a fait penser à ces hommes d'un autre monde qui, pour libérer l'âme des morts, leur fendent la poitrine en deux pour en détacher le cœur comme une grappe de fruit. Au quotidien, le spécimen charge, botte, rudoie et mord plus qu'il ne parle, un moyen comme un autre de mettre au jour les racines profondes de la nature des hommes et des femmes qu'il approche, d'en extirper le vrai, l'authentique, base de la grâce et de la transcendance. Car à la joute, au sang et à la compétition, l'homme au regard de silex a choisi le rituel dans l'art équestre et la mythologie d'Orphée. C'est à travers le corps des chevaux que Bartabas exprime sa propre spiritualité comme un musicien épouse son instrument pour entrer en résonance avec l'univers. Il ferme les yeux et, juché sur le cheval, semble visiter le monde de l'intérieur à la recherche de la véritable nature de l'homme. C'est l'histoire d'une étreinte têtue, un mélange de guerre et de paix.

Quand l'aventure humaine devient un art de vivre

Le camp de la troupe Zingaro à Aubervilliers. Autour des caravanes cloutées de brocantes, des enfants jouent sous le regard paisible des chiens. De jeunes chevaux blancs aux yeux bleus batifolent, vifs et malins, dans un corral. Je progresse à pas lents. Dans ce repaire niché aux entrailles de la ville, j'ai beau chercher, je n'y trouve aucun prêtre brûlé, pas une seule religieuse empalée ni de diables à genoux. Entre l'ombre et la lumière blonde des stalles et des chapiteaux, je n'y croise que des regards aigus, des silhouettes souples et furtives de voltigeurs et de danseurs en exercice, une débauche de crinières et de croupes rondes ; des photos jaunies, visages pétrifiés, des crânes encrassés ; je n'y entends que des éclats de musique et de voix, des fouaillements de crins, le tambour des sabots et le crissement délicat de la paille fraîche sous le pied.

Pour déboucher au cœur du manège, autour duquel se rassemble depuis des années une foule hétéroclite aux yeux humides et aux mains ensorcelées qui claquent comme des battoirs, il faut gravir des escaliers élimés, déambuler au-dessus des boxes, se laisser posséder par l'odeur piquante et humide des bancs en bois mélangée à celle de l'encens qui rappelle celui des vieilles églises de campagne. Chef de tribu, Bartabas a embarqué sa troupe depuis des années en quête d'une identité archaïque. Ici, il n'y a pas d'audition, le hasard réunit hommes et chevaux. Ex-squatteur nîmois, l'homme a d'abord largement écumé l'Espagne et la Camargue dans les années 80, à la recherche de l'intangible et du vécu, berceau de l'inspiration des poètes affranchis.

« Il n'y a pas un temps où l'on apprend et un temps où l'on sait, dit-il. J'avais envie de vivre et de travailler avec mon vécu, posséder une roulotte, ne pas dépendre d'autrui et, grâce à cela, pouvoir inventer, recréer un monde, une famille, construire en profondeur des relations humaines, découvrir une identité que je ne me connaissais pas. Le cheval n'est pas venu tout de suite au début de l'aventure théâtrale. D'ailleurs, rien ne me prédisposait à vivre ainsi ; c'est un choix de vie, pas un héritage culturel. »

Ouvert à toutes les expériences de vie, il s'essaie à des spectacles de rue avec le Cirque Aligre et leur ribambelle de chevaux, de rats et de volailles ; il garde pourtant logé dans un coin de son esprit l'esquisse d'un spectacle équestre différent. Le temps passe, ses obsessions intriguent. Le directeur des arènes de Nîmes lui offre la possibilité de montrer ce dont il est capable. Les premières représentations sont d'abord confidentielles puis, très vite, le bouche-à-oreille colporte l'essentiel ; en 1990, Zingaro se produit dans la capitale. L'aventure humaine devient un art de vivre. On connaît la suite. Une quarantaine de personnes au sein de la troupe qui sont toutes venues d'horizons et de cultures différents, autant de chevaux et des chorégraphies équestres surprenantes où l'on retrouve les rythmes universels des musiques traditionnelles.

« Mes inspirations sont toujours très mondiales. L'une des particularités de la compagnie a toujours été d'accueillir en son sein des musiciens d'autres cultures et de vivre pendant deux ans avec eux, le temps du spectacle. Je suis toujours à la recherche de l'universel dans l'émotion. »

J'ai en mémoire la voix sanglante d'une chanteuse de pansori dont les accents à la fois étranges et si familiers semblaient marquer une pause dans l'écoulement du temps. A mesure qu'elle égrenait cette mélopée gutturale, syncopée, qui ramenait en moi tant d'émotions ligotées, hommes et chevaux évoluaient en miroir l'un de l'autre sur la piste recouverte de sable blanc ; tandis que l'humain retrouvait la puissance animale oubliée, symbole de nos origines, le cheval aux mouvements amples et ronds se faisait danseur, presque femme. Ce bel alliage me fit penser au mythe de l'androgyne décrit dans *Le Banquet* de Platon où l'homme et la femme symbolisent les deux moitiés d'une unité primordiale perdue. Difficile d'imaginer, dans ces conditions, que cet animal au chanfrein expressif, au galbe parfait, possède en commun avec le rhinocéros un ancêtre ongulé de la taille d'un caniche et que l'homme enfourchant avec tant de panache sa monture descende d'une lignée d'hominidés voûtés ne dépassant pas un mètre de haut !

J'ai encore en mémoire cette émotion qui flambe le ventre à la vue d'une bande de chevaux ivoire poursuivant des Indiens au teint cuivré, à la peau tatouée, aux pieds larges, aux cuisses solides symbolisant l'humanité naissante. Ils sont au centre du monde, au matin des âges, et la piste est rouge, matière vivante qui bat comme un cœur. Les hommes habitent l'espace en bougeant au rythme d'un art martial, le kalaripayatt, venu du sud-ouest de l'Inde. Enseigné dès l'enfance, chaque mouvement fait œuvre d'alliance entre le corps et l'esprit. La chair devient riche de tout le réel vivant qui l'entoure. Ici, le geste juste invite les chevaux rédempteurs à revisiter leur histoire avec les humains, à leur faire perdre leur identité originelle pour mieux les accomplir, les séduire, les ordonner. « Les capacités de mouvement du cheval sont limitées. Aussi manque-t-il quelque chose à sa musicalité innée, aimait à préciser Karl König. Pour qu'une mélodie émane de ces mouvements, il faut qu'un homme monte sur le cheval. Aussitôt, l'allure et les évolutions de la bête peuvent devenir mélodiques, parce qu'elles sont soumises au cavalier. L'un fournit le rythme et l'autre la mélodie. C'est un des nombreux mystères qui justifient le plaisir, le bonheur, de monter à cheval : l'homme et la bête, unis, deviennent une seule et même musique. »

« Si tu ne proposes rien au cheval, il ne se passe rien »

Il est vrai que le corps du cheval peut être comparé à un instrument de musique ; si on le regarde d'en haut, il ressemble à une gigantesque contrebasse. Par le pas, le trot, l'amble et le galop, l'animal est surtout porteur naturel de rythmes, ceux-là mêmes que l'on retrouve dans la plupart des danses populaires[2]. Bartabas évoque la musique comme le moyen de retrouver l'art de l'instant. Il parle aussi de l'amplitude et de la rondeur du mouvement, de son rôle dans notre relation à l'autre, à la terre, au ciel et à notre animalité, de cet équilibre entre l'action et l'instant, notion fondamentale de l'être, qui nous échappe, à peine sorti de l'enfance.

« Le geste juste au moment opportun s'obtient avec délicatesse. Il ne s'agit pas d'apprendre au cheval à faire un mouvement mais de travailler la qualité du geste. A ce stade, le geste n'a plus d'importance, ce qui compte c'est son intention. Si l'on obtient un mouvement merveilleux que l'on veut doubler aussitôt pour s'assurer que le cheval est capable de le répéter à volonté, on peut lui ôter son envie et sa générosité. Les chevaux ont besoin de stabilité. Il faut ne pas les brusquer et prendre garde à les divertir afin qu'ils conservent leur fraîcheur et leur enthousiasme. C'est à toi de sentir ces choses-là de l'intérieur. Si tu ne proposes rien au cheval, il ne se passe rien. Tant qu'il n'aura pas découvert chez toi une certaine authenticité, ses expressions corporelles ne seront pas vraies. Le cheval te lit de l'intérieur, il perçoit ton rythme intérieur, la paix ou les tensions qui t'habitent. Il voit ta dynamique comme aucun homme ne le pourra jamais. En particulier les chevaux avec qui l'on a un rapport quotidien. Si je suis triste ou malade le jour où je fais répéter un exercice d'assouplissement à un cheval, il aura compris au bout de cinq minutes que quelque chose ne va pas et en profitera pour jouer les dilettantes. La manière dont tu es avec un cheval, c'est la manière dont tu es avec autrui.

« L'animal est comme un miroir. D'ailleurs, c'est la définition même du dressage : tu construis une grammaire puis un vocabulaire et enfin un dialogue. Si tu es violent, ta relation avec le cheval sera primaire. Au contraire, si tu es sensible, cette histoire-là sera raffinée. Je ne dis pas que les chevaux sont intelligents dans la mesure où, pour moi, l'intelligence animale n'existe pas. Il n'y a que l'homme pour posséder la notion de soi dans l'univers. En revanche, le cheval a un pouvoir sensitif bien supérieur à l'homme. Les chevaux te voient l'intérieur. Tu peux te présenter à eux affublés d'une barbe, d'un grand chapeau et d'un manteau, dès que tu auras fait trois mouvements, ils t'auront parfaitement identifié par ton aura, ton rythme intérieur, la manière dont tu te déplaces. Personnellement, je suis incapable de dire ce qui provoque le mouvement d'un cheval que je monte, pourtant il suffit que je pense à une figure pour qu'il l'exécute. Plus qu'un développement de ton propre corps, c'est un rapport quasi mystique, une espèce de fusion sur le plan à la fois physique et mental. Il est impensable de ressentir une telle complicité, une telle osmose avec un autre être humain. C'est la raison pour laquelle je n'aime pas monter les chevaux des autres cavaliers car ce couple harmonieux qu'ils forment est le résultat d'une relation personnelle, profondément intime et privilégiée. Le cheval reflète l'identité et la qualité d'être de l'homme qui le côtoie, résulte de son histoire et de ses aspirations. »

Autodidacte, Bartabas ne revendique ni bible ni maître, il s'est laissé enseigner par les chevaux en se mettant à leur écoute. De fait, il n'y a rien de surprenant à le voir se gondoler lorsqu'on lui rebat les oreilles avec les méthodes de dressage de ceux que l'on appelle aux Etats-Unis les « nouveaux maîtres » ou encore les « chuchoteurs », terme dont les médias se sont fait l'écho depuis le succès du livre de Nicholas Evans, *L'homme qui murmurait à l'oreille des chevaux*.

« Toutes ces techniques sont nées d'une réaction de rejet face aux méthodes américaines de débourrage violent qui consistaient alors à ligoter et frapper les jeunes chevaux pour les soumettre. Certains dresseurs ont établi des règles fondées au contraire sur la douceur et la complicité. Mais ces règles ne sont pas révolutionnaires, on les retrouve dans nos traités d'équitation dont l'existence remonte à plusieurs siècles. Ces Américains sont finalement tout aussi classiques que je le suis moi-même lorsque j'exécute des figures de dressage en obéissant à des principes qui remontent à la Renaissance italienne. Paradoxalement, l'empirisme fait aussi partie de mon travail. Chaque spectacle est le fruit d'une évolution personnelle et collective au sein de la troupe mais aussi d'une rencontre individuelle, à un moment donné, entre des hommes, des femmes et des chevaux. J'engage un artiste comme j'achète un cheval, le plus souvent parce que j'ai éprouvé pour lui un coup de foudre. Ensuite je cherche à analyser pourquoi il m'a plu : est-ce sa douceur, sa superbe, son arrogance, sa violence, sa souplesse ? Vient la technique équestre : comment faire ressortir cette émotion ? C'est à chaque fois le cheval qui m'indique ce qu'il a envie de faire et ce pour quoi il est doué. Puis comment associer l'homme ou la femme et le cheval pour parvenir à l'expression ultime de cette émotion. Si la relation de vie est généreuse et authentique entre ces deux êtres, alors il va se dégager un sentiment très fort. L'animal parfait comme l'homme parfait n'existent pas ; j'aime les défauts qui peuvent devenir de grandes qualités. J'aime aussi l'histoire que chacun raconte à travers l'expression de sa féminité et de sa masculinité. Ma notion de la grâce, c'est de dépasser le stade de la technique et d'accepter toutes ces personnalités que nous avons en nous avec suffisamment de distance et d'humour pour que la magie opère. »

Quand le dressage devient acte d'amour

Et chaque jour est une remise en question. Bartabas continue son exploration du monde et de lui-même à sa manière. Les spectacles se suivent et ne se ressemblent pas, ils ne sont jamais calculés. Tous racontent l'histoire de la relation entre l'homme et le cheval, du réel et de l'impalpable, loin du faste et du superficiel, de l'arrogance des démonstrations, des délires écologiques qui font aujourd'hui du cheval un animal de compagnie et des incantations cartésiennes qui veulent encore nous faire croire que l'homme et l'animal sont étrangers l'un à l'autre. L'art équestre de Bartabas illustre cette obsession de l'humain, originelle, de marquer une coupure entre lui et le sauvage, de renoncer à son innocence, ses désirs primitifs et au plaisir dans l'instant au bénéfice du pouvoir à long terme. Et l'on assiste à un pas de deux, comme une joute rituelle, entre ces pôles contradictoires : l'instinct et la raison, l'envie d'être dieu et le besoin de retourner se frotter à l'animalité dans ce qu'elle a de plus sensuel et de plus fraternel. « Quand l'homme ne s'approprie plus le cheval mais qu'il devient une part de lui-même, quand le dressage devient acte d'amour, on ne sait plus qui donne et qui reçoit, qui domine et qui obéit tant l'écoute réciproque est totale. »

Le plus bel exemple reste la complicité que l'homme a partagée avec le frison belge Zingaro, animal emblématique de la compagnie. L'homme et l'animal se sont disciplinés en se mettant à l'écoute l'un de l'autre. « Pendant quinze ans, Zingaro a vécu chaque minute de l'existence et de l'évolution de la troupe. Je n'avais aucune idée de ce que j'allais faire avec lui lorsque j'ai décidé de l'acheter alors qu'il venait tout juste d'être sevré. Il n'était pas plus intéressant qu'un autre cheval. Cela dit, je suis convaincu qu'il n'y a pas de hasard qui ne veuille pas dire quelque chose. A force de travail et de complicité, notre relation est devenue exceptionnelle. C'est lui qui m'a très vite indiqué ce qu'il devait faire dans les spectacles. Par sa présence, il m'a montré que sa personnalité profonde s'exprimait lorsqu'il était en liberté. De fait, je n'ai jamais voulu le monter en public. Dans *Eclipse* qui fut le terrain de son dernier numéro, c'est lui qui a choisi de s'asseoir au centre de la piste, à la fin de la représentation. Il l'a fait sans ordre, sans entraînement ni signal. Un jour, je l'ai lâché dans le manège. Il a gratté le sol et s'est roulé par terre comme le font tous les chevaux mais, au lieu de se relever, il s'est assis en me regardant, l'air de dire : "Voilà, c'est ce que tu veux, non ?" Dans les dernières années, je ne le travaillais pratiquement plus, on se retrouvait le soir comme deux vieux partenaires de scène. » Aujourd'hui, l'artiste d'ébène n'est plus et l'homme en deuil n'apparaît plus sur la scène. Mais le spectacle continue.

Bartabas est de ces individus rugueux à l'extérieur et vulnérables au cœur, qui inspirent autant de respect que d'aversion parce qu'il bouscule les convenances. Maladivement, il jauge, écoute, agresse, teste et si d'aventure il vient à flairer la supercherie, il s'échappe. Il court alors se réfugier auprès de ses chevaux en traînant sa jambe rescapée d'un accident de la route, à l'époque où il rêvait de devenir jockey professionnel. Il redevient alors cet enfant émerveillé qu'il abrite derrière ses grands airs de combat, ce môme insolent qui pisse dans la paille de ses chevaux pour marquer son territoire, qui tend le cou et fouille l'espace du regard au moindre hennissement de ses comparses. Comme tous les animaux qui vivent en groupe, les chevaux sont liés par leur sensorialité, Bartabas reste dans la connivence. « Pourquoi le cheval ? Je n'en sais rien et je ne veux pas le savoir. Ce qui m'intéresse, c'est la recherche de l'homme intrinsèque grâce au cheval. » Il n'en dira pas plus. Rideau sur l'enfance. Rideau sur le passé. On finit de manger nos assiettes de pâtes en faisant du bruit. Sa jambe qui gigote cogne sous la table. Dans la carafe d'eau, un insecte s'enfonce. Plus tard, en quittant la troupe Zingaro, je ne peux m'empêcher d'imprimer à mes pas une certaine lenteur, comme la promesse d'une résistance, d'une nostalgie déjà. Sans doute les vestiges d'un profond désir humain d'échapper à sa solitude en rejoignant le clan, la musique et les rites, l'alliance avec les chevaux et les dieux improbables.

2

Un petit cheval dans la tête

Jean-Louis Gouraud

> « Coller sa tête contre le poitrail du cheval aimé et sentir dans nos cheveux les baisers de velours de ses lèvres frémissantes, quelle volupté d'âme. »
>
> Jean-Louis BARRAULT

D'un poème arabe, Jean-Louis Gouraud a fait sa profession de foi : « Le paradis sur terre se trouve sur le dos des chevaux, dans le fouillement des livres, ou bien entre les deux seins d'une femme. » Ce n'est donc pas un homme dangereux. A ceux qui en douteraient, il dit : « Je ne me prends pas pour une brosse à dents ni pour Vercingétorix. J'ai juste un petit cheval dans la tête. »

Le cheval n'a jamais cessé d'être pour lui une incitation à l'aventure. Porté à la fois par l'exigence du chercheur et la quête de l'explorateur qui refuse la captivité intellectuelle, ce journaliste atypique, éditeur érudit [1], auteur, scénariste et fin cavalier a sillonné et fouillé le monde jusque dans ses recoins les plus obscurs afin de témoigner de l'importance du cheval dans le quotidien et l'imaginaire de l'homme.

« J'ai remporté mes richesses, mes victoires, ma culture, à la hussarde, au cours d'une vie de cavalcades, de cascades, de galopades. J'ai visité plus de haras que d'églises, d'écuries que de musées, mais, à travers l'univers du cheval, j'ai découvert la condition humaine. Les arts, les mythologies, les religions, les traditions, les sciences, les techniques, l'économie, la politique même : le cheval est omniprésent dans l'esprit de l'homme et ses activités ; tout peut être reconstitué par l'observation de la place qu'il y occupe. Tirez le cheval, c'est tout l'homme qui se détricote. »

Doté d'une vitalité prodigieuse, Jean-Louis Gouraud est loin d'être un homme ordinaire. Aussi haut que remonte sa mémoire, sa fascination pour le cheval est présente, puérile, profonde. Enfant, il transforme la chambre de bonne familiale en chapelle à la gloire de l'animal. Un quart de siècle plus tard, sa frénésie est demeurée intacte, elle le captive encore.

« En présence d'un cheval, une espèce de joie incontrôlée s'empare de moi, comme celle d'un enfant qui, entendant le bruit des sabots marteler le pavé, se précipite et sourit, émerveillé, parce que ce qu'il voit est beau. Tous les comportements humains qui témoignent d'un respect, d'une célébration, d'une glorification du cheval me bouleversent. A l'inverse, toutes ces attitudes qui consistent à humilier l'animal en s'élevant contre son utilisation ou sa consommation m'agacent. Prétendre vouloir interdire toutes les formes d'équitation au nom de la protection du cheval revient tout bonnement à condamner l'espèce à terme. Parmi les animaux que Lacan appelait “d'hommestiques”, le cheval a toujours occupé une place à part, un rang qu'il faut lui conserver : mieux qu'un animal de compagnie, plus qu'un animal de rapport. »

Pérégrinations équestres

Comme Dostoïevski qui voyait en l'homme « un vagabon dans le désert brûlant et désolé de ce monde », d'autres illustres penseurs ont tenté d'expliquer la raison qui pousse certains hommes à se déplacer sans cesse. Certains y ont vu le désir de vertige et d'absolu dans le mouvement. Jean-Louis Gouraud n'a jamais eu d'autre idée en tête que d'abolir les frontières et réunir les hommes par le cheval. De fait, sa vie est une suite ahurissante de pérégrinations équestres hors des sentiers battus, de chevauchées magiques, parfois douloureuses, de la Chine — pour y redécouvrir l'art vétérinaire équin des taoïstes — aux déserts du Sahara, en passant par les plaines sauvages et drues du Wyoming qu'il a parcourues en compagnie d'un authentique cow-boy prénommé Bayard ! C'est ainsi qu'il a également sillonné l'Union soviétique, avec l'alibi d'un ouvrage sur le cheval pour la plus importante maison d'édition russe[2]. Bien avant l'avènement de la perestroïka et le dégel des pensées, cet homme, qui s'est toujours refusé à conduire un véhicule à moteur, a arpenté les pays baltes, le Caucase, la Sibérie, la Bouriatie et l'Altaï interdit, au risque d'être pris pour un espion.

« Dans l'infinie steppe mongole, les courses de chevaux sont fréquentes. Ce sont de véritables chevauchées qui ont lieu sur des dizaines de kilomètres. Le cheval vainqueur est immédiatement l'objet de mille attentions. On lui dit l'admiration qu'on lui voue, mais on en fait autant pour les suivants et même le dernier que l'on surnomme "riche estomac" et que l'on cherche à consoler en faisant porter la responsabilité de sa défaite à son maître, à son entraîneur ou à son cavalier. » C'est au Kazakhstan que Jean-Louis Gouraud a rencontré en la personne de deux frères sexagénaires les derniers aigliers du monde, survivants d'une époque révolue. « La chasse à l'aigle a failli disparaître à jamais, sous la double pression de la modernisation et de la bêtise de ces cols blancs sortis de leurs instituts zootechniques dans les années 50 pour expliquer que, l'aigle étant un prédateur, il fallait l'éliminer... Les aigliers kazakhs ne livrent pas facilement leur secret. D'abord parce qu'il y a dans la chasse à l'aigle un côté initiatique, rituel, magique même que ni l'islam ni le communisme n'ont complètement effacé... L'entretien avec nos deux birkoutchis savants dura jusqu'au soir, entrecoupé de démonstrations... On but un peu de koumis et beaucoup de vodka. A la nuit tombée, Abdullah le poète se mit à chanter les chansons tristes de son beau pays, où règnent les derniers seigneurs du monde, demi-dieux incarnés dans la trinité la plus noble qui soit. Celle d'un Homme, d'un Cheval et d'un Aigle. C'est fou ce qu'on peut emmagasiner de rêves dans une petite tête d'Occidental. »

Pendant trois ans, Jean-Louis Gouraud s'est aussi acharné à remuer ciel et terre pour convaincre la bureaucratie albanaise de lui laisser l'opportunité d'étudier leurs chevaux nationaux sur le terrain. Plus tard, il a harcelé le gouvernement algérien pour sauver le barbe d'Algérie, destrier originel des spahis renié par le régime en raison de son évocation de la colonisation. Il suffit que cet homme intrépide fasse le constat d'un élément hippologique inconnu de lui pour qu'il se lance dans une enquête époustouflante. Si, d'aventure, une question existentielle l'interpelle du genre : « Pourquoi New Delhi importe tant d'ânes du Poitou ? », Jean-Louis Gouraud n'hésite pas à utiliser toutes les voies possibles pour convaincre l'ambassade puis l'état-major de la cavalerie indienne de lui laisser visiter leurs haras. « J'ai découvert que ces ânes étaient croisés sur place avec des juments haflinger du Tyrol pour donner naissance à des mulets très robustes qui sont l'une des armes secrètes de l'armée indienne dans les montagnes. »

Rien ne l'arrête, ni les régimes politiques ni les hommes qui la font. Son amour du cheval l'a amené à rencontrer un nombre incroyable de chefs d'Etat, de Boumediene à Khomeiny, de Mobutu à Kadhafi, de Diori à Sankara, de Gorbatchev à Eyadema... En 1990, il a tenté l'exploit de relier Paris-Moscou avec deux chevaux, un raid solitaire accompli en soixante-quinze jours, un peu plus de trois mille kilomètres et cinq années de démarches auprès de l'administration soviétique, tout comme le fit en 1888 et en sens inverse le cornette et fils de Cosaques Mikhaïl Vassilievitch Asseev. C'est à la suite de la lecture d'un petit livre racontant comment le Russe a réussi son pari en montant ses chevaux « à la turkmène » que Jean-Louis Gouraud a voulu prouver la supériorité de cette technique équestre ancestrale sur une autre pratique, américaine.

« Il est d'usage, chez tous les peuples cavaliers des steppes asiatiques, de voir un cavalier tenir en main toute une procession de chevaux nus. A l'arrivée, ces montures sont fraîches alors qu'elles ont parcouru dans le même temps la même distance que les montures épuisées. Le cheval a été fait pour marcher, pas pour porter ou tirer. Monter à la turkmène consiste donc à placer le poids du cavalier et la charge du bât sur le même cheval tandis que l'autre, le dos libre, se repose. Régulièrement, on inverse les rôles... Après un certain temps, on observe une amusante prééminence du cheval qui se sait monté sur le copain qui marche à côté, et qu'il n'autorise en aucun cas à le dépasser. Quitte à se soumettre à la prééminence inverse dès que les rôles changent. En équitation « à la turkmène », le cheval de tête, le chef du « troupeau » que tout le monde respecte, ce n'est pas un cheval, vieux mâle ou jeune audacieuse. Non, C'est l'entité monture-montée, cheval-homme. C'est Centaure. C'est vous. »

Où l'on découvre les tablettes hittites sur l'art équestre

Mais il ne lui suffit pas de respirer, palper ou dévorer des yeux le digne descendant d'Eohippus, il lui faut aussi le célébrer par le verbe et l'encre. De fait, son activité d'éditeur peut le porter là aussi à harceler une cohorte de pauvres âmes des années durant pour retrouver, initier, traduire, ressusciter, éditer ou rééditer des livres qui parlent de la « bête » : du manuel spécialisé dans le harnachement indien à l'œuvre hippologique méconnue de l'émir Abd el-Kader, plus connu pour son œuvre religieuse et philosophique. Il y a trente-cinq siècles, les tablettes d'argile du maître écuyer Kikkuli ont été gravées au roseau en caractères cunéiformes et en langue hittite ; elles constituent le traité d'équitation le plus ancien du monde. Enterrées depuis plusieurs millénaires sous les ruines de la capitale hittite (ce royaume qui fit trembler le pharaon Ramsès II), ces tablettes ont été exhumées au début de ce siècle, mais sont restées depuis enfouies dans les cartons des musées de Berlin et d'Istanbul.

« J'ai longtemps cru que le texte de Xénophon, *De l'art équestre*, était le premier de tous ceux consacrés par l'homme au cheval et à son utilisation. Jusqu'à ce que, au hasard de lectures, je repère chez quelques historiens de l'équitation de brèves mentions révélant l'existence de " tablettes hittites" antérieures à l'œuvre de Xénophon. Aussi "extravagant" que cela paraisse, un texte de cette importance, du plus haut intérêt historique, demeurait inconnu, inaccessible, comme interdit. »

Il ne faudra pas moins de vingt années à Jean-Louis Gouraud pour retrouver la trace de ces tablettes dispersées entre les Staatliche Museen de Berlin[3] et l'Arkeologi

Muzesi d'Istanbul[4], les traduire dans une langue moderne et publier l'intégralité du texte de Kikkuli dans une édition accessible au grand public. « Dans ma carrière d'éditeur, c'est le livre dont je suis le plus fier. C'est un texte bouleversant. Pas uniquement parce qu'il constitue une "découverte". Pas simplement non plus parce qu'il est vieux de trente-cinq siècles, et donc pas très éloigné de l'époque à laquelle on situe généralement la domestication du cheval — environ vingt-cinq siècles avant notre ère. Il est émouvant parce qu'on a la sensation qu'il a été écrit sinon par un contemporain, du moins par quelqu'un dont les observations et les préoccupations sont très proches des nôtres, très "modernes". Kikkuli n'était pas hittite, mais mitannien, c'est-à-dire originaire du royaume mitanni, voisin (et parfois rival) du royaume hittite. On ignore dans quelles circonstances ce maître écuyer est venu enseigner son art dans le royaume d'à côté, mais c'est dans la langue de ce dernier que ses précieux conseils ont été consignés. Deux à trois siècles plus tard, on a pu juger de leur efficacité au cours de la fameuse bataille de Qadesh (1294 avant notre ère) qui fit vaciller le grand Ramsès II. Si cette bataille est passée à la postérité comme une grande victoire du pharaon sur les Hittites, c'est tout simplement parce que l'histoire n'en a été rapportée que par des inconditionnels de Ramsès : les scribes égyptiens de l'époque. Mais, en vérité, ce fut un combat à l'issue incertaine, un peu comme la bataille qui opposa Napoléon à Koutouzov aux portes de Moscou, que les Français s'obstinent à appeler la victoire de Borodino. Dans la réalité, la fameuse charrerie égyptienne trouva devant elle une charrerie hittite tout aussi efficace. Normal ! Elle avait été entraînée selon les préceptes du maître écuyer Kikkuli ! »

À la recherche d'un incroyable cimetière de chevaux royaux

Ces objets rares, Jean-Louis Gouraud vous en parle comme de vieilles amitiés et les caresse comme des reliques sacrées. Il n'en finit pas, il n'en finit jamais de gigoter, de forcer la cadence, rêvant sans fin de turbulences chevalines et d'écrivains imprévus meurtris d'un amour pur, exquis, douloureux, fatal, pour l'animal. C'est encore en préparant un recueil de proverbes et de maximes dédiés au cheval qu'il a amorcé il y a quinze ans le début d'une autre aventure, tout aussi incroyable que les précédentes. Alors qu'il fouille les archives de la Bibliothèque nationale, il découvre un beau jour un livre encyclopédique du XIXᵉ[5] dans lequel il est fait mention à la fois de l'existence d'une maison de retraite pour chevaux qui ont eu l'honneur de porter leurs majestés tsaristes mais aussi d'un cimetière équin dans le parc de Tsarskoïe Selo à Saint-Pétersbourg. Le cheval que l'on porte en terre trouve des exemples singuliers tout au long de l'histoire : les guerriers germains se faisaient ensevelir avec leurs montures — et du reste leurs épouses.

Au Danemark, on enterrait un cheval vivant dans la fondation des églises pour s'assurer d'une protection divine. Alexandre le Grand, fils de Philippe, roi de Macédoine, offrit des funérailles grandioses à son cheval Bucéphale, son fidèle compagnon, vingt années durant, et il n'est pas rare que l'on célèbre encore aujourd'hui l'ensevelissement de tel crack dans l'intimité de quelques haras. Il n'empêche : ce cimetière équin russe est un cas unique. La découverte est même incroyable, impensable. Les tsars successifs n'ont jamais eu la réputation d'être des gens sensibles, comment ont-ils pu envisager un tel site ? A peine referme-t-il le livre que Jean-Louis Gouraud est saisi de l'habituelle frénésie qui le gouverne. C'est décidé, il partira à la recherche de cet endroit.

Mais, dans les années 1980, l'Empire soviétique reste encore imperméable aux étrangers. En outre, Tsarskoïe Selo, qui signifie littéralement « le bourg du tsar », ne s'appelle plus ainsi. « Ce nom symbolisait trop le régime impérialiste au regard des bolcheviks. De fait, ils avaient rebaptisé la petite agglomération Dietskoïe Selo, le bourg des enfants, puis Pouchkine, car c'est là qu'Alexandre Pouchkine fut élevé et qu'il composa ses premiers poèmes, dans les années 1811-1817. Ce n'est qu'à l'abolition du communisme que Pouchkine est redevenu Tsarskoïe Selo. »

Pendant des années, Jean-Louis Gouraud cherche, en vain, des informations sur ce cimetière. Jusqu'au jour où il trouve une parade en proposant à l'une des plus importantes éditions de Moscou (les éditions du Progrès) la rédaction d'un ouvrage sur le cheval comme un excellent moyen de considérer l'Union soviétique sous divers angles : historique, culturel, etc. L'affaire est entendue. Deux mois plus tard, il est invité en URSS. Dès son arrivée, on lui présente Natacha Lapchena, une femme passionnée de chevaux qui, par miracle, connaît le fameux cimetière pour l'avoir visité vingt ans plus tôt en compagnie de son vieux maître d'équitation.

« Nous nous sommes retrouvés sur les lieux d'une des résidences d'été des tsars, la plus prestigieuse qui soit, le palais Catherine construit par Elisabeth, en hommage à sa mère. Dans un recoin de l'immense parc Alexandre, nous avons découvert le cimetière. Il était situé à l'écart des grandes allées du parc, au bout d'un sentier défoncé, caché par les arbres et les broussailles et clôturé de hautes grilles rouillées et de barbelés. Imaginez mon saisissement. J'avais lu dans un vieux livre l'hypothétique existence de cet endroit et j'en trouvais là la confirmation. C'était fabuleux. Mon euphorie fut de courte durée car la gardienne des lieux, une vieille femme agressive, flanquée de deux chiens, nous ordonna de quitter les lieux. Au bout d'un moment, elle cessa de hurler et, intriguée, se mit à détailler ma voisine de pied en cap. On vit alors son visage s'éclairer et pour cause : cette femme avait été la patronne de Natacha à l'époque où, étudiante fauchée, elle travaillait dans une écurie la nuit. Second miracle : la vieille femme finit par nous laisser visiter les lieux en nous demandant de nous hâter.

« J'ai visité ce site comme Charles Maurras arrivant à l'Acropole, submergé d'une émotion indicible. On a vu d'abord "l'hôtel impérial des chevaux invalides" qui a été utilisé jusqu'à la révolution de 1917. C'est une bâtisse en brique rouge, construite par un architecte russe d'origine grecque. Le premier cheval qui a séjourné ici s'appelait "l'Ami", qui n'était autre que la monture sur laquelle Alexandre Ier, vainqueur de Napoléon, était entré dans Paris à la tête des alliés. C'est aussi cet animal qui fut le premier enterré. La tradition s'est ensuite poursuivie. Après la révolution, le bâtiment qui contenait des écuries et le logement des palefreniers fut affecté à divers usages. Le site qui renferme plus d'une centaine de tombes est devenu un site militaire d'où la crainte des Soviétiques de me voir fréquenter les lieux. Puis il a été mis à la disposition de la direction des Beaux-Arts qui y avait installé un atelier de réparation. C'est donc en contournant cette maison de retraite équine que nous avons découvert la plus grande nécropole équine au monde avec des dizaines et des dizaines de chevaux enterrés, soigneusement alignés les uns à côté des autres. Sous l'herbe et les ronces, on pouvait distinguer des dalles de marbre sur lesquelles des inscriptions étaient gravées en cyrillique. Des pierres tombales, comparables à celles d'un cimetière "humain". Ici, la tombe d'un cheval appelé Lord, ayant appartenu à Alexandre III. Plus loin, la tombe de la jument Poltava, qui eut l'honneur de porter le tsar Nicolas Ier. Ailleurs, une pierre indique la dépouille de Sultantchik (petit sultan), qui appartint au comte Rostopchine. Comble de tout, la gardienne nous indiqua que les lieux allaient être détruits. Heureusement, il y a dix ans, on était déjà au début de la perestroïka et nous criâmes au scandale. Tant et si bien que les autorités de l'époque prirent quelques mesures de sauvegarde.

Le culte religieux du cheval est universel

« Aujourd'hui, je continue d'inventer mille stratagèmes pour trouver les fonds nécessaires à la fin de cette restauration[6]. Les Russes ont hérité d'une tradition touchante à laquelle j'essaie de redonner vie : la vie religieuse consacrée aux chevaux. Outre ce lieu mystique de Saint-Pétersbourg, il existe aussi le culte de deux saints originaires de Byzance, saint-Flor et saint-Laur, deux frères jumeaux, maçons de leur métier, qui ont été tués au IIe ou IIIe siècle de notre ère pour s'être convertis à la religion chrétienne. Au XVIe siècle dans le nord de la Russie, on a vu apparaître des icônes représentant ces deux frères entourés de chevaux en compagnie de l'archange Michel qui en tient deux par les rennes. Lorsqu'on examine encore cette icône de plus près, on est surpris d'y voir également trois petits cavaliers baptisés : Eleusippe, Meleusippe et Speusippe dont la terminaison en ippe (comme Philippe) désigne *hippos*, le cheval. Ce culte a fleuri en Russie mais aussi en France à Langres puis à Ellwangen en Allemagne du Sud. J'ai fini par découvrir que ces trois frères étaient en fait des triplés nés en Asie Mineure, au tout début du christianisme. Là-bas, ils étaient connus pour leur habileté à s'occuper des chevaux. Malheureusement, le jour où ces trois frères ont décidé d'embrasser la nouvelle religion, les Romains les ont massacrés à Saint-Géome près de Langres, dans la Marne. Canonisés, ils sont devenus les saints protecteurs des chevaux. Au Moyen Age, une partie des ossements a été transportée vers la basilique d'Ellwangen dont l'évêque n'était autre que le frère de celui de Langres.

« En Russie comme en Allemagne, de grands rassemblements de chevaux ont lieu avec des messes données en leur honneur. Devant tant de dévotion, j'éprouve une profonde admiration. Si l'homme s'est beaucoup servi du cheval, s'il l'a asservi, s'il en a usé et abusé, il n'a pourtant jamais cessé de l'honorer, de l'admirer, de l'exalter, de l'aduler, de le déifier. L'inspiration ne s'est jamais tarie : savants, écrivains, poètes, journalistes, comédiens continuent à chanter les louanges du cheval, à le porter aux nues, à lui élever des monuments ou, comme Henri Lavedan, à lui dédier des symphonies, des chorégraphies ou des musées. Cela dit, ces conservatoires du cheval ne sont que des salons de l'homme. Ils contiennent tout ce que l'homme a inventé depuis l'aube de la domestication pour approcher le cheval et le soumettre. Il me semble qu'on pourrait créer un musée pour montrer aussi comment l'homme a exprimé son admiration pour cet animal. C'est déjà porté par cette réflexion que j'ai eu plaisir à montrer, il y a quelques années, au cours d'un spectacle[7] comment les Arabes chantent les louanges de l'animal préféré du Prophète ; comment les Cosaques glorifient, par des chants, des danses, des acrobaties, l'animal sans lequel ils n'existeraient pas ; comment un berger mongol tire de sa vielle à tête de cheval et de son archet de crins les sanglots d'un cavalier veuf de sa monture ; comment les Rajasthanis deviennent Centaures en portant des jupes en forme de cheval ; comment les tambourinaires du Burkina Faso arrachent à leurs tam-tams des galops furieux ; comment les paysans de l'Hérault témoignent de leur ancestrale vénération pour le cheval en exhibant cette espèce de dragon amical qu'est le poulain de Pézenas ; et comment les Indiens d'Amérique manifestent leur admiration pour ce qui fut l'arme absolue des conquistadors. »

Jean-Louis Gouraud aime donner le sentiment d'être un grand naïf : « A cheval, je me crois beau. Même seul, je me pavane, je bombe le torse, je roule des mécaniques. Je suis fier comme Artaban, je suis un galopin. » C'est donc là la clé du mystère. Si Allah a utilisé une poignée de vent pour créer le cheval, Jean-Louis Gouraud a su préserver son regard d'enfant pour que le cheval reste à jamais à portée de ses rêves. Il est dit que le cavalier mongol chevauche sa monture jusqu'à ce que les étriers soient ébréchés, jusqu'à ce que la vieillesse l'en empêche. A la réflexion, j'imagine bien cet homme poursuivre sa quête et gambader au nez du temps jusqu'au dernier frisson, ultime étreinte avec soi-même, confier au vent ce qu'il répète depuis toujours tel un mantra : « La plus extraordinaire histoire de l'homme et du cheval, la plus belle, la plus émouvante reste celle de leur éternel désir de se fondre en un seul corps, de leur tentative sans fin de fusionner leurs vertus en un seul être, de perfectionner l'œuvre divine en créant le Centaure. »

3

Conversation cavalière

Dominique Giniaux

> « Près de la mer et près d'un fleuve en mes jeunes années, je voulais être cheval. »
>
> Rafael ALBERTI

Si l'on sait être patient, on peut le surprendre à déambuler dans les écuries des princes de Condé [1], arpenter le gazon en lisière des champs de courses, trouver refuge dans les boxs des haras de l'Hexagone et même jusqu'aux horizons du Nouveau Monde où il enseigne à l'université du Colorado. On a peu de chance de se tromper : il a la dégaine nonchalante d'un cow-boy égaré, toujours en mouvement, à l'affût, avec des yeux froissés qui ont déjà vécu mille vies. Une quête infernale en jean élimé avec un air de jazz au fond de la tête qui la lui fait dodeliner comme si elle résistait au vent. C'est comme ça qu'il s'est inscrit dans ce paysage hippique où les chevaux rendent les hommes fous : sans en avoir l'air, en jouant de ses mains pour choper les subtils rouages de la mécanique équine, ses frères à gueule d'herbivore. Comme en douce, sans qu'on en sache trop sur lui sauf qu'il fait maintenant partie de la tribu des pionniers, des découvreurs et forcément des hérétiques. Dominique Giniaux [2] est le premier à avoir appliqué aux chevaux les principes de l'ostéopathie humaine[3]. C'est son job, sa raison d'être depuis des lustres. C'est là qu'il se régale, qu'il devient créatif, fignoleur, qu'il excelle. L'homme a des sourires en miettes, aucune certitude, une voix qui secoue les endormis, des paluches de sculpteur. Il n'est pas né par hasard. Dans un coin de son enfance de cancre, le cheval a ouvert une porte sur un autre avenir. Giniaux s'est élancé. Depuis, les frissons ne l'ont jamais quitté.

Corps à corps avec le cheval

« Je suis loin d'être un excellent cavalier mais n'en suis pas frustré. J'ai plus de plaisir à être parmi les chevaux qu'à monter dessus. Quel que soit mon problème, lorsque j'en ai un, je me précipite dans un box avec un cheval et, d'emblée, je me sens mieux. C'est une question d'harmonie ou d'alchimie. Je n'explique pas. Je viens pourtant d'une famille où mes parents n'ont jamais compris l'intérêt de posséder des animaux, encore moins d'en rêver.

« On était six enfants, j'étais le seul à apprivoiser toutes sortes de bestioles, à méditer chaque jour avec les chevaux du voisin. A cette époque, je n'envisageais pas une seule seconde ma vie future sans ces grandes bêtes. Je ne la conçois toujours pas sans eux un quart de siècle plus tard. Très vite, les soigner est devenu une obsession. Allez savoir. Aider l'autre, c'est aussi se guérir soi-même. J'aime bien réhabiliter l'égoïsme quand il est pris dans le bon sens. J'ai donc suivi une formation vétérinaire classique mais je me suis vite heurté au problème de l'écoute. Comment entendre un animal malade ? Comment ne pas se laisser piéger par les interprétations erronées de l'entourage ? Pourquoi s'arrêter aux symptômes visibles alors qu'un symptôme est toujours significatif d'un dysfonctionnement de l'être entier ? Pourquoi ramener les individus à une moyenne, une norme, en oubliant l'individualité de chacun ?

« J'ai toujours eu horreur de l'inéluctable, de la routine intellectuelle, des diagnostics et des prescriptions apprises par cœur comme des recettes de cuisine, des raisonnements qui mènent à une conclusion définitive. J'aime modifier une approche, la redéfinir, me laisser surprendre, improviser. Conséquence : à l'école, je me faisais mal voir. L'un de mes professeurs me disait toujours : "Giniaux, avec votre état d'esprit alambiqué vous êtes fait pour écrire des romans policiers, pas pour exercer la médecine." Et puis j'ai découvert l'ostéopathie humaine sous la houlette d'un grand homme, Jean Josse, aujourd'hui disparu. Il m'a appris à questionner directement le corps du malade sans autre intermédiaire que mes mains, sans parasitage extérieur. Et là, tout est devenu clair : si l'individu, ou l'entourage, se trompe dans la description du problème pour lequel il est venu consulter, son corps, lui, ne ment pas. Il est impressionnant de constater à quel point le corps communique.

« La première fois que le mot "communiquer" apparaît en France, c'est au Moyen Age, dans le livre d'un évêque, pour traduire le latin *communicare* : être en relation avec, partager. Au XVI siècle, un second sens voit le jour : transmettre, communiquer une maladie. Pour autant qu'on sache l'écouter, le corps révèle donc des évidences palpables. Il peut, par exemple, montrer que certains faux mouvements sont capables de se transformer en troubles chroniques sans pour autant indiquer un problème locomoteur. Chaque jour depuis vingt ans, je questionne des chevaux malades par ce biais. C'est un dialogue entre nous et c'est par mes mains qu'il a lieu. Il ne s'agit pas de manipuler n'importe comment. Il faut avant tout s'astreindre à éduquer son toucher pour parvenir à la finesse de palpation nécessaire au diagnostic, apprécier l'équilibre de l'individu. Ce langage des mains est difficile à acquérir et se cultive. Mais c'est ce qui me permet aujourd'hui de ressentir les vibrations infimes de l'organisme qui découlent des spasmes musculaires locaux ou de la circulation de l'énergie (connue des Chinois depuis cinq mille ans). Si, à un endroit quelconque de l'organisme, un os, un muscle, un tendon ou un ligament ne peut jouer librement son rôle parce qu'il est maintenu par un spasme, il entrave la circulation sanguine et induit des troubles dans le territoire que devraient irriguer les vaisseaux. Résultat, l'organe concerné est affaibli, n'assure pas bien sa fonction et peut rapidement devenir le siège d'une infection. Correctement menées, les manipulations en ostéopathie permettent de rétablir l'équilibre circulant dans un corps. Et je fais à chaque fois le constat que ce n'est pas parce qu'on est vivant que l'on bouge mais bien parce que l'on bouge que l'on reste en vie.

A l'écoute du cheval

« Les gens qui me regardent pratiquer ont l'impression que je répète les mêmes gestes. Pourtant, ce n'est jamais au même moment que j'agis ou fais réagir. D'ailleurs, le moment précis de l'intervention au cours de la mise en position ne peut pas se décrire, il se sent. Mon rapport est donc totalement neuf à chaque fois. Si j'insiste sur la palpation de la colonne vertébrale du cheval (je dois manipuler environ un kilomètre de vertèbres tous les mois et ça fait vingt ans que ça dure !), c'est parce que la majorité des problèmes organiques ou périphériques sont accompagnés d'un blocage vertébral là où les nerfs concernés émergent de la moelle épinière. En commençant l'examen par la colonne, poutre maîtresse du corps, je trouve des lésions qui m'indiquent d'autres troubles. Le cheval me guide par ses réactions. Dès que je sens un événement anormal en palpant le dos du cheval, j'arrête mes mains dessus. Je sens alors l'animal qui se relâche. Une fois que le problème est localisé et identifié, je donne une indication au cheval pour qu'il retrouve lui-même son équilibre. Le cheval est vraiment un animal de choix pour cette médecine. Il y a plusieurs raisons à cela. D'abord, il faut savoir que le système nerveux sympathique (ou autonome) est constitué d'un ensemble de fibres nerveuses qui commandent la régulation des fonctions vitales. Chaque organe reçoit deux types de ces fibres : l'un ralentit son fonctionnement, l'autre au contraire l'accélère. Quand le fonctionnement d'un nerf sympathique est perturbé, l'organe qu'il est chargé de réguler par le maintien de l'équilibre entre ses deux fonctions finit, on l'a vu, par souffrir. Chez le cheval, ce système est particulièrement hypersensible. C'est justement parce qu'il est aussi vif que les réactions à l'ostéopathie sont spectaculaires. D'autre part, la simplicité des articulations de cet animal favorise la compréhension des lésions ostéopathiques et, de fait, les manipulations articulaires. Enfin, la peau même du cheval présente une telle sensibilité qu'elle sursaute facilement à des endroits choisis en fonction du mouvement qu'on veut provoquer. De la même façon, les moindres tensions ressenties au niveau de sa peau me donnent une foule de renseignements sur l'état des organes les plus profonds de son organisme.

« Mes manipulations partent toujours de la tête du cheval. Il y a là tout un protocole de palpations qui me donnent un tas d'informations. Si je ne comprends pas quelque chose, je remonte à cet endroit et je recommence le dialogue. Voyez deux chevaux d'un même groupe qui ne se sont pas vus depuis la veille. Lorsqu'ils se retrouvent, ils se touchent toujours au même endroit, à la base de l'encolure et devant l'épaule gauche, jonction entre la dernière cervicale et la première dorsale. Il y a là un centre nerveux capital qui gouverne l'émotivité dans ce fameux système sympathique. C'est par là que je commence. L'étude des chevaux entre eux est riche d'enseignement. Le point d'acupuncture que j'utilise, par exemple, pour les ovaires n'a aucune planche chinoise en référence. Sa stimulation provoque l'ovulation (sous réserve qu'elle soit prête à se faire) et augmente les chances de fécondation. Ce point est né d'une observation. J'ai remarqué en effet qu'avant toute saillie les étalons mordillaient toujours les juments à cet endroit-là, au niveau du garrot. Lorsque les chevaux sont ensemble, ils se mordent d'ailleurs souvent l'un et l'autre de manière parfaitement symétrique à des endroits spécifiques qui sont en fait des points d'acupuncture. Sans connaître les chevaux d'un groupe semi-sauvage étudié par la biologiste et éthologue Claudia Feh en Camargue, j'ai pu lui donner dans le détail les problèmes plus ou moins importants dont souffrait chaque cheval rien qu'en les observant se mordiller mutuellement certaines parties du corps. Il est maintenant reconnu que la plupart des animaux sont capables d'utiliser une pharmacopée à base de plantes ou de minéraux pour se soigner. J'aime assez l'idée que l'acupuncture possède une origine naturelle, instinctive, que les animaux savent utiliser et que l'homme en se civilisant aurait perdue. »

Le corps vu comme un instrument de musique

Que la musique ait un pouvoir, les Anciens n'en ont jamais douté. En témoignent les écrits sur le chant des sirènes, le joueur de flûte de Hamel, le chant des astres de Pythagore, premier à avoir décrit les divisions de la longueur d'une corde vibrante et les intervalles lorsqu'elle vibre. En Chine, en Inde, en Grèce, on fait appel à la musique pour guérir, pour régénérer l'organisme. Aujourd'hui, la physique apporte la preuve que la musique peut influencer l'épanouissement des êtres vivants, homme, animal ou plante, à une échelle moléculaire. Une mélodie spécifique pourrait même, selon le physicien Sternheimer, stimuler ou inhiber la synthèse d'une protéine au sein d'un organisme vivant. Comment entend-on ? La perception acoustique est propre à chacun. Et c'est tout l'organisme qui entend. La peau est une oreille. Un son peut suivre dans le corps — à la fois émetteur et récepteur — les vaisseaux gouverneurs de l'acupuncture[4].

« Enfant, je rêvais aussi d'être pianiste. Curieusement, j'ai retrouvé la musique et son pouvoir à travers ma pratique médicale avec les chevaux. L'acupuncture m'a toujours fait songer à des notes, à des fréquences. Il y a quelques années, j'ai pris des cours de piano avec un professeur. Peu avant qu'il ne disparaisse, fauché par un cancer, il me fit une recommandation : « Quand tu joues un blues en *do* (les accords sont situés sur la main gauche), fais ce que tu veux avec la main droite mais ne t'arrête jamais sur un *sol* dièse ni sur un *do* dièse ! » J'ai trouvé ça pour le moins étrange. Et puis j'ai fini par comprendre en découvrant un texte d'Aristote qui recommandait de ne pas jouer la musique en mode phrygien pour éviter de sombrer dans un état dépressif. Ce mode concerne la musique jouée sur les touches blanches uniquement et en commençant la gamme sur le *mi*. On y utilise donc le *fa* qui est situé un demi-ton au-dessus de la première note (*mi*), et le *do*, qui est un demi-ton au-dessus de la quinte (*si*). En transposant, ces notes correspondent au *do* dièse et au *sol* dièse dans la tonalité de *do*. Cela confirme que la fréquence de ces notes (le demi-ton au-dessus de la première et le demi-ton au-dessus de la quinte) peut être néfaste dans toutes les tonalités. Le plus incroyable est que ces fréquences correspondent à deux méridiens sur lesquels une action intempestive peut déséquilibrer l'ensemble du système sympathique et fragiliser ainsi tout le côté émotionnel de l'individu.

« Ce système correspond pour la médecine chinoise à l'équilibre entre le yin et le yang. Quant aux méridiens, ce sont des lignes le long desquelles circule ce que les Chinois appellent le *Qi* qui signifie “énergie” et qui constitue tout un réseau dans l'organisme. Ils ont été scientifiquement mis en évidence grâce à des marqueurs radioactifs. Il en existe douze principaux, chacun connecté à douze organes. Lorsqu'on effectue le “calage” des fréquences sur les méridiens, on trouve la fréquence du *la* sur le méridien du cœur. Je trouve surprenant que le *la*, qui est la note de référence en musique, corresponde exactement au cœur qui, lui, est l'organe de référence dans beaucoup de méthodes médicales. Le corps est un formidable instrument de musique, une belle caisse de résonance. On a seulement oublié d'en jouer et de l'entendre. On est devenu désespérément sourd. Ce sont les chevaux qui, au cours de nos conversations intimes, m'ont appris à rester à l'écoute. »

4

Du cristal pur sur un fil d'argent

Jean-Paul Gallorini

> « Je dis l'ivresse du mors sous l'écume. Un charroi d'étincelles avec ce feu sur ce qui brûle, ce feu jusqu'aux sabots et les grands désirs de l'âme. »
>
> André VELTER, *Célébration*

Comme dans toute société animale, les chevaux n'échappent pas à la règle. Afin que la paix puisse régner, chaque individu doit obéir à une hiérarchie dont la rigueur et la subtilité se vérifient tant au milieu d'un pré que sur un champ de courses. Dans ce dernier contexte, il semblerait même que la pression exercée discrètement par des chevaux dominants sur d'autres congénères de rang inférieur pourtant plus doués qu'eux (par la voie des postures et des phéromones) décide, à l'insu de la foule agglutinée sur le gazon des hippodromes, du sort des Grands Prix d'Amérique et des steeple-chase[1]. C'est ainsi que l'on remarque des chevaux battre à plate couture d'autres congénères possédant pourtant tous les avantages pour gagner. Envolé les efforts à l'entraînement, les cotes et les pronostics. Chassez le naturel, il revient au galop ! Le sauvage reprend le dessus. Au diable le petit homme caméléon, perché tout là-haut, genoux sous le menton, avec cette grimace du type en chute libre. C'est comme ça. Ce qui semble domestiqué ne l'est pas, du côté des chevaux comme des cohortes de femmes qui hurlent à pleins poumons planquées sous leurs chapeaux farceurs. Le monde des courses ressemble à une déferlante, une activité pulsionnelle. Tout est démesuré. Les chevaux, grands seigneurs fébriles estampillés par les démons humains, leurs naseaux dilatés, l'encolure allongée au poteau d'arrivée, les clameurs des fanatiques, populace et grands bourgeois, la surabondance de l'argent, le nerf de la guerre. Dans un tel paysage de compétition où le temps semble comprimé, il faudrait être fou, génial ou désespérément inspiré pour miser en prime sur des chevaux destinés à la boucherie, des toquards lessivés, des bourrins mal charpentés pissant le sang, des clochards de la race équine. La rumeur dit que Jean-Paul Gallorini n'a pourtant pas bâti autrement sa fortune. La rumeur dit vrai.

« La victoire pour la victoire m'importait peu. Je voulais donner leur chance à des chevaux qui n'avaient pas réussi, qu'on allait sacrifier parce qu'on n'avait pas essayé de les comprendre. » Allons bon ! Gallorini est comme ça. Il a du cœur et les couilles qui vont avec. C'est un homme charismatique qui chaque matin fait le tour de son écurie pour saluer hommes et chevaux. Au cigare et au costume amidonné, panoplie classique des entraîneurs confits, il préfère la cravache et la fourche, le fumier à remuer et la solitude avec son cheval, maîtresse fidèle, dans les bois humides de Maison-Laffitte. Aujourd'hui, une délégation de Nippons crapahute, sous un soleil printanier, caméra à l'épaule, pour tenter de percer les secrets de cet entraîneur de talent détesté par le milieu, étranger au sérail, à qui tout réussit. Aucun doute possible, quelque part, ça le rend fier. Autant qu'aux premiers jours.

Le cheval comme une seconde naissance

Car Gallorini, c'est un peu Cosette en pantalon, avec sur son chemin des Thénardier et des Jean Valjean comme autant d'anges et de diables embusqués. A peine sorti des entrailles de sa mère, un jour d'été 1943, le curé prononce déjà l'extrême-onction. L'enfant au visage exsangue est condamné. Mais le lendemain, à la surprise générale, le petit homme est encore là, bien décidé à vivre, braillant à pleins poumons. Gallorini grandit dans la banlieue de Marseille, troisième d'une tribu, dans une maison sans eau ni électricité, peuplée de bestioles bonnes à plumer, à traire et à fumer. Presque chaque jour, il croise Marcel Pagnol et Yves Montand, préfère à l'école la vie active pour se sortir, lui et les siens, de la misère. Gallorini astique sa pierre philosophale, en débite une morale comme un cantique : « Tout être humain a un moment dans sa vie cette chance : une étincelle qui peut devenir un feu d'artifice si vous savez la retenir. » L'étincelle porte une crinière façon aile de geai, une encolure et un cul de granit. Chaque matin, un percheron livre les douze litres de lait dont se régale la famille.

« Que croyez-vous qu'il advint ? Le cheval devint ma boussole, mon horloge intérieure. Je l'attendais chaque matin avec impatience. Le jour où un centre hippique s'est installé à deux pas de chez moi, j'ai su enfin pourquoi j'étais né. » Le choc. Lui qui n'avait croisé jusque-là que des chevaux-tracteurs, le voilà qui découvre des princes au port altier, au galbe d'athlète, aux jambes de gazelle, à l'encolure de velours. L'aubaine est trop belle, il en oublie son enfance et passe tout son temps libre à récurer les écuries pour respirer, toucher ces statues d'ébène et de bronze, se couler dans leurs ombres. « Je suis ensuite devenu apprenti-maçon dans un centre d'entraînement de Marseille. Je les voyais tous les matins et ma douleur était aussi terrible que ma jouissance. J'étais là, avec ma truelle, les pieds empêtrés dans le ciment, la langue pendante ; j'avais signé un contrat de huit années et je n'avais déjà plus qu'une envie : tout lâcher pour courir les rejoindre. Je me levais à deux heures du matin pour aller leur tenir compagnie jusqu'à l'aube. Un matin, juste avant de reprendre le chemin du travail, le propriétaire m'a surpris à rôder auprès des box. Ça n'a pas fait un pli : il a fait annuler mon contrat de maçonnerie pour m'embaucher chez lui ! »

Florentin par son père, Gallorini a l'art et la manière de cultiver la passion. Il la manipule tant et si bien qu'en 1959, deux ans après son entrée dans le monde hippique, il gagne le Grand Prix des apprentis. Tout va très vite. Il quitte Marseille, monte à Paris, mange quand il peut, dort avec les chevaux, devient jockey professionnel, remporte des courses, décroche le pompon de la célébrité.

« Le chemin a été long, difficile. Quand j'ai passé le poteau d'arrivée sous les acclamations de la foule, ce n'était pas seulement la victoire de l'homme et de sa monture, c'était aussi la consécration dans le regard des autres. J'existais. J'ai vu le jour entre les cuisses de ma mère mais je suis né une seconde fois sur le dos d'un cheval. »

Puis c'est l'accident.

Le fond du gouffre. Trois ans de souffrance terribles, immobilisé sur un lit, le crâne en bouillie, entre la vie et la mort. Lorsqu'il revient au pays des vivants, loin de raccrocher les étriers, Gallorini s'installe, évolue, se transforme et devient entraîneur. Nous sommes en 1977, il se donne cinq années pour réussir. Et il réussit, se place en tête des meilleurs entraîneurs, empoche les épreuves les unes derrière les autres. Sa réussite suscite encore des haines. « J'ai toujours pensé entraîneur, même en étant jockey. Ce qui était d'ailleurs une erreur car un jockey se doit d'agir. Son rapport avec le cheval est une question d'inspiration et de respiration, pas de réflexion. Je me suis laissé d'abord enseigner par mes premiers patrons, de grands professionnels. Ils ne disaient jamais rien, tout était dans le regard. A mon tour, j'ai passé un temps infini à me laisser instruire par les chevaux, à les apprendre, les évaluer, les deviner sous toutes les coutures, au repos, en course, de la naissance à la mort.

« Aujourd'hui, les chevaux que personne ne veut réussissent chez moi. Si l'animal a un handicap, je remonte aux origines du problème, le redécompose mentalement afin d'envisager la manière de corriger l'erreur par l'écoute, l'entraînement physique, les soins, l'apport d'une nourriture adaptée et même le jeu pour débloquer une peur ancienne larvée dans la mémoire du cheval. Pour cela, j'étudie dans le détail le comportement et les capacités de l'animal. Avec un cheval, il est impératif de travailler deux choses : la qualité et l'attitude. Ce qui implique de tout connaître de lui. Ce que l'on vous dit sur son passé et ses origines est important mais l'essentiel demeure ces moments de silence où je l'observe habiter tout simplement l'espace en liberté, choisir son rythme, sa cadence, son pied... Pour moi, le temps est suspendu, je fais abstraction du reste et je me laisse guider. J'observe son tempérament — dominant, taciturne, généreux, joueur, tête brûlée, obéissant —, j'envisage ses possibilités physiques en plat, au trot, ou en obstacle, son équilibre en saut, sa façon de se mouvoir avec son corps, sa capacité à récupérer, la qualité de ses pieds, de ses tendons, de ses articulations, je m'interroge et le questionne : avec telle conformation de squelette, saura-t-il supporter les virages brusques, accepter d'être attelé, obéir à des changements de rythme, rester en équilibre sur des obstacles ? Son odeur, sa sueur, sa facilité ou au contraire sa difficulté à respirer dans la décontraction me donnent des indications sur l'art et la manière de l'aborder.

« Chaque cheval est unique, il se considère et se manipule en conséquence. Un galopeur de plat n'est pas un trotteur. Par-dessus vient se greffer ensuite le tempérament du jockey dont le caractère se répercute sur ses mains, elles-mêmes reliées par les rênes à la bouche du cheval. Et à partir du moment où un cheval souffre au niveau de la bouche, il se contracte, se sent frustré, mal à l'aise dans sa peau et dans sa tête et finit par commettre des erreurs ou par tomber malade. Le cheval est envoyé à la boucherie alors que l'erreur vient de l'homme qui n'a pas su écouter le corps de l'animal. Le cheval, c'est du cristal pur sur un fil d'argent. Il vous donne de l'amour, c'est comme une femme. Lorsqu'il y a du plaisir partagé, on se comprend. L'alchimie réside dans le temps à consacrer pour que ce mariage soit heureux. C'est à l'entraîneur d'être le maître d'œuvre, de pouvoir transmettre son influx positif au jockey qui le lègue à son tour à son cheval. Généralement, l'homme qui pense la victoire est pénétré d'une rage saine. C'est son moteur, c'est l'exaltation qui va persuader le cheval de donner le meilleur. La femme, elle, aborde et emmène l'animal avec une sensibilité toute maternelle. Elle lui donne de l'amour autant qu'elle en reçoit. Cela dit, il y a une limite à ne pas dépasser. Trop d'amour peut tuer la compétitivité qui habite le cheval de course et ruiner la somme de ses efforts à l'entraînement. Entraîneur est un métier d'argent et d'orgueil, où les sentiments n'existent pas. Or je n'ai pas envisagé mon métier comme ça. La puissance de l'argent me déplaît, elle ne reflète pas la vraie valeur de l'homme. J'en ai payé d'ailleurs le prix en refusant de rentrer dans la facilité du jeu et des combines. Au diable les accusations lapidaires, les sentences de ceux qui ricanent et rêvent de me retirer encore ma licence (elle l'a été en 1982 pour avoir utilisé un anti-inflammatoire courant). C'est un deal que j'ai passé avec les chevaux. Et ça risque de durer tout le temps qu'on aura encore des choses à se dire. »

Lorsque Jean-Paul Gallorini retourne dans son village natal, c'est en pèlerinage. Il ne reste que le temps de s'assurer de ses racines à fleur de peau, comme une morsure zélée qui lui rappelle l'essentiel. Alors les images du passé déboulent, intactes. Quand l'aube incrustée de silence embrase le ciel de Provence, il lui arrive encore d'entendre le pas de ce vieux percheron hirsute et en sueur qui livrait le lait nourricier.

V.

LES CONSPIRATEURS SILENCIEUX

Introduction

Vagabondages...

Quels souvenirs ai-je gardés de l'école ? L'image et la sensation d'un magma étrangement monochrome, glutineux, enrobant ma peau de mioche, tendre pelure. Sitôt l'école terminée, vaste enclos en surplomb de la vie, je courais les champs et les bois, grimpais aux arbres avec mon arc et mes flèches, ma peau délivrée rendue au vent des quatre saisons. Je quittais le monde des sans-secrets pour retrouver mes frères à poil et à plume. Le refuge dans l'absence. A l'adolescence, j'ai laissé tomber le carquois et l'affût pour expérimenter sans détour la fuite en avant vers la zone et ses mirages amers qu'on garde en bouche jusqu'au matin. Mon assiduité à fuguer révéla une grande disposition aux actes de rébellion. Peur de rester figée dans la matière. Ennui des intellectuels qui suçotent leurs idées molles, des faux héros, des modes infécondes, des vaines agitations, des rires discordants. Désir d'imaginaire.

« L'homme pour vivre a besoin de rêve, aimait à répéter Paul-Emile Victor. Qu'est-ce que le rêve, sinon l'évasion ? Et qu'est-ce que l'évasion, sinon la poursuite du rêve ? » Comment chercher sa vérité intérieure, savoir de quel bois nous sommes faits si d'odyssée il n'y a pas ? C'est pourtant grâce à l'école que j'ai découvert Jack London et la quintessence de l'esprit pionnier. Il y a des livres, j'en suis sûre, qui comme des rencontres, des amitiés, vous trouvent et vous invitent à ne pas renoncer, à ne plus vous compromettre. On les lit, on croit les avoir oubliés, ils ressurgissent, favorisent consciemment ou pas un choix de vie.

Les romans d'aventures de ce brave London, où les animaux sont souvent les héros, m'ont empêchée, je le sais aujourd'hui, d'échapper au pire, de comprendre que l'on pouvait inventer sa vie et trouver l'essentiel en soi. Que la liberté était aussi une aventure de l'esprit. Ces hommes confrontés à des chiens qui redeviennent des loups (*L'Appel de la forêt, Croc-Blanc*), à des horizons primitifs ou au démon de la création (*Martin Eden*) participent à cette notion de voyages héroïques qui constitue le fonds commun des mythologies. C'est la quête d'Ulysse, l'errance humaine depuis les origines, la tentation du sauvage, la maîtrise des épreuves avant le retour victorieux au royaume d'Ithaque. Bien plus tard, j'ai retrouvé cette même attirance pour les vagabonds de Kerouac, les voyages en enfer de Céline et de Bukowski, les grandes échappées de Kessel, Miller, Bouvier et Chatwin, lequel confiait inspiré : « Si l'on me demandait : "A quoi sert un gros cerveau ?", je serais tenté de répondre : "A trouver son chemin en chantant dans le désert." »

Les hommes qui vont suivre sont de cette race des conspirateurs silencieux. La nature et les animaux leur parlent. Avec eux, ils sont allés au bout de leur rêve comme s'ils ne devaient jamais mourir. Après les femmes et leur nature intrinsèquement sauvage, voici des hommes intrépides à cheval sur le versant du sensible, animalement intelligents.

1

L'envolée sauvage

Christian Moullec

« Petit enfant, je voulais devenir chouette parce que les chouettes ne vont pas se coucher le soir. A cette époque, justement, je connus quelque chose d'inoubliable ; on me lisait le soir, pour m'endormir, *Le Merveilleux Voyage de Nils Holgersson à travers la Suède*, de Selma Lagerlöf, où les oies cendrées tiennent une si grande place. Je m'aperçus alors que les chouettes manquaient d'une aptitude essentielle : elles ne pouvaient ni nager ni plonger, tandis que moi je venais d'apprendre. Je décidai donc de devenir un oiseau aquatique et quand, plus tard, mon rêve me parut impossible, je voulus au moins en posséder un. Sous l'influence de la grande dame des lettres suédoises, je fus pris de désir pour les oies. »

Konrad LORENZ

A perte de vue, des fougères dorées et la mer léchant les récifs du Finistère. Baisers mouillés. Les yeux levés au ciel, deux frères jumeaux d'une dizaine d'années dévalent à vélo une pente herbue en agitant les bras avec l'espoir insensé de décoller. Tous deux sont passionnés par l'espace, le vol, les oiseaux migrateurs. L'un deviendra champion de deltaplane, l'autre s'envolera avec des oies. Icare et Nils Holgersson réunis.

« Je n'étais pas très assidu à l'école. Dans le fond de la classe, je passais mon temps à lire Konrad Lorenz et à regarder les mouettes, les corbeaux et les hirondelles qui passaient au-dessus de nos têtes. Des années plus tard, alors que je survolais une école en ULM, accompagné par mes oies, j'ai vu des enfants le nez levé au ciel. J'étais ébloui : je volais parmi les oiseaux que j'observais quand j'avais leur âge ! J'ai eu la certitude à ce moment-là que l'on pouvait vraiment réaliser ses rêves les plus fous pour peu qu'on y croie. »

Après ses études, Christian Moullec devient météorologiste. Un métier qui lui laisse toute disponibilité pour observer le ciel et ses habitants. Inspiré par les récits de Paul-Emile Victor, il commet l'impossible pour se rapprocher du ciel. Un matin, il plie bagage et part étudier l'avifaune des terres australes. « J'avais vingt-huit ans, les oiseaux me faisaient toujours rêver. Là-bas, j'ai bagué le dernier couple d'une espèce d'albatros qui possède seulement quinze couples. Une espèce qui vient d'être découverte et qui est déjà en voie de disparition. C'était le moment des parades nuptiales et j'avais l'impression de célébrer leurs noces en leur passant la bague aux pattes. »

Mais la véritable aventure débute le jour où il tombe sur un article relatant la tentative d'un groupe de scientifiques suédois pour sauver l'oie naine. Christian est littéralement électrisé. « Le but de l'expérience était de changer les zones d'hivernage d'une espèce disparue d'Europe et de la réimplanter dans le milieu naturel en utilisant une autre espèce comme parent adoptif. L'oie naine était encore très présente en Laponie il y a à peine trente ans. Pendant seize ans, ces chercheurs avaient utilisé des bernaches nonnettes comme parents adoptifs pour des groupes de jeunes oies naines. Ces dernières nichaient autrefois en très grand nombre partout en Laponie et allaient passer l'hiver autour de la mer Noire. La très forte pression de chasse exercée par les populations locales sur les lieux d'hivernage traditionnel a pratiquement fait disparaître cette espèce ces trente dernières années. Les bernaches nonnettes se reproduisent elles aussi en Laponie, au Groenland, au Spitzberg mais hivernent depuis toujours aux Pays-Bas où les lois de protection de l'environnement sont bien respectées. Lors de leur première migration depuis l'Arctique jusqu'aux Pays-Bas, les jeunes oies naines mémorisent le trajet en compagnie de leurs parents adoptifs. Les années suivantes, les oies ayant ainsi effectué un premier séjour aux Pays-Bas resteront fidèles à cette nouvelle zone d'hivernage. »

Une famille recomposée

La plupart des oiseaux qui migrent sont guidés par la topographie, l'olfaction, le géomagnétisme, un calendrier interne et des instructions migratoires innées ; chez les oies, c'est sous la houlette des parents que les jeunes découvrent les couloirs de migration. Christian Moullec gamberge puis songe à l'impossible : proposer aux Suédois de réaliser ces migrations en ULM avec des oiseaux qui suivraient en vol. Il s'attend à une vive réaction de la part des chercheurs. Pourtant, pas le moindre haussement d'épaules, personne ne tique. Les Suédois accueillent même plutôt bien sa proposition. Encore faut-il régler un détail : apprendre à voler avec un troupeau d'oies !

Pour cela, Christian se base sur les travaux de Konrad Lorenz et sa théorie de l'imprégnation. Ce que disait le célèbre éthologue à ce sujet était assez simple : l'empreinte de l'attachement est limitée à une courte période, variable selon les espèces, et préside au développement ultérieur de l'individu. Entre la treizième et la seizième heure qui suit sa naissance, un poussin peut s'attacher à n'importe quoi : un objet, un animal ou un être humain. C'est une étape pendant laquelle le petit apprend de sa mère, puis de l'environnement.

« Que l'on puisse "marquer" de jeunes oies de son empreinte de manière à représenter pour elles l'image maternelle me passionna d'emblée. Restait un autre problème de taille : trouver des œufs. Ce sont finalement mes parents qui me les ont apportés, en provenance d'un parc naturel breton. Les pauvres se demandaient ce qui m'était arrivé pour envisager un projet aussi insensé. Le salon se transforma rapidement en couveuse. On a vécu, ma femme Paola et moi, vingt-quatre heures sur vingt-quatre avec nos trois œufs dans la fébrilité la plus totale. Et puis, un jour, la coquille s'est fendue. La naissance d'un oisillon met deux jours. Il commence à percer la poche d'air au vingt-troisième jour d'incubation et il reste dans l'œuf pendant encore quarante-huit heures. Dès qu'il perce cette poche d'air, la respiration pulmonaire s'établit et il émet des sons ; il entre déjà en contact avec ses parents. Il pousse des cris particuliers qui sont l'équivalent de pleurs si l'œuf refroidit. Si on le réchauffe, les cris sont ceux du bien-être avant l'endormissement. Tout l'intérêt était donc de se trouver là et de parler aux poussins pour qu'un premier échange ait lieu. On leur faisait aussi écouter des bruits qui allaient devenir familiers pour eux, comme l'enregistrement d'un moteur d'ULM. Après la naissance, il a fallu leur faire découvrir le reste : la maison, la nature, la rivière. On les a entraînés à battre des ailes en courant autour de la maison. On allait se baigner, se promener dans les prés avec elles. Mes voisins qui gavent des oies étaient très sceptiques. On passait pour des originaux. »

Christian découvre les joies du maternage. Suivi en permanence par sa troupe de poussins duveteux et bruyants qui pépient sans répit, l'homme leur répond très régulièrement par un caquetage sonore. Comme eux, il explore le sol, broute l'herbe et fouille les fonds aquatiques. Les oies l'accompagnent en claudiquant, volettent autour de lui lorsqu'il court, se reposent en sa compagnie après le bain et la toilette. S'il s'absente, elles émettent des sifflements désespérés signifiant l'abandon. A lui de répondre par des trilles tranquillisants. Christian s'investit tellement dans son nouveau rôle que toutes ses anciennes préoccupations lui paraissent soudain de peu d'intérêt.

Comment les oies ont accepté un homme volant parmi elles

Pendant ce temps, un ami construit la machine volante tout droit sorti du film de Kusturica, *Arizona Dream*. Une aile volante motorisée mal réglée qui perd des boulons en plein vol et dont les premiers et périlleux essais se soldent par de mémorables crashs sous les yeux dubitatifs du personnel de l'aéroport d'Aurillac. Le drôle d'engin est corrigé, affiné.

Vient enfin le moment tant attendu, au terme de quatre mois d'entraînement intensif : le jour du décollage. La météo est clémente, l'homme angoissé, les oies ludiques. Les poussins se sont métamorphosés en de robustes oiseaux à la silhouette aérodynamique. Pourtant, ce jour-là, rien n'y fait. Elles restent obstinément clouées au sol, vaquant à leurs occupations habituelles, tandis que Christian tourne désespérément au-dessus d'elles à bord de son ULM en poussant des cris d'anatidé désespéré. Déconfit, il se pose.

« Je me suis effondré à terre, découragé, épuisé, terriblement frustré. Et puis, en les observant, j'ai réfléchi. Les oies sont des animaux grégaires. Chaque oie a sa personnalité et tous ses comportements reflètent son tempérament. L'habitude aidant, je sais aujourd'hui comment tel ou tel individu au sol va réagir en vol. Il y a une hiérarchie dans le groupe et il faut favoriser le travail avec eux. C'est ce que j'ai fait et ça a finalement marché. Je me suis servi en quelque sorte d'un assistant en chef en privilégiant son esprit d'initiative et sa témérité afin qu'il encourage ses congénères à me suivre. Un jour, on a tous décollé. Passé les premières minutes d'appréhension, c'est le plaisir. Un bonheur exceptionnel. Vous prenez de l'altitude, vous quittez la planète, les reliefs s'écrasent, vous êtes seul avec une bande d'oiseaux dans les nuages et le vent. Un oiseau tourne sa tête vers vous et vous regarde. Vous lui faites un petit signe, vous voyez que les autres sont en formation autour de vous. En bas, les querelles des cités humaines vous paraissent tellement vaines. Les oies m'ont accepté dans leur groupe et j'en suis devenu le responsable. Cette première expérience a été le terrain d'un échange fabuleux entre elles et moi : elles se sont adaptées à mon comportement et moi au leur. Il est pour moi impressionnant de constater avant chaque vol que les oies attendent toujours très patiemment que je monte tout mon appareillage et que je pousse la poignée des gaz pour que nous décollions tous ensemble. Elles sont si habiles dans les airs, moi si maladroit, et ce sont elles qui me suivent. Elles m'ont appris aussi qu'au moment du décollage les oies poussent un cri spécifique qui prévient le groupe : "Attention, on va décoller." Aujourd'hui, si je ne le fais pas, elles dressent la tête, attendent mon signal. »

Au terme de multiples virées aériennes, d'atterrissages héroïques tant pour Christian à bord de sa machine que pour les jeunes oies qui ne savent pas encore se poser, c'est enfin le grand vol d'essai.

Nous sommes en septembre. Il est dix-huit heures. Sur

le terrain herbeux, le vent fait frémir doucement les ailes de l'engin. Autour de lui, douze oies nonnettes impatientes. C'est l'heure. Christian décolle, s'élève, la troupe suit, se place en formation. « A 1 800 m d'altitude, l'escadrille était formidable de régularité, les oiseaux se relayant parfois en tête de formation dans une brève illusion d'anarchie. Je volais à 55 km/h, un jeu pour mes petites nonnettes qui peuvent voler à 80 km/h pendant plus de quatre heures. Chaque nuit, tout l'équipage se reposait à terre. Je me posais le premier tandis que les oies tournaient encore un peu pour inscrire géographiquement les lieux dans leur mémoire. »

Ensemble, ils traversent la France depuis le Cantal jusqu'en Grande Brière, au bord de l'estuaire de la Loire, une zone où hivernent des oies bernaches cravants proches des nonnettes. Une distance de 650 km en huit jours en guise de test avant les futures migrations. « On ne peut pas voler avec les mêmes oiseaux plus d'un an. Avec Loulou, une femelle au tempérament volontaire et dominant, j'ai volé deux années. Elle était le plus souvent en tête et dans de nombreuses situations m'a évité le pire. Un jour, les oiseaux ne voulaient pas prendre d'altitude. J'ai été obligé de voler bas pour ne pas les perdre. A cette altitude, en ULM, le danger est particulièrement grand. Et là, j'ai vu Loulou qui était à l'arrière passer devant le groupe et remonter tout le monde, accrochée à ma machine. C'était fabuleux. » Parvenu à destination, Christian laissent les oiseaux sur place. Au printemps prochain, ils retourneront seuls dans le Cantal. C'est la coutume chez les oies : revenir pour se reproduire là où elles ont appris à voler. Pourtant les compagnons de route de Christian ne pointeront jamais le bout de leurs ailes. « Capturées en Vendée, elles ont été débaguées et éjointées pour décorer le plan d'eau d'une commune. Le sacrifice de mes oiseaux doit servir à dénoncer certaines carences. La beauté, la magie de la nature méritent que des initiatives, même privées ou même utopiques, voient le jour pour interpeller, pour bouleverser les laxismes souvent responsables de gâchis stupides dans le domaine de l'environnement entre autres. »

Où l'humain volant propose de nouvelles régions aux oiseaux migrateurs

Christian ne s'arrête pas là. « J'ai survolé la Normandie avec un groupe de quarante-trois oiseaux, trois espèces d'oies et des canards en formation de part et d'autre de l'appareil. Dans ces moments-là, on perd la notion d'être un homme dans une machine. Les appréhensions disparaissent car les oiseaux te rassurent par leur grande aisance, leur proximité à tes côtés, tu deviens leur compagnon de vol. Je suis à chaque fois ébloui par cette complicité. »

Christian se répète en boucle les écrits de l'auteur italien Giacomo Leopardi (qui voyait l'homme comme un accident de la nature) : « C'est dans leurs mouvements et leur allure que les oiseaux se montrent surtout si joyeux : et ce pouvoir qu'ils ont de nous réjouir à leur spectacle tient à ce que leurs manières et leur aspect expriment une aptitude naturelle, une inclination particulière à éprouver du plaisir et de la joie. » Deux ans plus tard, il s'embarque en compagnie de sa femme et de trente oies naines (une espèce en voie de disparition) dans un voyage de 1 400 km, dont plus de la moitié au-dessus de la mer Baltique, qui les mène de la Suède en Allemagne. Le voyage dure cinq semaines. Les oiseaux ont été élevés de la même manière que les autres à une différence près : afin que les oies ne s'habituent pas à la forme humaine et ne risquent pas de se laisser approcher, le couple Moullec s'est affublé d'une grande cape beige. D'autre part, l'entraînement au vol n'a pu s'effectuer qu'en Suède, pendant deux mois, condition essentielle pour qu'elles mémorisent la réserve suédoise.

Au terme d'une série d'écueils et de vive émotion, telle la rencontre avec d'autres espèces de migrateurs en route vers le sud, l'arrivée réussit. « Le but est toujours le même : proposer aux oiseaux de nouvelles zones d'hivernage en toute sécurité. Les couples formés pourront ensuite faire hiverner eux-mêmes leurs descendances. Les oiseaux migrateurs en général ne connaissent pas les frontières. Alors qu'ils sont protégés partout en Europe, ils sont chassés en France en toute impunité. Une minorité d'individus de la chasse extrême dictent à nos politiques comment “gérer” l'environnement. »

Christian persiste et, tandis que la lumière tombe sur le Rhin, une autre idée émerge lentement de son esprit. Son prochain défi sera la Laponie avec plusieurs ULM et une centaine d'oies naines. Ils ne sont que quelques-uns dans le monde à voler avec les migrateurs. Aujourd'hui, un groupe de chercheurs américains s'intéressent de près à l'expérience de Christian pour les mêmes raisons : tenter de réaliser des migrations en ULM avec des espèces menacées (cygne trompette et grue blanche).

Assurément, les rêves des enfants ont ce pouvoir de faire de certains hommes des arpenteurs célestes capables de capter l'âme des oiseaux.

2

Le coureur des bois

Lynn Rogers

« La vision était authentique et puissante. Que je sache, elle n'a rien perdu de son authenticité et de sa puissance : car ces choses-là sont le fait de l'esprit, et c'est dans l'obscurité de leurs yeux que les hommes se sont perdus. »

Elan noir, Oglala Lakota

Les Lapons l'appellent « le vieil homme avec le manteau de fourrure », les Scandinaves « le maître de la forêt ». Les Indiens Crees le nomment « le coléreux » et les Koyukons « la chose sombre ». Comme pour le loup chez les bergers mongols, nommer l'animal par son nom d'ours porte, dit-on, malheur. Car l'ours est un esprit divin, généralement celui d'un défunt de la famille. « Vieille dame », c'est ainsi que le biologiste américain Lynn Rogers a baptisé une ourse sauvage de trente ans dont il partage le quotidien dans les forêts du Minnesota depuis plus de vingt années. Se pourrait-il qu'il existe une filiation entre les deux ? On pourrait presque le croire. A surprendre Lynn Rogers dormir, marcher, manger, se baigner en compagnie des célèbres baribals d'Amérique du Nord, il semblerait que le mythe ait rejoint la réalité.

Pourquoi, demandait Pascal, un homme possédant tout ce qui lui est essentiel pour vivre paisiblement se sent-il poussé à voyager, guerroyer, franchir les limites de l'inconnu ? Pour échapper à la tristesse de notre condition humaine, avait-il conclu après avoir longuement réfléchi au problème. La raison qui a conduit Lynn à vivre avec les ours n'a rien à voir avec le besoin d'endosser le divertissement à tout crin comme un gilet de sauvetage. C'est un appel instinctif qui provient de loin, un champ de force qui perturbe, un vice, une vertu, un désir de briser ses ancrages qui nous vient sans doute de l'enfance de l'humanité, improbable époque où nos ancêtres nomades migraient alors avec les animaux pour découvrir le monde, s'entichaient de la plupart d'entre eux, comme pour célébrer un pacte.

Depuis la préhistoire dans les cavernes du Vercors jusqu'à la toundra de la péninsule de Taïmyr en Sibérie, les hommes se sont ainsi laissé fasciner par les ours au point d'élever des stèles pour y exposer leurs crânes. Chez les Inuits, la mère des ours donne aux chamans la capacité de voir dans le monde des esprits. Les Lapons qui tuent un tel animal doivent subir trois jours de purifications rituelles. Protecteur des communautés humaines, de nombreuses villes possèdent dans leur nom le radical *ber*, comme Berne ou Berlin.

C'était avant que le vent tourne. Le temps où la Grande Ourse veillait sur le monde, où l'ours comme le loup n'étaient pas encore considérés comme des êtres vils et nuisibles menaçant les troupeaux et les cultures installés à la lisière des forêts. Tout cependant n'a pas disparu. Nombre de légendes racontent toujours que, pendant son hibernation, l'ours se gonfle des âmes du purgatoire qu'il garde enfermées dans son ventre. A son réveil, partout dans le monde et même en France se pratique encore la danse de l'ours qui marque le changement de saison et le retour des morts. Lynn Rogers, lui, ne danse pas. Il se balade avec un ordinateur et un appareil photo en bandoulière et tente, en étudiant les ours depuis près de quarante ans, de désamorcer la peur panique qui saisit ponctuellement l'Amérique.

Il y a peu, deux campeurs se sont fait surprendre dans leur sommeil par un grizzli. L'animal, attiré par l'odeur des victuailles (que son odorat est capable de repérer dans un rayon de quinze kilomètres), a littéralement éventré la tente, saisi par un pied l'un des deux hommes endormis et l'a emporté, hurlant, dans la nuit sous les yeux de son ami impuissant. Au petit matin, on a retrouvé son corps éventré à une centaine de mètres de la tente. Si ce genre de fin tragique relève de l'exception, toujours est-il que le nombre des incidents a augmenté avec celui des randonneurs, de plus en plus nombreux, qui surprennent désormais les ours, baribals ou grizzlis. « Contrairement à la croyance, les ours noirs ne sont pas féroces et ne méritent pas leur réputation terrible, insiste Lynn Rogers. Leur comportement : grincements de dents, aplatissement des oreilles, souffles, sifflements est un préambule à l'attaque. Dans la grande majorité des cas, cette démonstration veut dire : je suis nerveux, reculez s'il vous plaît. » A ceux qui font remarquer qu'une personne meurt chaque année en Amérique du Nord des suites des blessures infligées par un ours noir, Lynn réplique que, dans le même temps, on constate quatre-vingt-dix mille décès par homicide, cent quatre-vingts morts causées par des piqûres de guêpes, soixante-dix-sept par des morsures de chiens et une vingtaine victimes de serpents. Or ce sont des milliers d'ours noirs qui chaque année sont pourtant abattus par des chasseurs — dont trois mille dans le Minnesota — ou par des braconniers qui en récupèrent la bile et les pattes, à destination des circuits de la pharmacopée asiatique.

Une rencontre bouleversante

Grand Rapids, dans le Michigan, c'est là que Lynn Rogers voit le jour à l'heure où la Seconde Guerre mondiale s'apprête à dévorer l'Europe. Sa santé de gamin asthmatique le prive de ses copains et le contraint à rester à la maison. Pour combler les heures qui s'égrènent, monotones, Rogers observe les oiseaux et lit les livres de nature que sa mère lui rapporte. La rumeur dit que la liberté existe dans les forêts. Un paradoxe, si l'on considère qu'à l'aube du Moyen Age le mot « forêt » désigne les terres confisquées par la royauté. C'est là que vivent les exclus, les ermites, les sorciers, les bandits, les alchimistes, les fugitifs, les proscrits et les animaux. L'Eglise condamne le monde sylvestre, bastion païen par excellence. Il faut éliminer ou maîtriser les forêts pour gagner en humanité. Eternelle hostilité entre la forêt mythique des origines et l'ascension de la cité. Rogers s'y rend pourtant pour faire l'expérience de l'indépendance.

A sept ans, il forme le rêve de devenir missionnaire, moins par zèle religieux que par envie de parcourir des jungles peuplées d'animaux inconnus. De cette ambition ne reste bientôt plus que ce sentiment tenace d'avoir une mission à accomplir. Intuitivement, il sait qu'il doit franchir une frontière tracée depuis trop longtemps entre l'homme et la nature. A la sortie du lycée, il prend la décision de devenir biologiste de la faune sauvage. Rien ne le fera changer d'avis. Ni le manque d'argent pour aller à l'université ni la fatigue des petits boulots à assumer pour payer ses études. L'irruption de l'ours noir dans sa vie le conforte dans son choix. Pour autant, la première rencontre se solde par une peur épouvantable.

« J'avais dix-huit ans, je faisais du camping. Je dormais dans mon sac de couchage quand j'ai entendu du bruit puis tout de suite après quelqu'un ou quelque chose qui me reniflait au niveau de la tête. J'ai pris mon courage à deux mains et je me suis levé. Même si j'avais l'intuition profonde que les choses terrifiantes colportées sur l'ours étaient exagérées, je n'ai pas pu réprimer ma peur. La désinformation m'avait contaminé et perturbé comme tout le monde. J'étais encore bien loin de penser que je partagerais un jour leur quotidien en forêt, parmi eux. Cet ours est revenu le lendemain. Je l'attendais. Quand il m'a vu, il a été pris de frayeur et s'est enfui en courant. Ce comportement m'a beaucoup troublé. Se pouvait-il donc qu'un ours de cette taille puisse avoir peur d'un jeune gringalet comme moi ? Toujours est-il que j'ai chopé là le virus. Aussitôt après, j'ai écumé les forêts à leur recherche et effectué de nouvelles rencontres. J'ai alors fait le constat qu'ils étaient aussi timides et facétieux que moi ! »

Un été, Rogers apprend qu'un biologiste cherche une bonne âme motivée pour déménager des ours devenus indésirables dans une région. Le job consiste à les attraper, les endormir, les emmener et les relâcher. Rogers décroche le travail. Il est aux anges. Il est tellement à l'aise qu'il prend seul le relais lorsque le biologiste s'absente pendant un mois. L'expérience lui permet de mieux comprendre le comportement des ours. Les années suivantes, il participe à des études sur le terrain pour le Service des eaux et forêts des Etats-Unis. Son coin de paradis est une zone couvrant 120 000 km^2 de forêts que Rogers va survoler en avion, parcourir en raquettes, en canoé ou en moto-neige. Son travail consiste à repérer les tanières, puis à poser des colliers émetteurs aux ours et à les suivre jusqu'à leur retraite. Dès le mois de mars, alors que les petits nés pendant l'hiver pointent le bout de leur nez sous les yeux ravis du biologiste, Rogers doit faire face à des mères en furie frappant le sol et soufflant leur colère. Terrifiant. Rogers ne bouge pas. Pire, il ignore ces manifestations d'intimidation et avance en les menaçant à son tour. Pour cela, il effectue de grands gestes qui le grandissent, martèle le sol de ses pieds en imitant le cri d'intimidation des dominants. L'ourse noire, contrairement à la femelle grizzli, charge rarement.

Où un jeune humain entre dans la société matriarcale des ours

Mais Rogers n'est pas satisfait. En agissant de la sorte, c'est la sérénité des ours qu'il compromet. Il réfléchit et se dit que le meilleur moyen de les observer reste encore d'intégrer leur monde et de vivre parmi eux.

Pour mener à bien ce projet, il observe d'abord longuement leur comportement. Les ours sont des êtres foncièrement solitaires. Toutefois ils appartiennent à une communauté dispersée et doivent obéir à un code hiérarchique. Tous recourent à un langage subtil constitué de signes et de vocalisations. Lorsque plusieurs individus se rencontrent, le dominant claque des mâchoires, cherche le regard de l'autre pour montrer sa supériorité et sa colère tandis que les autres s'assoient, baissent la tête ou s'éloignent pour marquer leur respect. En se faisant petit et en s'accroupissant, le plus souvent, très vite, les ours ont fini par comprendre qu'ils n'avaient rien à craindre de Rogers. A la manière de Dian Fossey avec les gorilles du Rwanda ou de Douglas Hamilton avec les éléphants d'Afrique, Lynn Rogers réussit à se fondre dans le monde des baribals, à les accompagner alors qu'ils cherchent leur nourriture, prennent soin de leurs petits. Lorsqu'ils se reposent, il les imite mais continue de prendre des notes sur son ordinateur de poche. Si certains se montrent agressifs ou inquiets, il leur parle et les calme, s'interdit de les toucher, nage et marche avec eux. Il s'endort à leur côté, dans son sac de couchage, une ou deux heures après le crépuscule comme le font tous les ours. A force de patience, il développe ainsi une exceptionnelle relation de confiance avec plusieurs ours noirs, leur vie durant.

« J'ai d'abord été très étonné de la façon dont ils m'ignoraient. Une mère pouvait laisser ses petits avec moi et partir chasser un intrus. Je n'étais jamais considéré comme une menace. En revanche, lorsqu'ils me regardaient, cela signifiait que je les dérangeais. Il me fallait revenir à un peu plus de discrétion. »

L'exemple le plus frappant de confiance mutuelle fut la relation que Rogers parvint à établir avec une femelle surnommée Gerry. Orpheline à l'âge de huit semaines et élevée au biberon pendant un mois, Rogers la fit adopter par une femelle, Terry, qui l'accepta tout de suite comme un des siens. Redevenue sauvage, Gerry n'oublia jamais Rogers. A chaque retrouvaille, elle l'invite encore à partager ses jeux, l'autorise à ramper jusqu'au fond de sa tanière pour y découvrir ses oursons. Et il n'est pas rare de les voir s'endormir ensemble à l'ombre d'un arbre, la main de l'homme posée sur la poitrine de l'ourse.

Ces milliers d'heures d'observation ont révélé des données auparavant totalement inconnues du monde scientifique. Comme Jane Goodal qui a apporté la preuve que les chimpanzés savent se servir d'outils, Rogers a montré que la société des ours noirs est avant tout matriarcale. Les femelles déterminent leur territoire et les transmettent à leurs descendances femelles tandis que les jeunes mâles parcourent parfois plus de deux cents kilomètres avant de s'établir. Les femelles créent ainsi une dynastie et assurent la survie de leurs gènes. Seules celles qui réussissent à conserver l'occupation exclusive de territoires suffisamment riches en nourriture peuvent se reproduire avec succès. Dotées d'une excellente mémoire, elles savent chaque année où se trouvent les meilleurs fleurs ou fruits, les réserves des écureuils. Gourmandes, elles peuvent décimer en une journée plus d'une centaine de fourmilières et avaler cinq mille chenilles. Les mâles solitaires se retrouvent si la nourriture est abondante. Ils apprennent à se connaître et s'organisent en hiérarchie. En revanche, si la nourriture est dispersée, ils deviennent territoriaux. Les jeunes mâles se réunissent souvent pour voyager ensemble. Rogers les accompagne.

Les ours ne sont pas de vrais hibernants comme les marmottes. Si leur rythme cardiaque tombe bien à dix battements par minute, si leurs vaisseaux sanguins se réduisent, leur température interne n'est finalement abaissée que de quatre ou cinq degrés par rapport à la normale et, en cas de dérangement, de redoux ou d'inondation de la tanière, l'ours est tout à fait capable de sortir de son sommeil hivernal. Toutefois le mystère demeure : sans manger ni boire, sans évacuer de déchets corporels pendant des mois, comment diable les ours parviennent-ils à rester en bonne forme physique ? Afin d'y voir plus clair et de permettre aux scientifiques de comprendre, le rituel de Rogers consiste encore à ce jour à visiter les tanières et à effectuer des prélèvements sur les ours endormis. Le seul homme à pouvoir pratiquer cette excursion au pays des ours.

A soixante ans, ce biologiste qui est aussi éthologiste, écrivain, conférencier, photographe et cinéaste, n'a rien perdu de son regard et de son humilité d'enfant et continue de remplir encore la mission dont il avait pressenti les contours alors qu'il n'était encore qu'un gamin : améliorer l'image de marque de ceux que les peuples de Sibérie considèrent comme des frères.

3

L'éveil du chimpanzé

Olivier Marchal

> « Si les animaux n'existaient pas, ne serions-nous pas encore plus incompréhensibles à nous-mêmes ? »
>
> BUFFON

Mercredi 17 mars, 9 h 45.

Victor est dehors, vient à ma rencontre. Premier contact. Il me serre la main, m'inspecte les ongles, les cheveux, retourne à mes doigts dont il enlève les peaux mortes. Il s'assoit puis m'observe maintenant écrire. Au bout d'un moment, il se saisit de mon stylo et de mon carnet et file au fond de sa cage avec son butin. En signant (dans le langage des sourds et muets), je l'appelle et lui demande de me rapporter mes affaires : il revient, me rend mon bien. Victor me regarde à présent le dessiner. Il reste là, longtemps, très attentif à ce que je fais. Un peu plus tard, je lui demande de me donner une orange, ce qu'il fait immédiatement. A son tour, il me fait comprendre que c'est à moi de l'éplucher : j'exécute. Je la lui presse dans la bouche, pousse quelques grognements de plaisir auxquels il répond et lui tends un mouchoir en papier pour qu'il s'essuie. Il le prend, s'essuie et se mouche, me montre qu'il veut rentrer dans sa cage intérieure. Il me donne la main, nous signons « amis » puis il s'en va, s'installe sous sa couverture, arrange ses peluches, prend son « doudou », un livre qu'il feuillette. La séance est terminée.

Jeudi 18 mars, 10 h 00.

Victor n'est venu me voir que cinq minutes en tout : le temps d'un bisou et d'une orange pressée !

Mardi 14 septembre, 8 h 15.

Après une absence d'un mois et demi, je ne sais pas si Victor va me reconnaître. Il vient juste de se lever. Il m'a regardé, s'est assis en face de moi et m'a montré la poche droite de mon blouson, là où je cache d'habitude des friandises. Le rituel de l'épouillage a ensuite commencé. Aujourd'hui, pas de travail mais un jeu de cache-cache avec un sac en papier.

Lundi 7 novembre, 10 h 00.

Depuis un mois, Victor ne sort que les matins et il a pris la mauvaise habitude de lancer des projectiles sur les visiteurs. Le reste de la journée, Jojo et Judith, les deux chimpanzés qui occupent la cage voisine, arrosent les gens de leurs excréments. Mes visites sont moins régulières.

Mardi 12 décembre, 15 h 30.

Ce matin, Victor n'est pas en forme. Il regarde autour de lui comme perdu. Ni épouillage, ni jeux, ni gestes. Il va s'asseoir contre le mur et ramasse des brins de paille avec lesquels il se chatouille l'intérieur des oreilles. Il semble bouder comme un enfant, ne me retient pas lorsque je m'en vais, refuse de communiquer. Je comprends ce qui ne va pas lorsqu'un animalier lui rapporte son précieux « doudou ».

Lundi 16 décembre, 13 h 30.

Aucun des chimpanzés n'a le droit de sortir à cause du froid. Victor m'accueille par de grands « sourires ». Le rituel peut commencer. Très peu de visiteurs en ce moment. Victor signe les gestes « bonbons » et « gâteaux » en me montrant la poche de mon manteau. Gagné : j'y ai caché des pâtes d'amandes. Après avoir mangé quelques friandises, il me signe le geste « encore ». Je l'interroge : veut-il du gâteau ou des bonbons ? Victor insiste juste avec le signe « encore » en désignant du doigt ma poche contenant les confiseries. Pour détourner son attention de la nourriture, je donne le départ du jeu du mouchoir à attraper. C'est un jeu qu'il a lui-même inventé pour m'obliger à rester plus longtemps et qui consiste à me proposer de l'attraper et tout tenter pour que cela ne se produise jamais. Après dix minutes, j'arrête. Victor me fait le geste « encore », non pas pour les bonbons mais pour que le jeu se prolonge. Je suis stupéfait qu'il assimile le sens profond du vocable « encore » et qu'il l'ait aussi rapidement transposé à une autre situation que celle à laquelle il était jusque-là habitué.

Enfants sourds et chimpanzés orphelins

Victor est un chimpanzé mâle de dix-huit ans. Né en Afrique, il a été séparé de sa mère à l'âge de quatre mois et vendu à des touristes qui l'ont ramené avec eux en France et l'ont élevé comme un enfant jusqu'à l'âge de quatorze ans. Chez cette espèce, la pleine maturité sociale et physique est généralement atteinte vers quinze ans. Devenu incontrôlable, Victor se retrouve du jour au lendemain dans un zoo au cœur de la Lorraine. C'est là que son calvaire commence, seul au milieu d'une cage en béton et du vacarme assourdissant de ses congénères vociférant et tambourinant sur les portes en fer des locaux voisinant le sien. Sans avenir dans le monde des grands singes dont il a perdu les codes d'accès en s'humanisant contre son gré, Victor hurle de terreur, terrifié par cette violence, par les rituels d'intimidation des autres singes qui se manifestent derrière les vitres et par l'absence de sa famille humaine. Lui, le jeune adulte à peine sorti de sa crise d'adolescence, se voit brutalement privé des repères familiers qui ont jalonné jusque-là son existence et composé son univers : sa chambre, ses jouets, ses couverts, ses habitudes. Longtemps il va considérer la nourriture qu'on lui jette sur le sol avec condescendance et s'obstiner à manger des yaourts avec une cuillère. La présence des visiteurs du zoo qui l'observent le plonge dans un état second. Victor s'enfonce bientôt dans une profonde dépression, passe ses journées recroquevillé, triste à mourir, se balançant interminablement, le visage sans expression, comme absent. Lorsqu'il émerge de sa prostration, c'est pour agresser les soigneurs.

Un matin, un jeune homme d'une trentaine d'années pénètre dans le bâtiment qui abrite sa cage et son enclos. Il s'appelle Olivier Marchal. Contre toute attente, il transgresse les règles élémentaires de sécurité — auxquelles il recommande par ailleurs d'obéir ! — et prend la main que Victor, dans un sursaut de lucidité, vient de lui tendre à travers les barreaux. Autour de lui, on s'alarme. Olivier s'est mis en danger. Pourtant il ne se passe rien. Ou plutôt si, un échange a lieu, spontané, fort. « J'avais une petite blessure à la main ce jour-là, il l'a tout de suite caressée avec son doigt puis l'a embrassée. J'ai senti chez lui une solitude immense. »

Sans ambage, Olivier expose son idée à la direction du zoo : communiquer avec Victor. L'objectif n'est pas de prouver quoi que ce soit sur le plan scientifique et encore moins de proposer une attraction supplémentaire aux rares visiteurs. Olivier veut tout simplement ramener le grand singe à la vie en « partageant » son exil par le geste et le verbe. Son projet suscite scepticisme et ironie. Pour qui se prend-il ? On le met en garde contre la violence, la folie incurable de Victor. C'est oublier la détermination du jeune homme pour qui la communication est depuis longtemps un moteur. Enfant de parents sourds et muets, Olivier a dû apprendre très tôt le langage des signes pour parler avec ses parents, et c'est en se posant mille questions sur l'univers du verbe et du silence qu'il a grandi. L'homme doté de la parole serait-il le seul à posséder la capacité de penser ? Nombreux sont ceux qui déclarent que oui. Faut-il alors en conclure que les bébés, les aphasiques, les sourds et les muets de naissance sont dénués de pensées ? Du côté des animaux, si la capacité à exprimer une pensée complexe ne s'étend pas à toute la création animale et dépend de la cérébralisation, il est toutefois très clair que tous possèdent des moyens de communication non verbaux.

Dès les années 60, des travaux d'apprentissage du langage des signes chez certains grands singes ont eu le mérite de nous révéler que ces animaux avaient accès au contenu sémantique des mots. Ces études ont bouleversé les théories du linguiste Noam Chomsky dont les émules sont encore persuadés qu'il existe une structure profonde et universelle du langage au sein de notre espèce. Enseignant à l'Institut des jeunes sourds de Jarville (Meurthe-et-Moselle) dans une classe de cours préparatoire et de cours élémentaire, Olivier sait tout cela. « La première étape de l'acquisition du langage chez l'enfant est l'écoute, l'observation du son et la mémorisation de ces sons. Chez l'enfant sourd, cette étape n'existe pas. Seule l'observation de la forme de la bouche attire l'attention et l'expression du visage qui va avec. »

Comme un pont entre deux univers

Patiemment, Olivier désigne des objets à Victor et les associe à des signes, d'abord en verbalisant puis sans mots. Le jeune homme travaille sans filet. Les séances sont courtes, les mois passent. Il récompense le singe lorsque les signes sont corrects et, lorsque lui brûle les étapes, il arrête tout, joue avec l'élève et revient à la phase précédente le lendemain. L'acquisition est lente mais Victor manifeste, répond à une situation donnée et signe spontanément. Un lien surtout s'est tissé entre l'homme et le singe.

« Aujourd'hui, Victor possède un bagage d'une douzaine de gestes alors même qu'il en comprend une quarantaine. Il se limite à ceux qui lui paraissent essentiels dans son univers et qu'il délivre de son plein gré. Ses comportements stéréotypés ont disparu, il a retrouvé le goût de vivre. Il répond sans attendre aux provocations de ses congénères qui voisinent sa cage, ne se referme plus sur lui-même lorsqu'il est contrarié. Je vois toujours Victor deux ou trois fois par semaine en lui parlant encore par gestes, mais je ne lui demande plus de signer. L'apprentissage s'est terminé le jour où je l'ai vu obtenir des fruits de la part des animaliers sans rien leur demander et leur « sourire » de satisfaction.

« Pour continuer l'apprentissage, il aurait fallu un seul et même moyen de communication. Mais l'essentiel dans cette histoire est que Victor a trouvé un ami comme j'en ai trouvé un, qui me fait réfléchir sur ma place dans ce monde. Je me suis rendu compte que, même sans support linguistique, la compréhension et l'échange étaient possibles. Parfois, je me plais à penser que les hommes ont inventé le langage pour se rassurer et se sentir moins seuls.

En regardant Victor, je n'ai jamais vu un sous-homme. J'ai même du mal à le percevoir comme un animal, en dépit de sa face aplatie et de ses oreilles en feuilles de chou. J'ai vu au contraire quelqu'un qui me ressemblait, qui venait de loin, qui avait suivi son propre chemin. A son contact, la psychologie et la préhistoire que j'étudie me sont apparues comme étroitement liées. Je m'en suis servi comme d'un fil d'Ariane, d'abord pour parvenir jusqu'à lui, puis comme d'un pont entre nos univers respectifs. »

4

Capter nos racines

François Bell

> « La nature le conduit vers une paix si parfaite que les jeunes contemplent avec envie ce que le vieil homme sent à peine. »
>
> WORDSWORTH, *Le vieil homme qui voyage*

C'est un brasseur d'images, écologiste et poète, qui se méfie des mots. Depuis des lunes, il trace sa route, caméra au poing, des Pôles glacés aux plateaux africains. La démarche est solide, le visage buriné, les sens à fleur de peau. Un cinéaste de la nature, provocateur, à la fois physique et mystique. Depuis ses deux premiers films, *Le Territoire des autres*, loué par Orson Welles, et *La Griffe et la Dent*[1], qui ont obtenu à deux reprises, en 1970 et 1976, le grand prix de la Commission supérieure technique du cinéma au festival de Cannes, François Bell s'est forgé une réputation de naturaliste singulier. Bouleversant les lois du genre, l'homme propose un cinéma animalier fondé sur une nouvelle perception de l'univers, à des années-lumière du documentaire didactique et des fictions anthropomorphiques. Avec lui, pas de commentaire pédagogique, pas de chemin balisé. Ses images, un mélange de douceur et de rudesse, nous projettent aux quatre coins du monde, elles nous parlent sans manière d'eau, de lumière et de vent, de rencontres animales, de lunes et de silences.

Chacun de ses films prend des années de préparation, de tournage et de finition. Les lieux sont choisis pour leurs capacités à révéler des « visions primitives ». François Bell court ainsi le monde depuis plus de quarante ans, à la recherche de l'intangible et de l'universel, de notre mémoire.

Un cinéma né d'une réaction contre l'anthropomorphisme

Tout commence dans le Jura natal où sa mère l'initie à la chasse. Son premier contact avec la nature. Brutal, mais passionnant. L'observation et l'écoute des animaux, l'embuscade, la poursuite : il s'imagine à l'aube de la civilisation humaine. Avant de trouver sa vraie vocation, il suit des études à l'Ecole des arts et métiers, se laisse séduire par la sculpture sous la férule de Paul Belmondo. Le jeune homme est doué. Il y trouve un moyen de résister aux apparences. Mais, coincé dans son atelier, il fait figure de derviche. Les grands horizons lui font cruellement défaut, il rêve de turbulences et d'exode. Il finit par tourner le dos au monde de la glaise et du marbre pour recouvrer son incoercible liberté aventureuse. Sauver sa peau, caméra à l'épaule, valise en main. Il s'échappe alors vers l'Afrique qu'il foule à pied, sillonne en pirogue, livré à lui-même, tour à tour chasseur et photographe.

Lorsqu'il revient en France, il s'initie au documentaire animalier. Puis la guerre d'Algérie l'emporte comme à rebours de la vie, là où les cris des hommes obéissants tournent à l'aigu, où les guerriers s'endorment en murmurant le nom de leur mère. On lui demande de filmer la mort, les ombres embusquées, les jours cassés, les ciels de nuit au goût violent de sang. Lui qui pense que du chaos naît l'ordre ne voit là que l'incertitude des lendemains, une terre foudroyée qui engouffre, insatiable, les âmes et les chairs en crue, même l'innocence des enfants. On n'oublie pas. On n'oublie même jamais. Mais on continue. On entre en dissidence. Le combat prend d'autres allures, il célèbre la vie.

— J'ai décidé de bâtir ma vie pour ne pas avoir à la subir en sillonnant les grands espaces sujets aux rêves et à la compréhension du monde. Je ne me considère pas comme un explorateur au vrai sens du terme, mais dans mon propre rapport à la nature et à la vie, ça oui. Mes films sont nés en réaction à l'anthropomorphisme et aux jugements de valeur sur les animaux : les laids et les beaux, les nuisibles et les autres. Cette attitude consiste à dissimuler le fait que, dans la nature, les animaux interagissent ensemble en permanence, font l'amour, se tuent, se combattent, se réconcilient ou non, collaborent et s'adaptent à leur milieu avec ingéniosité, possèdent un destin, une vie qui leur est propre, spécifique à chaque espèce, avec des lois, des contraintes et des représentations qui sont les leurs. Je n'aime pas qu'on affadisse la réalité, qu'on la transgresse. C'est une vision judéo-chrétienne qui manque de réalisme.

— Terres violées, terres vivantes. Comment ressentez-vous les lieux que vous décidez d'aller filmer ?

— Je m'en imprègne. J'ai besoin de me coucher sur le sol, de sentir la terre contre ma peau, ses reliefs dans mon dos, la caresse des herbes, de voir le ciel avec ses nuages, d'être à l'écoute des bruits des insectes, des cris, des chants des oiseaux, de la rumeur des orages et des ruisseaux et de me retrouver dans une espèce d'attention flottante. Je rentre en communion avec la nature, l'animal. J'essaie de respirer comme lui pour retrouver son état du moment, d'adopter sa souplesse, son point de vue, de me fondre dans son univers. Toutes ces sensations me transcendent, elles prennent corps dans mon esprit et provoquent l'émotion qui m'inspire l'image. J'ai un regard curieux sur l'animal, à la fois voyeur et respectueux. Je cherche à établir une connivence. L'animal est en prise avec un instinct de conservation directement relié à ses sens. Il y a les animaux qui ont été chassés par l'espèce humaine depuis longtemps. Pour eux, l'homme représente l'ennemi héréditaire. On ne peut donc pas filmer ces animaux autrement qu'à leur insu. En revanche, il y a ceux qui sont seulement méfiants. Il faut les aborder avec beaucoup de patience, adopter un comportement qui les rassure et déconnecte leur système de défense par la fuite ou l'affrontement.

— Je vais donc les approcher peu à peu, toujours en parallèle, jamais de face, me glisser dans leur peau, copier leurs faits et gestes, devenir un voisin, une quantité négligeable, m'arrêter quand ils mangent, faire semblant moi-même de manger des feuilles ou de brouter de l'herbe, prendre autant de temps qu'eux, repartir quand ils partent, obéir à leurs rituels. Et puis je vais les dépasser un peu, tout en continuant d'adopter les mêmes comportements, la même gestuelle, la même vitesse de déplacement jusqu'au moment où ils vont venir spontanément vers moi. Il y a aussi les animaux qui n'ont jamais été ou peu en contact avec l'homme, comme en Antarctique, ceux-là sont les plus faciles à apprivoiser. Il faut toutefois rester patient. Ainsi, on pourra au bout d'un certain temps se faire accepter par des loups ou s'insinuer au milieu d'une immense colonie de manchots. Immobiles, ils viennent vous voir, vous tâter du bec.

Quand vous êtes réalisateur, vous dirigez vos acteurs. Ici, c'est le contraire, c'est vous qui devez vous mettre en scène. En étant l'acteur improbable d'un univers où les regards des animaux étaient tournés vers moi, j'ai parfois été troublé par le regard d'introspection de certains d'entre eux, comme les grands singes. Les gorilles des montagnes de la Lune au Rwanda sont ceux qui, parmi les animaux, m'ont le plus touché. Je les ai approchés avec la gestuelle appropriée, semblable à la leur, je ne les ai jamais surpris mais avertis de ma présence par des petits cris particuliers. Il faut savoir être humble devant le mâle dominant, savoir baisser les yeux, ne pas provoquer sa colère, rester immobile s'il fait une démonstration de sa suprématie et charge sur vous en criant, en se frappant la poitrine et en ravageant les végétaux qui l'entourent. La végétation est très dense là où ils vivent ; de fait, les seuls chemins sur lesquels on peut se déplacer sont ouverts par eux et il arrive souvent qu'en passant ils vous marchent littéralement dessus. Si vous êtes immobile au pied d'un arbre, d'autres viennent vous voir, vous regardent intensément et vous touchent. Ils semblent vous poser des questions, vous finissez par vous interroger sur vous-même.

Il y a aussi des animaux dits dangereux, les grands prédateurs : lions, panthères, buffles, éléphants, rhinocéros, ours, les ours blancs polaires surtout. Pour tous ceux-là, il faut absolument respecter la distance de fuite de chacun, être capable de juger précisément si c'est une femelle avec ses petits ou un vieux mâle rejeté de la communauté et devenu acariâtre. Dépasser cette distance de fuite, transgresser le choix de l'animal de se retirer dignement est risqué. Dans une grande colonie d'oiseaux, il est utile de repérer les animaux les plus craintifs et de se concentrer sur eux car par leur inquiétude et leurs cris, même s'ils sont peu nombreux, ils sont capables de déclencher la panique de toute la colonie qui était jusque-là paisible.

« La Terre est une étrange anomalie dans le système solaire ! »

— Vous parlez des animaux dépendants de leurs sens et de la réflexion qui caractérise l'homme. Est-ce que l'homme accompli devrait être un mariage harmonieux des deux ?

— Ne pas perdre sa relation au monde est une chose importante. La qualité de l'esprit dépend aussi de la qualité des sens. La finesse de nos rapports avec ceux qui nous entourent en dépend. Plus l'homme s'abîmera dans une saturation de sensations artificielles, plus son esprit, son ouverture aux autres comme sa capacité d'introspection risquent d'en pâtir. La plupart des peuples traditionnels ont compris ça depuis longtemps et je suis proche de leur rapport au monde. Je ne sais pas prier dans un lieu sacré mais je suis prompt à avoir des élans mystiques avec la nature. C'est une communion au sens primitif du terme.

— Que dire de l'aventure humaine en ce début de millénaire ? Pensez-vous que notre relation au monde vivant est en perdition ou, au contraire, l'écologie et l'intérêt pour les animaux aidant, qu'elle subit une métamorphose en profondeur ?

— L'un de mes films, *L'Arche et les déluges*[2], est un historique symbolique de l'évolution de la planète. Le film montre comment, d'une planète de feu, notre terre est devenue une oasis de vie extraordinaire. Le sujet principal est l'eau, associée à l'histoire de notre vaisseau spatial, la Terre. Grâce à l'eau, tout le développement a pu avoir lieu. L'entité de la vie passe par la pérennité de l'eau. Toute une série de facteurs ont fait que la planète a pu exister et c'est fabuleux ! Comme le dit James Lovelock, « la Terre est une étrange et merveilleuse anomalie dans notre système solaire ». Proche du Soleil mais pas trop quand même, une lune pour sa stabilité et son climat, une atmosphère particulière. Sur l'échelle de l'évolution, l'homme d'aujourd'hui occupe la dernière seconde et, pourtant, il risque de détruire tout le système.

« Mes messages sont clairs, je dis : toi, le spectateur qui es un être des villes, quand tu vas en forêt, tu es incapable de voir un animal tant tu fais de bruit. Si, par chance, tu rencontres un écureuil, tu pourras peut-être le désigner de son nom scientifique mais tu n'auras pas vu l'essentiel : l'animal jouant, sautant, vivant. Le fait de ne plus voir ni savoir écouter la nature est préjudiciable à nos propres rapports humains parce qu'on finit par ne plus savoir se regarder et s'écouter. Personnellement, je suis assez pessimiste dans la mesure où il n'y a pas une mutation spirituelle de l'homme plus forte. Il existe des prises de conscience dans la science, l'écologie et même les religions ; en même temps, je ne vois pas, étant donné la lenteur avec laquelle les espèces ont pu évoluer dans le temps et la vitesse à laquelle la civilisation industrielle et la démographie humaine continuent de se développer, comment l'homme pourrait acquérir suffisamment de sagesse pour réfléchir aux conséquences de ses actes. Quand on parcourt le monde depuis quarante ans comme je le fais, on sait qu'il y a des choses qu'on ne peut pas refaire, tout simplement parce qu'elles n'existent plus[3]. L'écologie, l'épuisement des ressources naturelles, la façon dont l'homme a oublié ses origines sont des cris d'alarme que nous ne voulons pas entendre. Teilhard de Chardin disait : “Notre génération n'est pas encore arrivée à comprendre l'importance qu'il y a pour l'homme à savoir comment l'humain se rattache au reste de la vie.”

— On nous dit d'un côté que l'homme sans la nature n'a pas de sens et de l'autre que la vie n'a de sens qu'en fonction de l'homme.

— L'homme reste un animal. Son berceau est une planète sauvage. Il a évolué sur ce terrain. Bien qu'il puisse vivre en autarcie, dans le confort et les dérives de sa technologie, il reste partie intégrante de son environnement. Jamais la sensation d'être un maillon dans la chaîne de l'évolution n'est aussi forte qu'au milieu d'un océan, d'une forêt, d'un désert ou d'une étendue glacée. Nous servons l'évolution, nous n'avons pas été élus. Toute la différence est là.

— Qu'est-ce qui donne de la valeur à l'homme ?

— Sa passion, je pense, et puis la parcelle mystique qui l'habite. Il doit la cultiver, c'est elle qui domine, régit son éthique personnelle pour vivre avec les autres. Je pars du principe que mes rapports ne peuvent être de qualité que si je travaille moi-même à être quelqu'un de qualité. Ce qui m'intéresse chez l'homme, c'est son engouement à créer, à s'interroger, à accéder au monde de plusieurs façons. Par son immersion dans la nature, par l'art, la connaissance des cultures ou des mythologies. Par exemple, j'ai toujours été très attiré par l'âme noire, africaine, tellement plus libre que nos pensées cartésiennes occidentales. Pour les Africains, le présent ne fonctionne qu'avec le passé et devient prémonitoire de l'avenir. Le monde, le temps, les hommes, les animaux, tout est relié. Ils savent où sont leurs racines, une notion que nous avons perdue. C'est ce à quoi j'aspire dans ma quête au pays des animaux.

5

Magie féline

Matto H. Barfuss

> « La magie de la prairie africaine vierge s'ajoute à celle des animaux qui existaient avant l'homme. On s'y sent l'âme allégée, comme en expiation, de pouvoir enfin leur offrir réparation du cycle infernal de notre vanité et de notre cupidité. Monde naturel de beauté et de justice, sans cruauté ni compassion. »
>
> Cyril CONNELY

La trentaine habitée, passionné par le comportement des animaux et par les sciences, l'Allemand Matto Barfuss aurait pu devenir éthologue. Mais la peinture, douée pour arracher les hommes aux pesanteurs, s'est montrée sur ce coup-là la plus forte. L'art de la couleur et des formes est devenu comme un langage, un sésame, un pont entre le rêve et la réalité. Jamais il n'aurait pu imaginer que sa peinture l'entraînerait au bout d'une telle expérience : vivre avec une famille de guépards sauvages dans la savane du Serengeti, en Tanzanie, plusieurs mois durant.

« J'ai commencé à peindre et à dessiner quand j'étais encore un tout petit enfant : des hommes, des paysages, des animaux, des chats et des oiseaux surtout. Pendant des heures. Le temps nécessaire pour que chaque esquisse, chaque portrait raconte sa propre histoire. Je confiais mes travaux à ma grand-mère, laquelle a accompli la prouesse d'en conserver plusieurs milliers. Dès que je fus en âge de lire, mon intérêt s'est porté sur la biologie et le comportement des animaux, en particulier des oiseaux. A quatorze ans, mes premières expositions ont eu lieu. Elles m'ont conforté dans l'idée que ma voie était tracée. Si vous me demandez maintenant quelle est ma profession, je vous répondrai que je vis mes rêves.

« Voyager en Afrique était justement le grand rêve de mon enfance. Lorsque je me rendais au zoo municipal pour dessiner, mon choix se portait systématiquement sur les animaux originaires de ce continent. Chaque jour, j'avais besoin de les approcher, les respirer même si j'étais terriblement frustré de les voir dans un contexte qui n'était pas le leur. En 1995, j'ai eu le sentiment qu'il me fallait sauter le pas et partir sur le terrain. J'avais peur de tomber amoureux de ce continent. De fait, lorsque j'ai posé le pied dans le Massaï Mara, au nord du Serengeti, entre le Kenya et la Tanzanie, c'est exactement ce qui s'est passé. Je sus immédiatement que l'Afrique était ma deuxième maison. J'ai rencontré un guerrier massaï qui m'a proposé de me faire découvrir son pays. Curieusement, je n'ai rien découvert car rien ne me semblait étranger. J'éprouvais le sentiment d'avoir déjà vécu sur ce territoire une vie précédente. Cela frappait mon compagnon massaï car je pouvais voyager à travers la plaine sans manger et sans même penser à la direction à prendre. J'étais dans mon élément, comme si je retrouvais mes marques. Je crois que c'est cette aisance dans ce pays bigarré qui est aussi à la base de mon expérience avec les guépards. La migration des gnous commençait. Je voulais suivre ces troupeaux immenses qui se dirigeaient vers la rivière Mara. Jour après jour, caché sous ma tente de camouflage, j'attendais qu'ils apparaissent. C'est là que j'ai rencontré Diana, une femelle guépard, et ses petits.

« Chez cette espèce, le couple n'existe pas. La mère élève seule les jeunes. Tous marchaient lentement dans la plaine rouge balayée par les vents. Ce spectacle changea ma vie instantanément. Tous mes projets se sont envolés aussi vite qu'une bande de vautours à l'approche des hyènes. Je n'ai plus eu qu'une seule idée en tête : les suivre. Je les ai d'abord observés à bord d'une voiture. A chaque fois que je posais le pied à terre, Diana la femelle se précipitait sur moi, très agressive. Au bout de trois semaines, j'ai remarqué que les petits s'éloignaient de plus en plus de leur mère pour découvrir leur environnement. J'ai alors pensé que c'était le bon moment pour essayer d'entrer en contact avec eux. Ce jour-là, Diana chassa avec succès. Repue, toute la famille se reposa sous un arbre jusqu'au soir. La femelle se mit ensuite en quête d'un endroit pour passer la nuit. Je partis en avant avec la voiture, m'arrêtai et quittai le véhicule. Je me suis allongé à terre. J'avais la tête enfouie dans les herbes, j'entendais le chant des courtilières, les cris des lions et des hyènes au loin. Et puis je les ai vus approcher. Diana s'est arrêtée à une centaine de mètres environ. Elle me fixait, je l'ai observée avec calme. J'ai attendu, immobile.

« Ce sont les petits qui sont venus me renifler, hésitant entre la peur et la curiosité. Quand la nuit est tombée, Diana a rappelé ses petits en poussant un sifflement rauque et ils sont partis. Les jours suivants, la femelle se contenta de rester à bonne distance mais sans cesser de m'observer. Ses yeux suivaient chacun de mes mouvements. Par crainte qu'elle interprète mal mes gestes et réagisse par l'attaque, je restais passif quand les petits jouaient avec moi. Puis, peu à peu, elle se rapprocha un peu plus chaque jour. Le septième jour, elle se coucha à environ cinq mètres de moi. Je devinais dans ses yeux qu'elle cherchait à savoir qui j'étais, ce que je voulais. Elle me fixait. Cela a duré un bon moment puis, brusquement, elle s'est levée et dirigée directement vers moi. J'étais un peu effrayé car j'étais allongé sur l'herbe et je ne pouvais pas changer de position. Diana me toucha doucement, me renifla, se plaça nez à nez avec moi, au point que je plongeai mes yeux dans les siens.

« Après cela, je fus accepté par elle. Ce même jour, lorsqu'elle partit à la chasse, elle me confia la garde de ses petits. Jamais je n'aurais pu imaginer qu'elle me témoigne une confiance aussi grande. La situation s'est reproduite régulièrement. Un autre exemple : les mères guépards ne dorment jamais car elles font toujours le guet pour assurer la protection de leurs jeunes. Quatre-vingts pour cent des jeunes meurent dans les premières semaines sous la dent des prédateurs qui, dans ces réserves, sont concentrés en forte densité. Cela représente beaucoup de stress pour elles. Mais Diana apprit à dormir pendant que je surveillais les alentours. Si quelque chose d'anormal se produisait, je la réveillais en poussant un cri d'alerte et elle avisait immédiatement. Ou elle repoussait l'intrus, ou nous décampions.

Communiquer avec des guépards

« J'étais à quatre pattes en permanence, je ne parlais jamais. J'ai été surpris de constater combien les guépards sont des animaux très silencieux. Le registre des sons audibles est pauvre. Je n'ai pu en déterminer que quatre. Un miaulement proche de celui des chats ; un sifflement qui ressemble à un cri d'oiseau (celui des mères qui appellent leurs petits) ; un cri aigu de bon augure car il invite au jeu ; s'il est grave, c'est qu'il y a danger. Je peux imiter ces quatre cris. Lorsqu'il ne m'était pas possible de communiquer avec eux par des sons, j'utilisais un langage gestuel. En revanche, une grande partie de leur communication s'exprime par des postures comportementales. Parfois il était difficile pour moi de jouer avec les petits tant leur force était grande. Ils me blessèrent souvent mais sans gravité. Lorsque j'en avais assez, je sifflais comme ils le font lorsqu'ils sont agacés et leur montrais par mon comportement que je n'en pouvais plus. La femelle ne participait pas aux jeux, elle passait son temps à surveiller. Lorsqu'elle décidait que le moment était venu de migrer, elle nous interrompait et nous devions la suivre.

« Les femelles restent attachées à une aire délimitée d'environ 15 km^2. Le groupe s'y déplace très peu lorsque les jeunes sont en bas âge. Au début, je n'ai donc pas eu de mal à les suivre à quatre pattes car nous ne parcourions que deux à trois kilomètres par jour. Diana m'attendait. Je suis convaincu qu'elle était consciente de l'avantage à m'avoir dans son groupe pour lui faciliter la tâche. L'humeur du groupe dépendait principalement des succès de Diana à la chasse. Or elle rentrait souvent bredouille, ne réussissait que trois chasses sur dix, soit une vingtaine de gazelles de Thomson par mois. Les jeunes l'observaient. Ils attendaient qu'elle tue sa proie et émette le signal d'appel par un cri très aigu. Alors ils filaient comme des missiles sur les lieux, se disputant les meilleures parts avec beaucoup de violence. Là encore, ils acceptaient ma présence. J'ai pris part à leur humeur dans toutes les circonstances, constaté que les moindres comportements de la femelle étaient destinés à enseigner sa portée.

« Les jeunes sont sevrés à quatre mois. A sept mois, ils apprennent les techniques de chasse. A dix mois, ils parviennent déjà à tuer en saisissant à la gorge ou en asphyxiant. A dix-huit mois, ils se séparent de leur mère. Chaque jour, je quittais le campement à quatre heures du matin et j'allais les retrouver deux heures plus tard, toujours sur le même site. Les petits léchaient mutuellement la rosée qui recouvrait le pelage de l'autre. Je n'échappais jamais à ce rituel matinal. Le reste de la journée, quand la chaleur devenait insupportable, nous nous reposions à l'ombre d'un acacia. La mère et les petits dormaient pendant que je montais la garde. Si je m'assoupissais, la mère reprenait la surveillance. Plus tard, lorsque les jeunes furent un peu plus grands et que Diana reprit davantage de liberté, je restai certaines nuits avec eux.

« Vers onze mois, les petits commencèrent à se détacher de leur mère. Comme leurs congénères du même âge, le temps était venu pour eux de quitter le berceau familial. Ils étaient désormais aptes à parcourir 35 km par jour. Je n'étais plus capable de les suivre à quatre pattes sur une si longue distance. Et si je tentais de me relever, ils me feulaient.

« La femelle guépard a tout fait pour me retenir avec eux »

« J'ai vécu dix-sept semaines avec eux. Puis le temps de la séparation est venu. Je les ai quittés un jour de pluie. La vie de la prairie semblait suspendue dans un bain de vapeur. Je me levai tôt ce matin-là pour profiter des quelques heures qui me restaient à passer en leur compagnie. A mon comportement, ils ont senti que quelque chose arrivait. Il y avait comme une attente dans l'air, ils m'observaient davantage. Curieusement, Diana joua beaucoup avec moi, ce qu'elle n'avait jamais fait. Enfin une voiture vint me chercher pour m'emmener à l'aéroport. Dès que j'essayai de ramper vers le véhicule, Diana me saisit à la ceinture pour me tirer en arrière. Finalement la ceinture cassa et elle lâcha prise. Dans la voiture, je n'ai pas pu m'empêcher de pleurer comme un gamin.

« Je pense que ce qui m'est arrivé ne relève pas seulement d'un heureux hasard. Vous expliquer pourquoi me dépasse. Toujours est-il que je me sens concerné par la survie de ces félins. Il reste aujourd'hui moins de cinq mille individus dans le monde alors qu'on en comptait plusieurs dizaines de milliers au début du siècle, répartis à travers l'Afrique, le Moyen-Orient et l'Inde. Il y a dix mille ans, la population a commencé à régresser sans que l'on puisse expliquer pourquoi. Aujourd'hui, deux problèmes majeurs se posent : la consanguinité qui accroît les risques de maladies génétiques et la fragilité immunitaire, et l'abattage par les éleveurs et les agriculteurs qui investissent leur territoire de chasse. En regardant dormir mes compagnons à quatre pattes, je ne pouvais m'empêcher de songer à leur passé, lorsque leurs ancêtres servaient les pharaons, les empereurs chinois et moghols, les tsars russes et les émirs arabes à la chasse. Jamais vraiment domestiqués, incapables de se reproduire en zoo, les touristes — dont je suis — et l'expansion humaine vont finir par les condamner.

« Je n'ai pas pu me résoudre à les oublier, à tirer un trait. Ils continuaient à me hanter, me poursuivaient dans mes rêves et mes peintures. N'y tenant plus, je suis reparti sur le terrain trois ans plus tard. Je voulais savoir où ils en étaient de leur vie. Les jeunes mâles avaient dû former une coalition pour acquérir un territoire. J'ai cherché pendant plusieurs semaines jusqu'à ce que je trouve la fille de Diana, Dione, sur le territoire maternel. Elle avait déjà deux petits de six semaines, dotés d'une épaisse crinière argentée. J'étais heureux. Je décidai de voir quelle serait la réaction de Dione si je quittais la voiture comme je l'avais fait jadis avec sa mère. L'expérience fut un succès. Après tout ce temps, elle me reconnut immédiatement. Il n'y eut pas d'attaque, pas de réaction de défense. Ce sont les petits qui se montraient apeurés mais leur méfiance finit par disparaître, à observer leur mère à mes côtés. Imprégné des odeurs du clan, ils m'ont accepté. De nouveau, nous avons formé une famille et, dans ces étendues d'épis blonds et de poussière rouge, nous avons vécu ensemble pendant six semaines. Je savourais ces instants volés au temps. On pouvait bien m'accuser de faiblesse. A défaut de me morfondre, je me sentais grandi. »

6

L'homme aux chiens à tête de loup

Nicolas Vanier

« On dit que les héros, dans les moments de crises, entendent les voix des anges qui leur indiquent ce qu'ils doivent faire. Toute *L'Odyssée* est un duel merveilleux entre Athéna qui murmure à l'oreille d'Ulysse : « Oui, tu peux le faire », et Poséidon qui rugit : « Non, tu ne le feras pas ! » Si l'on change l'expression « voix des anges » par le mot « instinct », on arrive bien près de la conclusion à laquelle ont abouti les mythologues les plus portés sur la psychologie : les mythes nous restituent des bribes de la vie intérieure des premiers hommes. »

Bruce CHATWIN

La température ne doit pas dépasser - 35 °C. À perte de vue, un dédale de lacs, un mélange de toundra alpine et de forêt boréale. Seul dans ce no man's land, l'homme au visage brûlé par le gel a choisi de se reposer avec ses chiens à l'orée d'un bois de sapins. Un matelas de branchages fera l'affaire. Avant de fermer les paupières, il jette un dernier coup d'œil à son attelage. Ils sont dix, tous issus d'un croisement entre un laïka sibérien et une chienne groenlandaise. Chacun a sa personnalité, son tempérament. Certains sont dotés d'une volonté à toute épreuve. Ce sont les meneurs, doués pour tirer sur les harnais, motiver les autres, prendre des initiatives, faire face aux imprévus. D'autres sont plus légers, plus ludiques mais se révèlent de parfaits trotteurs. Tous sont endurants, puissants, rapides. Ensemble, l'homme et les chiens ont déjà vécu le meilleur et le pire tout au long de ces dernières années : la traversée du Yukon, des Rocheuses, de la Laponie, de la péninsule du Québec-Labrador. Ils se connaissent par cœur. Sur le terrain, le musher (conducteur de traîneau à chiens) entretient la volonté de ses chiens qui le lui rendent bien. Il les appelle ses seigneurs des neiges. « Une meute n'est pas un bateau que le marin pousse jusqu'aux limites. L'homme et ses chiens vivent ensemble une aventure et le même désir d'avancer doit les habiter. A ce niveau, il n'y a plus de rapport de force, c'est un équipage et l'homme n'est qu'un maillon dans la chaîne. C'est ce qui fait la grandeur de cette histoire. Une histoire d'homme, de chiens et de grands espaces glacés. »

Il y a vingt ans déjà que Nicolas Vanier a fait du Grand Nord l'écrin de sa quête. Vingt ans qu'il sillonne les grands espaces à traîneau, en raquettes, à cheval, grimpé sur un renne, en radeau, seul ou avec femme et enfants. En prenant son temps ou en le dépassant. Relier en un hiver l'océan Pacifique à l'océan Atlantique en traîneau à chiens à travers tout le Grand Nord canadien depuis Skagway en Alaska jusqu'à Québec, soit 8 000 km par - 40 °C en moins de cent jours, tel a été l'un des plus grands défis de l'homme aux chiens. Cent ans après la ruée vers l'or qui précipita dans la folie plus d'un demi-million d'hommes sur la Canal Road, l'unique piste qui mène au Yukon, Vanier emprunte cette voie de légende. Il n'est pas là pour l'or mais pour la liberté. Il ne peut s'empêcher de penser à Jack London dont les œuvres ont nourri son enfance. C'est avec la découverte de l'or à Bonanza Creek, sur les rives du Klondike, que la ruée a commencé. A vingt et un ans, Jack London va écrire l'épopée du Yukon, raconter comment ce fleuve insolent de 3 300 km emporta dans son lit tumultueux des milliers d'hommes. Lorsqu'il revient de son errance, London n'a pas trouvé une seule pépite mais il est riche de tout ce dont il a été le témoin. Il deviendra écrivain-voyageur. Vanier aussi. Aujourd'hui encore, calé sur les patins du traîneau lancé à toute allure au départ de chaque nouvelle aventure, c'est toute son enfance et sa vie d'homme qui se rejouent. Sa mémoire s'envole et ce qui semble cruel au commun des mortels lui apparaît comme un cadeau du ciel. Il n'a de cesse de quitter le monde des hommes pour mieux le retrouver, d'aimer la pureté du froid, l'eau claire des rivières. Ses yeux rincés de lumière furètent comme ceux d'un animal dès qu'il quitte la civilisation. Il attend d'être seul dans la forêt immaculée. Alors il arrête le traîneau, en descend et va embrasser ses chiens les uns après les autres pour les remercier.

Comment la chienne de traîneau a rejoint les loups

Ce soir-là, les bourrasques glacées semblent avoir cristallisé l'équipage. On dirait des pains de sucre jetés à terre. Le souffle des chiens monte dans l'air en volutes qui se figent et retombent en pluie glacée. Allongé au milieu d'eux, tenaillé par le froid et la faim, Vanier pense à sa famille, à la Sologne, aux terres à labourer, aux prochaines récoltes. C'est fou ce que les pensées habitent le silence. Toutes les rivières imparfaitement gelées, les cols, les étendues verglacées sans horizon, les nuits de terreur et de grands bonheurs défilent. Il se souvient de son premier chef de meute, Otchum, tué par ses fils, jaloux de la relation privilégiée qu'il avait établie avec ses maîtres. Il a fallu du temps pour pardonner, accepter, reprendre la route ensemble.

La nuit est maintenant tombée. Il parle à ses chiens, les félicite pour leur courage. Il en est fier. Il reste encore deux mille kilomètres de plaisirs et de souffrances dans cette immensité épurée où le vent emporte les prières, les jurons et les certitudes des hommes, où la solitude finit par s'apprivoiser pour mieux se faire oublier. Vanier s'accorde quelques heures de sommeil. Sa tête repose sur le ventre d'un chien. Les autres tranchent le silence en grognant et en s'ébrouant. L'homme n'entend déjà plus rien, le sommeil et le froid l'engourdissent. Demain, il lui faudra encore courir, pousser, marcher pour aider les chiens. Ne jamais relâcher sa vigilance pour ne pas être désarçonné ni conduire ses bêtes dans un guêpier.

C'est au matin qu'il remarque l'absence de la chienne Oumiak. Elle est d'un naturel fugueur, il se dit que la petite sauvage finira bien par les attraper et se met en route. Les kilomètres s'accumulent et toujours pas d'Oumiak en vue. Vanier s'inquiète. A l'horizon, un couple de loups observent l'attelage. Ce n'est pas nouveau, les loups ont toujours accompagné l'homme dans ses périples. Il en a déjà croisé plusieurs centaines. Reste que, dans la situation actuelle, leur présence est loin d'être un bon signe pour Oumiak. Le mâle et la femelle sont côte à côte, complices et tendres. Lorsque les chiens arrivent, le couple s'évanouit dans la nature. Vanier les retrouve plus loin. Le même manège se renouvelle. A chaque fois, la louve semble hésiter à suivre le mâle puis se laisse convaincre lorsqu'il revient la chercher. Et soudain Vanier comprend : c'est sa chienne, Oumiak la sauvageonne. Lorsqu'il crie son nom, il la voit détaler comme si elle avait le feu aux trousses, disparaître par-delà une colline. L'homme n'est plus sûr de rien, se sent dans la peau d'un père mariant sa première fille, heureux et triste à la fois : « Elle ne reviendra pas. J'en suis persuadé et je ne suis pas triste. Je ne peux vendre un chien, mais je veux bien donner Oumiak à un loup. Adieu, Oumiak, je t'aime. » La chienne reviendra pourtant le soir même. Après moult hésitations et de longues œillades lancées en direction du loup mâle. Comme les chiens des romans de Jack London sensibles à l'appel du sauvage. Fidèle à son musher, Oumiak reprendra docilement sa place dans la meute.

« Chasser est pour moi un acte spirituel »

Vanier est ainsi : une sorte de transhumant, un drôle d'oiseau migrateur qui mémorise les cartes de la Terre, capable ensuite de filer dans la nuit noire ou dans une mer de neige en furie, un type pas banal qui vit au rythme d'une pulsation ordinaire : celle de la terre. Un rythme qu'il a appris à apprivoiser d'abord aux côtés de son grand-père paysan puis de ces hommes du renne en marge de l'histoire (les Evènes).

« Je ne sais pas si London a révélé quelque chose en moi, je crois que ma passion de la nature sauvage était déjà présente. En revanche, sa lecture a généré des émotions qui m'ont donné la certitude que c'était vraiment ce que je voulais. Mon grand-père, fils de paysans, ex-chirurgien reconverti en agriculteur, a été aussi un révélateur. Il avait une ferme — que j'entretiens aujourd'hui en Sologne — avec des animaux, des forêts et des étangs à exploiter, une terre à cultiver. J'ai grandi dans cette ambiance particulière où la relation avec la nature et les animaux ne peut pas être contemplative mais active. Peu après sa mort, je suis devenu responsable du domaine. J'avais l'âge de l'adolescence. Je me suis inscrit dans cette nature comme on entre dans les ordres. Quand on vit avec elle jour après jour, cet engagement est une obligation.

C'est d'ailleurs là où la relation est la plus forte, parce qu'il y a un échange réciproque. La terre que tu cultives te donne ses fruits, l'arbre abattu te chauffe, l'animal t'accompagne dans ton travail ou te nourrit.

« Chasser est pour moi un acte spirituel, un acte d'amour. En France, il y a depuis longtemps des débats sur la chasse. Toujours est-il que la question pour les hommes qui vivent vraiment de la nature de savoir si on doit chasser ou non ne se pose pas plus que de savoir si on doit respirer ou pas. Tout comme il est naturel d'aller couper un arbre malade dans une forêt pour permettre à un jeune plant de prendre son essor, je considère la chasse comme un élément naturel et indispensable. Sur le territoire que j'occupe, si je ne chasse pas, les populations de chevreuils, de sangliers, de renards explosent et mettent en danger la forêt, les oiseaux, toute une faune et une flore. Malheureusement, dans quatre-vingt-dix pour cent des cas, la chasse est une chasse de loisir où la plus cruelle illustration se résume à une bande d'individus qui se défoulent en mitraillant les animaux du matin au soir. Ce sont des gens pathétiques qui jouent avec la vie et ne mangent même pas les animaux tués parce que ni eux ni leur femme ne savent les préparer. C'est l'antithèse de la chasse. Cette pratique me révolte. Lorsque j'ai tué mon premier phoque, j'ai pratiqué un rituel de pardon sur sa dépouille. Je lui ai expliqué pourquoi je l'avais tué, pour nourrir les chiens et les hommes qui m'accompagnaient. Si chaque personne tuant un animal se posait la question de savoir pourquoi il l'a fait, je pense qu'on ferait un immense progrès sur le plan de la conscience humaine. Les peuples qui sont au plus près de la nature se sont toujours posé cette question au travers d'un cérémonial ; ça découle d'une démarche d'un homme qui vit vraiment dans la nature et la respecte profondément, ne prélève que ce dont il a besoin et sacrifie sans faire souffrir.

« Longtemps j'ai cherché un tel peuple, en symbiose avec la vie sauvage, non parasité par le progrès et ses dérives, vivant un nomadisme archaïque. J'ai découvert la communauté des Evènes qui vit en Sibérie ; les mêmes hommes que j'aurais pu découvrir si j'étais né cinquante ans plus tôt et si j'avais fait la traversée du Canada. Ils ne possédaient rien mais ils étaient heureux. Pendant quinze ans, j'ai eu le sentiment de courir après quelque chose, d'essayer de rattraper le temps en m'enfonçant toujours plus profondément dans les endroits les plus sauvages. Je voulais retrouver les héros de mon enfance, ces villages, ces populations qui vivaient en harmonie avec les éléments et les animaux. C'est la raison pour laquelle, lorsque j'ai débarqué la première fois dans ces villages indiens et inuits, la déception a été grande. Les Indiens que j'avais imaginés couverts du sang des animaux chassés baignaient dans l'alcool. La plupart ne savaient même plus reconnaître les traces des bêtes dans la neige ni conduire un traîneau. Mais tout n'est pas perdu car, aujourd'hui, les jeunes renouent avec les traditions des anciens.

« Dans la nature, je n'ai pas besoin de canne à pêche ni de fusil pour survivre. Je sais poser des pièges, attraper le poisson parce que j'ai appris à être à l'écoute des animaux, à les observer pendant des heures pour connaître leurs habitudes alimentaires, leurs déplacements quotidiens, leurs rites.

« Pour travailler avec mes chiens, je les observe avec la même attention. Lorsque les chiots naissent, ils vivent leur vie. Très tôt, la hiérarchie s'installe à travers des jeux et des bagarres amicales. Je ne m'immisce pas dans cette prise de position qui est nécessaire à l'intérieur d'une meute. En revanche, je vais intervenir dans le choix de la position des chiens au travail dans l'attelage. Le chien qu'on va mettre devant n'a rien à voir avec la hiérarchie de la meute. Ce sont deux choses complètement différentes. Il y a parfois des frustrations et des jalousies chez les chiens qui veulent occuper la tête de l'équipage. Cela fait partie des nombreuses choses qu'il faut savoir gérer psychologiquement. Comme un entraîneur avec une équipe de foot, il est important de pouvoir éviter certains conflits, en laisser d'autres se gérer par eux-mêmes. L'équilibre repose sur une question de confiance réciproque entre l'homme et les chiens. On le ressent dans les moments les plus intenses, lorsque tu ne sais plus à quel diable te vouer. Tu partages ta vie avec eux, tes bonheurs, ta peur, ta fatigue. Je me suis senti souvent comme un des leurs...

« Les loups ont horreur des chiens. Ils ne supportent pas que les meutes traversent leur territoire et, de fait, viennent volontiers les corriger. Les chiens ressentent de façon innée la supériorité du loup et adoptent le profil bas, la queue basse et le cou allongé lorsqu'ils se savent observés et escortés par eux. Lorsque nous traversons une forêt, ils te suivent parfois en file indienne comme un deuxième équipage collé à moins de cent mètres derrière le tien. D'un coup, ils disparaissent et un peu plus loin t'encerclent. Dans ces cas-là, les chiens redoublent de vitesse. Ils se retournent vers moi, me jettent des œillades inquiètes. Je les rassure par la voix. Je me garde bien de leur dire que le loup reste pour moi un animal plein de noblesse et de fierté qui, jamais, ne cessera de faire rêver les hommes libres. »

C'est en agissant sur le monde par l'intermédiaire du silex, du feu puis du verbe que l'homme a modifié la représentation qu'il avait de lui-même et de fait a structuré son propre environnement social. De quelle sorte de pouvoir s'est-il senti investi dès lors qu'il a réussi à faire du loup son premier allié ? L'homme a-t-il ensorcelé la bête ou est-ce l'inverse qui s'est produit ? Quel pacte ont-ils passé et qu'en est-il resté par-delà les siècles ? Des histoires inespérées au bord des eaux blanches et des forêts vigoureuses. Des histoires animalement humaines aux senteurs d'humus. Des histoires venteuses qui essoufflent les paroles savantes. Des hommes émus, un peu pantelants.

7

Le meneur de loups

Werner Freund

« Le latin médieval *wargus* désigne d'une part le banni, l'étranger et d'autre part le loup ; les deux notions, celle de la bête sauvage qu'il faut pourchasser et celle de l'homme qu'il faut traiter comme une bête sauvage, sont intimement liées. »

P. J. HAMILTON GRIERSON, *The Silent Trade*

A l'aube, ses voisins ont barricadé sa porte et se sont postés devant chaque fenêtre armés d'une fourche. Ils ont attendu que le bûcher soit prêt pour l'extraire de sa maison et le jeter dans les flammes avec la bénédiction du Saint-Office. Le cri de l'homme s'enta dans la mémoire des vivants, des bois et des ancêtres. C'était il y a cinq siècles, dans une bourgade du Berry. L'homme était accusé d'avoir communiqué avec les loups, pactisé avec Satan. L'odeur de la chair brûlée charriée par le vent complice se répandit dans les hameaux aussi vite que l'heureuse et folle nouvelle : la part obscure de l'homme venait d'être vaincue et, avec elle, la peur de la différence abandonnée à la haine de l'animalité.

Werner Freund aurait bien pu finir ainsi s'il avait vécu à cette époque. Nous sommes à Merzig, en Allemagne. Le jour s'épanche de ses derniers rayons. L'homme au visage buriné progresse d'un pas lent entre les grands pins sombres. Parfois il s'arrête et son regard considère les alentours. C'est comme s'il se réveillait d'une longue absence. Envahi par des sensations venues d'un passé lointain, il écoute, inspire, hume l'odeur des loups mêlée de terre. Dans un ravin, une bande de corbeaux s'échinent à récurer une carcasse de chevreuil. Un moment, l'homme attend puis renverse la tête en arrière, pointe sa bouche charnue en entonnoir vers le ciel.

Alors, du fond de ses entrailles, jaillit un hurlement. D'un chemin de terre qui serpente entre deux haies surgit un couple de loups d'origine canadienne. Leur fourrure est noire et leurs yeux sont clairs. Le mâle s'approche, élancé, hiératique et solide. D'un bond, il pose ses pattes avant sur les épaules de l'homme pour lui lécher la bouche avec frénésie. Juste derrière lui, la femelle minaude, piétine sur place, remue la queue puis, dans un élan, vient se joindre aux retrouvailles. Werner Freund flatte les têtes, les poitrails, empoigne et pétrit les pelages et les oreilles, mord les langues, les babines et entrechoque ses dents aux leurs. A l'abri des buissons, les sept autres membres de la meute attendent le signal du couple alpha pour s'approcher et à leur tour venir se frotter aux mains de cet homme dont ils partagent le quotidien depuis des années, après tout peut-être même depuis plusieurs vies. Que l'un d'entre eux oublie sa place dans la hiérarchie et il est immédiatement plaqué au sol par la femelle dominante. Une façon de rappeler son statut. C'est elle qui depuis maintenant cinq ans dirige le clan, empêche les dominés de se reproduire en les stérilisant psychologiquement et veille quotidiennement à ce que personne ne remette en cause ses privilèges. Les règles sont drastiques et les sanctions brutales. En captivité, les loups chassés par le clan qui ne peuvent s'échapper se font tuer.

Chaque jour, l'homme hurle à l'unisson avec les loups

Après les rites fraternels, Werner reprend son chant et toute la meute hurle avec lui. Une symphonie qui s'éternise comme un défi à la vie venu du fond des âges. Chaque jour, l'homme et les loups hurlent à l'unisson. C'est une manière d'exprimer une sensation ou bien de rester en contact, de rassembler et d'unifier le clan avant la chasse, de fêter l'époque du rut et des naissances ou encore de dissuader une meute voisine d'investir leur territoire et d'éviter ainsi les affrontements sanglants.

Jadis, lorsqu'un homme communiquait avec un animal, on pensait qu'une aliénation des deux êtres s'opérait pour donner un centaure, une sirène ou un loup-garou. Cette croyance en la lycanthropie qui a obsédé l'Occident durant tout le Moyen Age et au-delà est née, on l'a vu, dans l'Antiquité. Si l'on trouve déjà au IVe siècle avant J.-C. un texte de Solon d'Athènes proposant une récompense pour l'abattage des loups, la palme en matière de destruction de *Canis lupus* revient à l'Europe occidentale dès l'avènement du christianisme, peu après la chute de Rome. Après avoir vécu dans un univers païen, l'homme se retrouve brutalement confronté à la morale chrétienne. D'un côté, le bien ; de l'autre le mal. Protecteur des vivants dans l'Egypte antique, le loup devient figure du mal dans le Nouveau Testament. Il symbolise la paillardise, le sexe, l'entrave à la paix, la bête malsaine prête à fondre sur l'agneau qui incarne les valeurs chrétiennes. En réalité, il est surtout le mal obscur qui nous renvoie à nos propres démons. Qui ose l'avouer ?

Les nombreuses invasions germaniques n'arrangent rien. Elles amènent avec elles leur représentation totémique du loup associée à la guerre et à la violence. L'Eglise cultive cette imagerie en assimilant le loup au diable. A partir du XVe siècle s'organisent de grandes campagnes visant à éliminer l'animal. En France, les équipages de louveterie se multiplient, des primes sont offertes afin de favoriser son éradication. En Ecosse, on brûle les forêts pour détruire l'animal.

C'est aussi l'époque de la Renaissance. Née dans le nord de l'Italie à la fin du XVe siècle, elle se répand dans toute l'Europe, dégèle les pensées et provoque l'Eglise tout au long du XVIe siècle au moyen de mouvements contestataires. Le protestantisme en est un. Sous l'impulsion du moine allemand Martin Luther (1483-1546), la nouvelle religion se développe en Allemagne puis en Suisse, dans le nord de l'Europe, en Angleterre. En réaction, l'Eglise catholique redéfinit sa doctrine et lance la Contre-Réforme. La compagnie de Jésus, œuvre d'Ignace de Loyola, est le principal instrument du renouveau. Les armes les plus connues sont la censure, l'index des livres interdits et l'Inquisition pour traquer l'hérésie. En trois siècles, plusieurs milliers de prétendus loups-garous vont périr brûlés. Tout étranger, cathare, protestant, libre penseur ou simple d'esprit, toute personne ayant omis de se confesser ou ayant consommé de la viande un vendredi saint peut être condamné pour lycanthropie. La délation est vivement recommandée et, en vertu du pouvoir accordé par certains édits, les villageois sont invités à traquer et massacrer hommes, femmes et enfants susceptibles de « communiquer » avec le Malin par l'intermédiaire des loups.

En d'autres temps, Werner, le meneur de loups, aurait été assassiné. Aujourd'hui, il l'est par la communauté scientifique qui discute les conditions dans lesquelles il mène son étude d'éthologue en autodidacte. Werner Freund vit depuis vingt-sept ans en étroite compagnie avec une trentaine de loups de quatre espèces différentes répartis en six meutes dans un parc boisé situé au nord-ouest de Sarrebruck. Né en 1933 dans la Hesse, d'un père berger et d'une mère issue d'une famille de forestiers, le gamin au physique robuste et au tempérament excessif est de ces graines de solitaire et d'aventurier qui rêvent de parcourir le monde pour mieux saisir le sens de la vie.

A peine rentré de l'école, l'enfant s'enfuit dans les bois en compagnie de son chien. Avec une portée de renardeaux, il découvre émerveillé que, si le groupe possède des comportements collectifs, chacun des petits exprime des caractéristiques individuelles très différenciées qui se manifestent de manière éclatante à mesure qu'ils grandissent. Comme tout bon naturaliste, il épie minutieusement les comportements des animaux, note et mémorise leurs codes et leurs postures selon les situations. A son tour, il adopte telle ou telle gestuelle ou imite tel ou tel cri pour susciter une réaction ou obtenir une réponse. Cette démarche intellectuelle basée principalement sur l'analyse et l'écoute orientera sa vie. Plus il grandit, plus il lui semble que l'animal reste le lien intime de l'homme avec la réalité de la nature qu'il a perdue en se civilisant. Il partage les réflexions de Platon : « Celui qui a vu de ses yeux la beauté n'est pas promis à la mort, mais s'il a vu la beauté de la nature, il deviendra la proie de cette nature. Et s'il a vraiment des yeux pour voir, il se fera sans hésiter naturaliste. »

Très tôt, il quitte le système éducatif traditionnel tant il s'y ennuie. Fasciné par le monde des plantes, il opte pour une école d'arboriculture qui lui permet de devenir jardinier, milieu dans lequel il excelle. Ce qui lui donne l'occasion inespérée d'entrer au début des années 50 dans un jardin botanique de Stuttgart qui a la particularité de posséder un parc zoologique. Alors que l'objectivité et la rigueur règnent dans les laboratoires allemands, le physiologiste Uexküll, vulgarisateur d'avant-garde, propose de définir l'animal comme un organisme dans son monde, sans sombrer dans l'anthropomorphisme mais en apprenant à observer. Les recherches des éthologues comme Niko Tinbergen sur les mouettes, Konrad Lorenz sur les oies et le développement de l'éthologie doivent beaucoup à Uexküll. Chaque soir, après son travail et le départ de ses collègues, Werner passe du temps auprès des lions, des hyènes, des loups dont les comportements stéréotypés témoignent de leur malaise à vivre. Il leur parle, les nourrit, tente de casser l'ennui qui anéantit leur vie, cherche à provoquer un contact physique, d'abord en glissant ses doigts entre les barreaux puis en pénétrant dans leur enclos pour finir par dormir avec eux. L'étroitesse de leur cage bétonnée relève du sadisme. Il plaide en leur faveur auprès de la direction, tente de convaincre les soigneurs d'avoir des contacts sociaux avec les animaux, outrepasse les limites qui lui sont imparties.

La réaction est sans appel : l'insolent, considéré de surcroît comme un « mystique suicidaire » se voit interdire l'accès aux lions et surtout aux loups. La mort dans l'âme, Werner préfère partir. Il effectue alors son service militaire puis s'engage dans la formation d'assaut de la Bundeswehr. Là, son destin le rattrape. Ses supérieurs le somment de dénicher une mascotte pour le bataillon : Werner ramène un ours de trois mois, Alfred, né dans un zoo.

Contre l'avis des scientifiques, Freund décide de vivre en chef animal

Trois autres ours lui succèdent de 1961 à 1978, tous nés en captivité. Werner va passer dix-sept ans avec eux, tantôt en caserne, tantôt en forêt. La compagnie des ours développe en lui la faculté de tempérer ses émotions intérieures. Il se rend compte en effet que les ours lisent en lui et réagissent à ses variations d'humeur. Comme n'importe quel animal, l'évolution les a équipés d'un appareillage plus ou moins sophistiqué (et spécifique selon les espèces) qui leur permet de recevoir et décoder des signaux olfactifs, visuels et auditifs tellement infimes qu'ils échappent à l'homme. Mais les relations des ours avec le reste du bataillon posent problème. La plupart des hommes sont terrorisés et, de fait, suscitent l'agressivité des animaux à leur égard. Werner est contraint de s'en séparer. L'étude du comportement humain et animal reste alors sa principale préoccupation. La connaissance qu'il acquiert nourrit bientôt un autre désir, celui de parcourir l'Afrique et les forêts tropicales d'Amérique du Sud. Au fil des années, il met sur pied quinze expéditions.

Plusieurs mois durant, Werner vit au sein d'une tribu de Papous puis de Pygmées. Pour eux, la nature est une construction sociale où l'homme n'est qu'un acteur parmi d'autres. Leur cosmologie ne pose pas de frontière entre l'humain et la nature et c'est justement cet animisme et ce totémisme qui leur permettent de tirer partie de leur environnement sans le bouleverser. Werner est frappé de voir qu'un chasseur peut, au fil du temps, nouer physiquement et symboliquement un lien d'amitié avec un animal en particulier. Ce dernier devient un partenaire social et sert d'intermédiaire entre le monde des hommes et celui de la nature.

De retour en Allemagne en 1972, Werner réalise enfin son rêve. Il achète à un zoo un jeune loup capturé en Yougoslavie par un forestier et l'installe dans un parc où d'autres congénères vont très vite le rejoindre. Etudier les comportements sociaux des loups avec des méthodologies de laboratoire ne l'intéresse pas et lui semble parcellaire. Il veut vivre avec la meute, se fondre en elle, connaître sa nature profonde. Le jour il travaille, la nuit il déserte le lit conjugal pour aller observer les loups en forêt. Bientôt, ayant quitté l'armée, il abandonne toute activité pour se consacrer entièrement à eux. Une nouvelle vie commence. Mettant en pratique les idées de l'éthologue Konrad Lorenz — qu'il rencontre et qui l'encourage vivement dans sa démarche —, Werner mange, dort, chasse avec les loups, défend sa place de leader au-dessus du loup supérieur alpha — condition sine qua non de son intégration. Afin que les loups le considèrent comme un congénère et reproduisent vis-à-vis de lui les comportements normaux d'une meute de loups, Werner retire les petits de la tanière avant quatorze jours et les nourrit lui-même d'abord avec des biberons puis de la viande mâchée qu'il leur distribue de « bouche à gueule » afin qu'ils soient imprégnés. Siestes, jeux, échanges sociaux, alimentation des louveteaux composent l'essentiel du quotidien des meutes dans lesquelles Werner s'est intégré. Comme les parents et les membres plus ou moins proches, l'homme se mêle aux combats ludiques menés avec les petits afin de développer leur talent de compétiteur. Il se roule sur le sol avec eux pour arracher le meilleur morceau d'un veau qu'il a rapporté de l'abattoir ou d'un chevreuil tué sur la route.

Derrière ces attitudes qui peuvent paraître insensées au commun des mortels, l'homme enrichit sa compréhension du monde des loups par de multiples détails. Depuis vingt ans, Werner consigne et note tout sur son carnet. Comme l'éthologue et linguiste en hurlements de loups Fred Harrington, il remarque que les louveteaux hurlent très tôt dans leur existence et sont capables de baisser leur voix de plusieurs octaves pour faire croire à d'éventuels intrus qu'ils ont affaire à des rivaux de taille. Il constate aussi que les luttes entre louveteaux président déjà la hiérarchie future, que les loups arctiques se développent plus lentements que les européens et que, contrairement à leurs congénères, ils aspirent l'eau et la conservent dans la gueule pour la réchauffer avant de l'avaler.

« J'ai été aussi témoin du deuil animal, raconte-t-il. C'était il y a sept ans, à la mort du chef des loups canadiens. J'étais entré dans l'enclos pour sortir le cadavre. Plusieurs membres de la meute m'ont alors coupé le chemin pour m'empêcher de sortir. J'ai dû abandonner le corps à terre. A ma grande surprise, la louve alpha, compagne du mort, est venue se coucher à ses côtés. Elle est restée là pendant une semaine, nuit et jour, sans boire ni manger, empêchant quiconque de s'approcher du cadavre. Au bout de huit jours, je suis entré. Elle s'est levée et elle est venue me saluer. Avec son accord, j'ai alors pu sortir le cadavre et la hiérarchie s'est immédiatement reconstituée. Je suis un loup à deux jambes. J'observe et je me fonds dans leur univers sans leur imposer le mien, en respectant leurs codes. Je n'impose ma loi qu'en obéissant à la leur. Je dois faire abstraction de mes habitudes d'hommes et communique avec eux en adoptant leur comportement. Pour avoir le privilège de les étudier de la sorte, j'ai dû dès le départ me placer au sommet de l'organisation pyramidale que l'on retrouve dans toutes les meutes : il est nécessaire que je conserve cette place, non pas par esprit de domination, mais pour éviter d'être attaqué et donc exclu, ce qui m'obligerait à rompre tout contact social avec eux. Pour en arriver là, j'ai dû faire comprendre au loup alpha que j'étais au-dessus de lui. Il a suffi que je défende comme il l'aurait fait lui-même une carcasse de viande apportée sur mon dos. Mes relations avec chacune des meutes sont définies par les premiers loups. Ce sont eux qui décident de l'ordre dans lequel chacun doit venir se présenter à moi et je n'ai en aucun cas le droit d'intervenir. En pénétrant dans l'enclos, je regarde le loup alpha et ne prête pas attention aux autres. C'est lui qui doit me saluer le premier. Mes expériences.

jugées empiriques, n'ont certes jamais fait l'unanimité des scientifiques, pourtant je peux dire sans hésiter que j'ai compris le monde intime des loups, leur structure sociale extrêmement évoluée, leur individualité. Certains sont timides, d'autres nerveux, curieux, indifférents, provocateurs et mauvais garçons ou diplomates, comme cette femelle qui peut tout se permettre ou presque sans jamais utiliser la force. Chaque jour, ils jaugent mes réflexes, étudient ma force, évaluent ma position. Je les suspecte même de deviner mes pensées. Chaque meute a sa propre histoire, ses codes de conduite et je dois m'adapter. En trente ans, j'ai été défié quatre fois. Dans l'un des cas, j'avais omis de changer de vêtements en pénétrant dans l'enclos d'une meute. Mon odeur était celle d'une meute rivale. Un autre jour, j'ai dérangé un mâle qui dormait. Un jour encore, j'ai uriné contre un arbre en oubliant que la saison du rut avait commencé. A cette période, le marquage odorant est exclusivement réservé au chef du clan. Cette erreur a été perçue par le dominant comme une provocation et une remise en question de son statut sexuel. Suivi par quatre loups, il a bondi sur moi, oreilles dressées, pupilles dilatées et pénis en érection. Pour conforter ma position, il m'a fallu répondre immédiatement à son attaque par un violent coup de pied dans les côtes. »

Dans bien des civilisations le loup est un animal sacré

Werner réfléchit longuement en tirant sur son cigare. Nul autre bruit alentour. « Comme aimait à le répéter Konrad Lorenz : “L'étude du comportement des animaux exige de l'observateur une intimité si étroite avec l'animal vivant, une patience si surhumaine que l'intérêt théorique ne suffirait pas à soutenir l'attention nécessaire sans l'amour qui a justement réussi à discerner dans la conduite de l'homme et de l'animal la parenté dont il a l'intuition." Je me suis intéressé au loup parce qu'il était l'animal le plus incompris qui soit. Chaque fois que l'homme a investi un territoire pour s'y installer et s'y développer, il a associé le loup à la nature qu'il faut combattre pour mieux maîtriser la vie. Un des exemples les plus marquants est l'arrivée des colons en Amérique du Nord. Forts de leur culture européenne, ils ont déclaré la guerre aux Indiens et aux loups, accusés à tort d'être des ennemis. Tous deux ont été exterminés parce qu'ils symbolisaient l'essence même de la nature. Aujourd'hui encore, partout où la connaissance biologique et comportementale du loup est moindre, l'intolérance éclate. L'imagerie culturelle irrationnelle refait à chaque fois surface. Je rejoins tout à fait la réflexion de l'écrivain et philosophe Barry Lopez lorsqu'il fait remarquer que nous avons projeté sur le loup les qualités que nous haïssions et craignions le plus en nous-mêmes.

« Il y a des exceptions comme en Italie, en Mongolie ou en Géorgie. Là-bas, les territoires des bergers et des loups sont communs. Les loups y sont chassés et mis en fuite lorsqu'ils dérangent mais ils y sont respectés. »

En dépit des massacres dont les loups ont été victimes, ils n'ont jamais été totalement anéantis parce qu'ils ont conservé l'admiration de nombreuses cultures. Tantôt animal solaire chez les Celtes, les Grecs et les Mongols, tantôt animal annonceur de la nuit, conducteur de l'âme des morts chez les Roumains, il est aussi gardien du Palais céleste en Chine, emblème de la monnaie égyptienne, maître des oracles de Delphes. Pour les Indiens, il incarne la puissance physique et spirituelle, il fait revivre les morts au Mexique. En Turquie, la foudre du ciel est un loup bleu. En Anatolie, les femmes stériles l'invoquent pour avoir des enfants. Créateur des dynasties chinoises et mongoles, il est aussi, selon une légende grecque, fondateur de Rome par les jumeaux Rémus et Romulus.

Werner considéra longuement son cigare éteint qu'il fourra dans le fond de sa poche puis respira une goulée d'air avant de se redresser avec sur le visage l'air d'un voyageur égaré. « Je n'ai pas le sentiment que l'oubli de la nature ait contribué à faire de l'homme un être abouti. Je pense plutôt l'inverse. C'est l'union entre nature et culture qui nous donne ce sentiment puissant d'appartenir au monde et fait de nous des êtres exceptionnels parce que capables d'émotions devant le grand spectacle de la vie. Le loup, mon frère sauvage, me rappelle sans cesse mes origines humaines. »

8

L'âme des montagnes

Pascal Wick

« Aux jours d'été, sur les paliers de la montagne, le berger s'étend dans l'herbe en face du ciel. Parce que cette odeur de suint et de laine, cette odeur de bélier et de bouc, cette odeur de lait et de brebis pleines, cette odeur d'agneaux naissants roulés dans leurs glaires, cette odeur des bêtes mortes, cette odeur de troupeau à l'alpage, c'est la vie, comme la saumure des grandes mers. »

Jean GIONO

Au début des années 90, le loup a réinvesti le Mercantour après plus d'un demi-siècle d'absence. En provenance d'Italie, d'où il n'a jamais disparu, plus précisément des Abruzzes, il poursuit actuellement sa reconquête spontanée et naturelle vers les Hautes-Alpes, les Alpes-de-Haute-Provence et tente de s'installer dans les Pyrénées [1]. Les plus récalcitrants envisagent l'installation d'une trentaine d'individus répartis en plusieurs meutes comme une terrible menace pour l'avenir du pastoralisme et de la faune sauvage, en omettant de dire que le déclin de l'élevage ovin (qui par ailleurs subsiste grâce aux primes allouées par l'Europe) est moins lié au retour du loup qu'à une mévente sur le marché européen. Quant aux plus naïfs qui assimilent le loup à l'homme en l'idéalisant, ils oublient sa véritable nature de prédateur et, par leurs préférences, tendent à oublier les hommes. Certains éleveurs de bonne volonté ont décidé de réagir en regroupant leur troupeau la nuit, en utilisant des bergers et des chiens de protection au grand dam de ceux qui pensent que s'adapter est une faiblesse. Ceux-là savent que là où les hommes ont accepté de coexister avec les loups — comme en Italie dans le parc des Abruzzes — la manne touristique a permis la pérennité et l'expansion du pastoralisme mais aussi la renaissance de villages et la création de milliers d'entreprises familiales[2].

Berger depuis trente ans, Pascal Wick a la certitude que la cohabitation entre l'homme et le prédateur est possible et il en témoigne pour l'avoir vécue. Docteur en économie rurale, baroudeur humaniste, chercheur et spécialiste du chien de protection, l'homme a le geste fluide, des ombres de pudeur dans le regard et la démarche paisible. Le pas est régulier, robuste, tout comme les déplacements chaloupés des grands chiens blancs qui l'accompagnent désormais en permanence lorsqu'il garde ses propres bêtes ou celles que des éleveurs lui confient.

C'est à mots bas que le berger avoue son amour de la nature

Dans la montagne, les couleurs changent tout le temps. Il y a des ciels d'avant et d'après l'orage, des horizons plombés sous la brume, comme muets, des reliefs mordorés qui signent la débâcle ou le retour du soleil après la nuit, des bleus tranchés que des oiseaux farouches prennent d'assaut. On dirait qu'ils s'y agrippent, qu'ils y dansent ; on dirait des rêves étoilés en plein jour. C'est ainsi, et à chaque fois, comme si on atteignait les rives d'un autre univers. Il y a comme un parfum d'immortalité, quelque chose qui ressemble au début du monde, ou peut-être à l'enfance. Sur les versants, plusieurs centaines de brebis se déploient doucement comme un cours d'eau puis se resserrent et avancent en colonne, sans précipitation. En les voyant si dociles, presque sereines, on ne peut s'empêcher de penser à ces premiers pasteurs qui, neuf mille ans av. J.-C., dans les montagnes d'Iran occidental, ont domestiqué le mouflon oriental d'Asie.

De ces hommes de jadis, nos bergers ont conservé l'instinct. Ils y ont ajouté la technique. Car on ne fait pas pâturer les bêtes n'importe comment. Il faut éviter l'érosion de la terre, veiller sur la pérennité de la faune et de la flore des hauts plateaux, faire s'enrober les bêtes. C'est un pacte secret entre l'homme, la nature et l'animal. Exposée au cycle permanent de la vie et de la mort, confrontée aux éléments, l'existence des bergers est rude. Le temps manque pour bercer ses misères et ses défaites. La vie ressemble à de la glaise, elle se pétrit à pleines mains, s'envisage sans lutte, s'éternise dans la mémoire. Le berger fait face aux imprévus, vit au rythme de son troupeau qui lui enseigne le temps qui passe et qu'il respire comme un grand vent pour connaître la vigueur et la santé de chacune de ses bêtes. Aucune ne lui est inconnue, pas plus que les étoiles d'ailleurs. C'est à mots bas qu'il avoue qu'il aime le ciel et la terre... « La solitude vous donne la mesure de tout : du temps, de l'espace, de cette harmonie fragile et précieuse entre la nature et vous. Vous n'avez plus le regard sur l'autre ni le regard de l'autre, ni le verbe facile comme échappatoire, vous êtes seul face à la forêt que vous savez peuplée de grands prédateurs, dans une intimité presque charnelle, humble, avec ce sentiment très fort de n'être que de passage. »

Comme dans les histoires d'amour, on se souvient toujours de la première fois. Pour Pascal Wick, la rencontre initiale avec la nature s'est célébrée dans le berceau familial : un chalet niché dans les montagnes de Haute-Savoie, isolé sous la neige pendant une partie de l'année. Si les hivers sont rigoureux, l'été permet aux enfants des hameaux de se dégourdir en s'affairant aux travaux des champs et des écuries en compagnie des adultes.

« Pour le gamin que j'étais alors, l'animal le plus commun était de loin supérieur à l'objet le plus rare. » Pascal Wick veut devenir fermier mais doit se résoudre à quitter la montagne, ses animaux sauvages et domestiques, pour le conformisme et la rigueur d'un internat à Annecy. « Au grand désespoir de mes parents, je ne m'intéressais pas du tout à l'école. J'étais renvoyé de partout. Ce n'est que vers l'âge de dix-sept ans que l'envie de lire, d'apprendre, de comprendre le monde est devenue une évidence. Comme si je réalisais enfin que le seul moyen de retrouver ma liberté physique était de passer d'abord par le décryptage de la société dans laquelle je vivais. L'homme, les relations entre les peuples, la justice me sont devenus essentiels. J'ai voulu devenir avocat. Puis je me suis aperçu que ce qui m'intéressait par-dessus tout, c'était le fonctionnement de la société humaine. J'ai donc étudié l'économie à l'Institut du développement économique et social pour finalement travailler dans l'agriculture en Afrique du Nord, en Yougoslavie et enfin aux Etats-Unis.

« Quand j'ai fini mes études en Amérique, j'ai été recruté par l'université du Minnesota dans le cadre d'un programme de développement de l'agriculture en Tunisie. Coopérant en Algérie quelques années plus tôt, ces missions m'ont ouvert les yeux sur la différence qui existe entre le discours tiers-mondiste et la pratique plutôt dictatoriale. De fait, j'ai démissionné et je suis rentré en France où j'ai acheté un troupeau de brebis en 1974. Pendant trois ans, ma compagne et moi sommes devenus herbassiers. Nous avons nomadisé avec nos trois cent cinquante bêtes dans les Alpes-Maritimes, à mille sept cents mètres d'altitude. On dormait dans des abris de montagne avec l'infini comme récompense. Puis, lorsque notre fille est née, nous avons acheté une ferme dans la Drôme, sous les crêtes ventées du Vercors où nous avons gardé des brebis pendant dix ans. »

Là où les hommes du paléolithique venaient chasser le gibier et chercher les silex nécessaires à la taille de leurs outils. Histoire de faire le point, de voyager sans en avoir l'air. Jusqu'au jour où le rituel du périple au long cours refait surface et c'est en Côte-d'Ivoire que l'on retrouve la famille Wick pendant quatre ans avant qu'elle ne pose ses valises... dans le Montana.

Le chiot destiné à la protection doit grandir avec les animaux qu'il va garder

Là-bas, le froid brûle le front et le souffle balsamique de la forêt enivre. Six années de suite, Pascal Wick va garder mille cinq cents brebis dans les Rocheuses au nord du Yellowstone, « pierre jaune », avec ses falaises et ses gorges dorées, modelées par les volcans et les tremblements de terre. Yellowstone donc, là où le loup recolonise désormais ses anciens territoires, du nord du Montana au Minnesota (au sud, ce sont les hommes qui l'ont réintroduit après que le dernier loup a été tué en 1924)[3].

« Avant de grimper sur les hauteurs du Montana, j'avais acheté une carabine. Ma fille a trouvé que c'était une provocation de ma part que d'aller garder des bêtes dans un endroit particulièrement riche en ours noirs, en grizzlis, en loups et en pumas. On a longuement discuté et j'ai commencé à réfléchir au moyen de protéger les brebis tout en évitant justement le conflit avec les animaux sauvages. Les deux premières années, je suis monté avec un aide de camp. Nous avons à chaque fois déploré la mort d'une trentaine de bêtes.

« Nous étions situés dans une zone dite sauvage, sans route ni possibilité de s'y aventurer autrement qu'à pied ou à cheval. De fait, nous campions sous une tente et déplacions le matériel grâce à l'aide de sept chevaux de bât. Dès la troisième année, j'ai gardé seul et emmené deux chiens de protection dans le cadre d'un projet financé par le ministère de l'Agriculture américain et l'association des éleveurs ovins du Montana[4]. C'était la première fois que je travaillais avec ce type de chien et j'ai constaté une amélioration radicale puisque je n'ai eu que quatre bêtes tuées. Le programme avait permis l'achat d'un chien mâle de cinq ans au Nouveau-Mexique. Ce chien avait vécu les premières années de sa vie seul, avec des brebis, sur mille cinq cents hectares. Il était tellement sauvage que, pour le capturer, il avait fallu utiliser une seringue hypodermique tirée à la carabine. Lorsque j'ai lâché le chien, j'ai cru qu'il allait tenter de s'enfuir. Pas du tout. Il a immédiatement cherché à intégrer mon troupeau qu'il ne connaissait pourtant pas. De leur côté, les brebis n'avaient jamais vécu avec un chien de protection. Elles bougeaient, avaient peur et il était étonnant de voir à quel point le chien se mettait à leur écoute, sensible à leur stress. Dès qu'il sentait qu'elles étaient inquiètes, il s'arrêtait, baissait les yeux, les oreilles, tournait la tête.

« Au bout de cinq jours, elles ont fini par l'accepter et se sont mises à le toucher, à se frotter à lui. C'était incroyable. Certains soutiennent que ces chiens se considèrent comme des brebis, je crois que le plus simple est de comprendre que les *Canis* sont imprégnés par l'espèce avec laquelle on les met en contact. L'imprégnation a lieu pendant une période très précise. Il s'agit d'une étape dite « sensible » qui varie selon les espèces et pendant laquelle l'organisme de l'animal est apte à recevoir un processus d'acquisition. C'est un phénomène qui a été étudié notamment par l'éthologue Niko Tinbergen.

« Chez le chien, entre six et seize semaines, les bases du caractère futur vont se déterminer. Si on ne permet pas à des comportements inscrits génétiquement, tels que la domination ou la morsure, de se manifester, ceux-ci sont bientôt en voie de disparition. Entre six et huit semaines, il faut donc séparer de sa mère, de ses frères et sœurs le chiot destiné à la protection, et le placer en permanence avec l'espèce qu'il devra protéger sa vie durant. Séparé des siens, il ne va pas développer des comportements typiques de l'espèce canine, mais adopter au contraire un comportement compatible avec le calme et l'attention que requiert la protection du troupeau dans lequel on l'intègre. Dans ce contexte, si l'on veut tirer partie au maximum de la technique des chiens de protection, il n'est évidemment pas recommandé de faire travailler des chiens en meute, ni de laisser les petits grandir avec leurs géniteurs ou les conflits hiérarchiques s'installer. On peut utiliser plusieurs chiens en même temps, mais seulement après qu'ils ont suivi séparément le même processus d'imprégnation, au début de leur jeune vie.

« Tous les chiens de protection travaillent de la même façon, qu'ils viennent d'Italie (bergers des Abruzzes, Marema), des Pyrénées, de Turquie (berger d'Anatolie, Akbash) ou d'Amérique. Sélectionnés pour leur indépendance (un tel chien n'a pas besoin de l'homme pour travailler, contrairement à un chien de conduite) et leur capacité à se fondre dans le milieu de vie d'une autre espèce, ils sont aptes à protéger toutes sortes d'animaux, oiseaux y compris. Ils s'adaptent pareillement et il n'est pas rare de voir les volatiles se réfugier entre leurs pattes pour se protéger du froid ou s'y nicher pour y dormir. Lorsque vous avez des oies et des chiens dans un troupeau de moutons, il est étonnant de constater la complicité et la collaboration qui s'installent. Les chiens sont attentifs à ce que les oies détectent. »

Un compagnonnage qui aurait sans doute permis aux Romains de réhabiliter le chien, fouetté chaque année après avoir failli à la garde du Capitole, du reste sauvé par les oies en 390 av. J.-C.

Pour une approche négociée de la nature plutôt qu'une quête mystique

Un jour, Pascal Wick a fait connaissance avec l'organisation « Defenders of Wild Life », fondée pour favoriser le retour naturel du loup dans le Montana.

« En récoltant de l'argent auprès de leurs adhérents, l'association a réussi à constituer un fonds grâce auquel elle s'est proposée de donner une somme relativement importante, une sorte de forfait prévention et indemnisation, à tout éleveur susceptible de prouver qu'une louve avait pu se reproduire sur son ranch. J'ai trouvé la démarche intéressante, démocratique : les gens qui veulent le retour du loup y mettent le prix et s'acquittent auprès de ceux qui risquent de subir des pertes. Du côté de l'éleveur, il gère son argent comme il l'entend. En France, les nombreux éleveurs à qui j'en ai parlé ne sont pas contre un tel système car il éliminerait toutes ces revendications a posteriori, ces contrôles et ces contraintes imposés par les experts pour bénéficier des indemnisations en cas de pertes dues au loup. » En Colombie britannique, sur la côte Pacifique du Canada, berceau de la civilisation indienne haïda, la densité des prédateurs est la plus forte du monde :

cent quarante mille ours noirs, quatorze mille grizzlis, huit mille loups, six mille pumas.

« Pourtant les éleveurs cohabitent avec ces mêmes prédateurs. Ils y sont incités grâce à un cadre institutionnel. La coupe du bois est là-bas l'activité économique essentielle. Lorsque les troncs sont coupés, de jeunes pousses sont immédiatement plantées. Pour favoriser leur croissance, les entreprises forestières passent contrat avec les éleveurs afin que leurs bêtes détruisent la végétation concurrente. Les sommes sont très importantes (environ 800 000 francs pour une saison) à la condition que le berger ou l'éleveur ne tue ni ours, ni loups, ni pumas. De fait, ils mettent en place un ensemble de mesures de protection, dont les chiens. »

La nature, Pascal Wick l'appréhende comme un mode de vie avec lequel il faut négocier, non pas comme une quête. Le loup n'est pas pour lui plus mythique que le chien et il ne comprend d'ailleurs pas ce dilemme au sein même des biologistes. « Quand les uns, études à l'appui, affirment que les chiens ensauvagés ne représentent aucun danger pour les ongulés sauvages et domestiques, d'autres soutiennent que ces mêmes chiens doivent être éliminés parce qu'ils posent des problèmes aux populations lupines. Au nom de quoi doit-on nier l'existence de l'un au profit de l'autre ? Pour quelle raison devrions-nous choisir entre deux populations issues d'une même espèce, *Canis* ? La vie a une valeur intrinsèque qui n'est pas quantifiable et ne doit pas avoir à souffrir de la variabilité et du zèle de nos préférences. »

Aujourd'hui, l'éternel voyageur dont la terre est, semble-t-il, l'unique foyer, est en route pour le sud de l'Espagne dans la sierra Nevada. Un autre souffle à sa vie. Un autre paysage dont on contemple l'infinité des détails qui festonnent l'espace avec religiosité. Une maison qu'il a enfin décidé de bâtir pour y poser son sac et devenir le berger d'un village de paysans comme il en reste peu.

« L'homme a été bien plus longtemps un chasseur qu'un cultivateur. Et même lorsqu'il a commencé à se sédentariser, il suivait encore les troupeaux. Les pasteurs des Alpes ou les bergers du Montana qui pratiquent la transhumance sont les mêmes hommes que ces premiers pasteurs d'Iran. Les bergers sont des guerriers. Ils l'ont toujours été dans l'histoire de l'humanité. Jadis, en Afrique, dans les sociétés à caractère féodal, ils assuraient encore la sécurité des agriculteurs. C'est pourquoi je pense que les bergers ne vont pas disparaître, quoi qu'on dise, parce qu'on a encore ça en nous : cette formidable attirance pour la nature sauvage et la garde du troupeau nourricier contre vents et marées, une vie entre deux mondes qui symbolise l'identité même de l'homme. A aucun moment je n'ai pensé à faire un autre métier et je ne manquerais pas une occasion de remonter là-haut, seul, dans la montagne odorante. Parfois je regrette de la quitter ou au contraire j'en suis heureux lorsqu'en me retournant je vois la neige recouvrir les sommets où nous nous trouvions quelques jours plus tôt. Et qu'importe si l'on est esclave de ses jambes, si le temps et les prédateurs vous rendent la vie difficile, quel bonheur, quelle fierté de ramener des brebis que le séjour dans les estives a rendu magnifiques ! Les bêtes m'ont apporté beaucoup : la force, l'énergie et l'envie de vivre. »

Epilogue

> « La paléontologie humaine et la préhistoire, qui émeuvent la curiosité pour des raisons qui dépassent largement le point de vue scientifique, prennent la valeur de sciences appliquées lorsqu'elles conduisent à constater que toute l'ascension des civilisations s'est faite avec le même homme physique et intellectuel qui guettait le mammouth et que notre culture électronique à peine cinquantenaire a pour support un appareil physiologique qui date, lui, de quarante mille ans. S'il y a lieu de faire confiance aux possibilités d'adaptation, la distorsion existe pourtant et la contradiction est présente entre une civilisation aux pouvoirs presque illimités et un civilisateur dont l'agressivité est restée la même qu'au temps où tuer le renne avait le sens de survivre. »
>
> André LEROI-GOURHAN, *Le Geste et la Parole*

L'homme et l'animal m'ont toujours fait penser aux dieux Seth et Osiris, deux frères de la mythologie égyptienne dont la complicité a été gâchée dès l'instant où Seth, pour répondre à des aspirations néfastes, est devenu l'ennemi de son frère et l'a tué. En Egypte, l'hippopotame mâle (la femelle était symbole de fécondité) a longtemps symbolisé Seth. Dans l'Ancien Testament, on retrouve même ce pauvre hippo rondouillard incarnant la force sauvage et pulsionnelle que seul Dieu est capable de maîtriser. C'est donc vrai : sans les animaux, le monde ne serait pas devenu humain. De l'observation, des combats et de la conciliation des débuts qui ont permis l'expansion humaine, nous sommes passés à l'exploitation de la bête, sa soumission totale et vicieuse, son éradication.

Aujourd'hui, nous réinventons une nouvelle histoire. Les mondes animaux nous sont de moins en moins abstraits et l'on admet enfin qu'une pensée sans langage les habite. Les frontières que nous avions érigées entre leur monde et le nôtre s'estompent à mesure que les techniques, la connaissance mais aussi notre écoute et notre curiosité des cultures traditionnelles nous permettent de comprendre que nos pieds sont bel et bien enracinés dans le monde animal et que leur conscience n'est pas si étrangère à la nôtre.

D'un côté, on assiste à une belle redéfinition humaniste de la pensée intellectuelle à l'égard de l'animal. Dans son traité de philosophie, *Le Silence des bêtes*, Elisabeth de Fontenay revendique une attitude que nous sommes nombreux à partager : « Non, aimer et respecter les animaux ne conduit pas inéluctablement à la misanthropie, au racisme et à la barbarie. Oui, les pratiques d'élevage et de mise à mort industrielle des bêtes peuvent rappeler les camps de concentration et même d'extermination. Ce n'est pas faire preuve de manquement à l'humain que de conduire une critique de la métaphysique humaniste, subjectiviste et prédatrice. » De l'autre, on se heurte immanquablement à des attitudes qui frôlent la névrose. En Afrique du Sud, un gorille, blessé par le cambrioleur d'un zoo, a été élu en 1998 « l'homme de l'année » par un comité de journalistes. Ce qui, par ailleurs, n'a pas empêché le braconnage et la déforestation dans ce même pays d'aggraver le danger d'extinction de ces grands singes anthropoïdes. Tandis que le trafic de chiens et de chats continue d'enrichir impunément des filières internationales, que l'élevage industriel demeure toujours le théâtre de souffrances cachées et qu'un tiers des populations française et anglaise se dit prête à se séparer de son conjoint au profit de son animal favori, les agriculteurs utilisent des satellites pour suivre les déplacements de leurs troupeaux [1], la science projette de créer des cerveaux artificiels animaux en prédisant l'avènement d'intelligences bien supérieures à l'homme [2].

C'est vrai : je n'aime pas cette époque qui humanise les animaux en oubliant leur vraie nature, qui, dans les abattoirs et les laboratoires, égorge et expérimente sans compter, qui brevette et met la nature sous cloche, qui défend les animaux en excluant les hommes, qui ne bestialise les hommes que pour mieux les manipuler, les exclure ou les massacrer. C'est pourquoi je crois en ces aventuriers, hommes et femmes, porte-parole de ces interrogations d'un nouveau siècle, qui tentent, comme l'ont fait avant eux d'autres naturalistes, d'autres chercheurs et artistes, de redéfinir la place de l'homme dans ce monde en franchissant le fossé qui nous a séparés de l'animal. Cette persistance de l'humain a vouloir faire corps avec la nature quand d'autres la pillent ou l'ignorent me plaît infiniment. Elle me donne envie de croire que tout n'est pas fichu, que mes filles aux senteurs de mousses ont, dans ce monde, toutes les chances de s'épanouir.

Il y a quelques années, l'ethnobotaniste Terence McKenna proposa cette hypothèse séduisante : en suivant les grandes hardes et en mangeant les champignons qui poussaient sur les décompositions de leur passage, les chamans préhistoriques auraient été initiés par l'esprit des animaux et l'*Homo sapiens* aurait pu ainsi développer ses religions magiques. Pourquoi pas ? Sur quoi marchons-nous aujourd'hui ? Quels vont être nos prochains mythes ? Vers quoi l'animal va-t-il encore nous entraîner ? Nous laisserons-nous enseigner par les visions des grands chefs spirituels d'Amazonie, d'Inde, d'Australie, d'Asie ou d'Amérique du Nord, par cette logique du sensible, cette « pensée sauvage » revendiquée par le poète écossais Kenneth White comme « un antidote ethnologique à un état de surcivilisation » ? Ce n'est qu'au-delà d'un certain degré de culture et d'une acceptation de la nature que l'homme occidental peut inventer un nouveau contrat naturel avec la vie, préserver cette part libertaire qui est en lui, ces sirènes, ces centaures et ces loups-garous qui sommeillent, ces êtres hybrides enchâssés dans la matière mais rêvant de passer de l'autre côté du miroir pour retrouver ce lien avec lui-même. Et je pense encore à Zarathoustra en chemin vers l'humanité, cherchant à protéger les animaux des délires agressifs des hommes, à son retour dans la montagne après son odyssée parmi le peuple humain, à ses premiers mots : « C'est maintenant seulement que je sais et que je sens comme je vous aime, mes animaux. » Quelques années plus tard, à Turin, Nietzsche sombrait dans la folie après avoir été le témoin impuissant de l'agonie d'un cheval sous les coups de son cocher.

Notes

Prologue

1. Jaak Panksepp et Jeffrey Burgdorf, de l'université de Bowling Green State dans l'Ohio, ont révélé dans une étude publiée par le *New Scientist* en 1999 qu'il suffit de chatouiller les rats pour qu'ils rient.

2. L'anthropomorphisme est considéré par certains, dont John S. Kennedy, de l'université d'Oxford, comme une pathologie gravissime et qui plus est génétiquement programmée, biaisant l'étude du comportement des animaux.

I. Empreintes animales

Introduction

1. La communication animale est multiple et les travaux sur ce thème sont aussi nombreux que contradictoires et complémentaires. S'entendre sur la définition même du terme « communication animale » n'a jamais été chose aisée depuis la fin des années 50, période à partir de laquelle la guerre est déclarée entre les partisans de l'inné et de l'acquis. D'aucuns insistent sur le contenu informatif de la communication, sur la spécialisation des organes récepteurs et émetteurs, sur son aspect interactif et social, d'autres sur son rôle organisateur. A la fin des années 60, l'étude de l'adaptation du comportement est passée au premier plan des recherches en éthologie. Les nouvelles sciences du comportement voient le jour sous l'intitulé d'« écologie

comportementale » : l'espèce est modelée par les échanges et les interactions qui se jouent avec son propre environnement.

2. Chaque population de chimpanzés possède son propre accent régional ou dialecte, selon le primatologue John Mitani, spécialiste de leur communication.

3. *Les Origines de l'homme*, Pascal Picq, éd. Tallandier-Historia, 1999.

4. Au cœur des montagnes anatoliennes, le *tekkén* (chant mystique soufi) a été redécouvert en 1957 par des Ethnomusicologues après quarante ans d'interdiction par le régime turc. A écouter : *Les Voix du monde*, collection CNRS/musée de l'Homme, éd. Chants du Monde CMX 374010.12).

I. F.-B. Mâche

1. François-Bernard Mâche a reçu le Grand Prix national de la musique en 1988. Il a aussi composé la musique et les sons du film d'Alain Cuny, *L'Annonce faite à Marie*, d'après Paul Claudel, en 1991. Son œuvre compte actuellement plus de soixante-dix titres aux éditions Durand.

2. A consulter : « The Necessity of and Problems with an Universal-Musicology » in *The Origins of Music*, publié par Mils L. Wallin, Björn Merker and Steven Brown, Massachusetts Institute of Technology, 2000 (Collectif).

3. *Born to sing*, Hartshorne, Presses de l'université d'Indiana. (1973). Un ouvrage de base sur le chant des oiseaux.

4. Selon le biologiste Daniel Maroliash de l'université de Chicago.

5. *L'Univers sonore animal*, Y. Leroy, éd. Gauthier-Villars (1979). Un livre qui fait un tour complet de l'univers sonore animal.

6. *Musique, Mythe, Nature ou les dauphins d'Arion*, François-Bernard Mâche, Méridiens Klincksieck, 1991. « Il était une fois en Grèce un musicien nommé Arion qui, après une tournée triomphale en Sicile, s'embarqua au port de Tarente pour rentrer à Corinthe. Les matelots étaient des pirates, qui voulurent s'emparer de la fortune gagnée par le musicien. Mais lorsqu'ils agressèrent Arion, celui-ci, prévenu par un songe où son patron Apollon lui était apparu vêtu de la longue tunique brodée du citharède, les implora de le laisser chanter son propre chant funèbre avant d'être assassiné. Les bandits acceptèrent l'idée de ce concert improvisé et gratuit. Arion chanta, debout à la proue du navire, en s'accompagnant sur la lyre, puis il se précipita tête première dans la mer. A l'insu des pirates, des dauphins amis d'Apollon étaient venus entourer le navire, attirés par la musi-

que, et l'un d'eux emmena Arion en direction de Corinthe en le prenant sur son dos » (extrait du livre de François-Bernard Mâche). A lire également du même auteur : *Le Mythe avant la lettre*, éd. Du Hameau, numéro spécial 22-23 des *Cahiers du Cirem*, BP 4174, 76723, Rouen cedex.

2. M. André

1. Ingénieur en biochimie (INSA Toulouse et université Paul-Sabatier de Toulouse) et docteur ès sciences en biologie (université de Las Palmas de la Grande Canarie). Professeur d'université à l'Ecole vétérinaire de l'université de Las Palmas de la Grande Canarie, il enseigne actuellement la morpho-physiologie des mammifères marins. Il est aussi responsable de l'unité de recherche pour la conservation des mammifères marins, qui appartient à l'Ecole vétérinaire.

2. Il semble que des populations de baleines aux origines très différentes ne puissent pas communiquer entre elles. En effet, le rythme des baleines de la côte norvégienne diffère de celui de leurs camarades de l'Atlantique Ouest.

3. Cf. *Le Cinquième Rêve*, Patrice Van Eersel, éd. Grasset, 1993. (Où l'on découvre les parcours et travaux de Paul Spong et Jim Nollman.)

4. Le béluga (ou canari des mers) possède, par exemple, un grand talent d'imitation. Greg Dye, chercheur du parc océanographique John G. Shedd, a pu en juger. Alors qu'il mettait au point une expérience avec un dauphin pour étudier sa capacité de réaction aux signaux de basse fréquence émis par un émetteur immergé, il a pu constater que les quatre bélugas situés dans le bassin voisin imitaient à la perfection le signal électronique en question. Par la suite, ces mêmes bélugas ont été capables d'imiter des enregistrements de chants d'oiseaux.

3. Y. Menuhin

1. D'une énergie redoutable, il a créé, en 1963, une école de musique à Londres puis, en 1977, la première Fondation Yehudi-Menuhin. L'objectif est double : permettre à de jeunes interprètes de se produire et de jouer gratuitement partout où la musique classique ne va jamais : prisons, hôpitaux, casernes, quartiers défavorisés, villages. Les fondations sont aujourd'hui au nombre de treize réparties à travers le monde sous l'égide du mouvement Live Music Now. D'excellents musiciens ont pu voir leur carrière démarrer ainsi. D'autres

structures prennent forme. Une académie en Suisse, le Fonds Mozart, l'ESTA (European String Teachers Association) visant au développement de la pédagogie des instruments à cordes. En 1994, Yehudi Menuhin lance le projet MUS-E, une initiative pour la formation musicale des enfants issus de milieux défavorisés avec pour objectif la prévention de la violence à l'école par la musique. Mise sur pied avec la collaboration du Conseil européen de la musique et de l'Unesco, cette entreprise audacieuse vise à introduire à l'école primaire un enseignement basé sur la musique, le chant, la danse et le mouvement corporel afin de développer l'équilibre de la personnalité. Il inclut un travail d'audition, d'écoute du silence, de soi, de l'autre, du groupe, la notion de rythme ainsi que la découverte des principaux instruments de musique, la prise de conscience du corps, de la respiration à travers le rythme, du geste vocal.

4. Cl. Seignolle

1. A dix-huit ans, il publie *Le Folklore du Hurepoix*. Sur ce même thème, plusieurs volumes vont voir ensuite Le jour. Ils sont aujourd'hui réunis aux éditions Omnibus sous le titre *Contes, récits et légendes des pays de France* (1997). Une biographie lui a été consacrée en 1960 sous la plume de Bernard Planque, *Un aventurier et l'insolite* (éd. Pierre Fanlac à Périgueux) et une bibliographie complète de son œuvre a été dressée en 1995 par Marie-Charlotte Delmas aux éditions du Temps qu'il fait, 31, rue de Segonzac, 16100 Cognac. Les travaux de Seignolle ont donné le jour à des pièces de théâtre (*Marie la Louve*), à plusieurs dramatiques de télévision : *Le Diable en sabots*, *Marie la Louve*, *La Malédiction*, etc., à de nombreux courts et moyens métrages de cinéma : *Le Miroir* (*Starfish* aux Etats-Unis), *Désirée la Sangsue*, *Pauvre Sonia*, etc., et à un oratorio diabolique de Mauricio Kagel (*La Trahison orale*). Claude Seignolle a également adapté et commenté un classique du cinéma : *La Sorcellerie à travers les âges* (*Haxan*, de Benjamin Christiensen, 1921). Son œuvre est entrée à l'université et dans le milieu scolaire, où elle est étudiée. On peut trouver les livres de Claude Seignolle chez les éditeurs suivants : Presses de la Renaissance, Omnibus, Maisonneuve, Pocket, Phébus, France Loisirs.

5. R. Hamayon

1. La terre des Indiens Suyá en Amazonie, au centre de la jungle du Brésil, dans le parc national du Xingu.

2. Roberte Hamayon a notamment publié un excellent livre : *La Chasse à l'âme, Esquisse d'une théorie du chamanisme sibérien*, Société d'ethnologie, 1990.

6. J. Roumeguère

1. Isabelle Roumeguère, sa fille, a écrit et réalisé un très beau film qui retrace la vie de la famille Roumeguère en Afrique : *Grandir à l'ombre des hommes lions*, Léo Productions, 2000. Jacqueline Roumeguère-Eberhardt a publié : *Quand le python se déroule*, éd. Laffont, 1988 ; *Pensées et société africaines*, éd. Publisud, 1986 ; *Le Signe du début de Zimbabwe*, éd. Publisud, 1982 ; *Les Massaï : guerriers de la savane*, éd. Berger-Levrault, 1984 ; « Mythes et croyances de l'Afrique australe » in *Mythes et croyances du monde entier*, tome III, Lidis/Brepols, 1985.

7. P. Picq

1. Pascal Picq a publié les ouvrages suivants : *La Vie des gorilles et des chimpanzés*, Nathan, 1992 ; *Aux origines de l'homme* (avec Yves Coppens), CD-Rom sur l'histoire de l'évolution, 1994 ; *Lucy et son temps*, Fontaine-Mango, 1996 ; *Le Premier Homme et son temps*, Fontaine-Mango, 1997 ; *Les Origines de l'homme, L'Odyssée de l'espèce*, Tallandier-Historia, 1999 ; *Cro-Magnon et nous*, Fontaine-Mango, 2000 ; *La Plus Belle Histoire des animaux* (avec Jean-Pierre Digard, Boris Cyrulnik et Karine Lou Matignon), Le Seuil, 2000. Il a également écrit et coréalisé (avec Nathalie Borges) deux documentaires : *Le Singe, cet homme* et *Du rififi chez les chimpanzés*, Doc en stock, Arte, 1998.

II. L'échange

Introduction

1. C'est ce que prétend Colin Groves, un anthropologue australien.

2. Consulter Joris Peters, *Le Chien dans l'Antiquité* (Société francophone de cynotechnie, séminaire des 25/26 mars 1994, École nationale vétérinaire de Toulouse) : « L'intérêt pour tel tempérament ou physique canin dépend des classes sociales en Europe, en Orient et en Egypte avant l'Antiquité. Plus le statut social est aisé, plus le chien est de petite taille. A Rome, toutes les catégories sociales sont férues

de gros chiens — élevés à l'origine comme gardiens des troupeaux de bœufs — généralement de couleur noire, de forme puissante avec un poitrail large et hirsute, des oreilles pendantes et les yeux sombres. On préfère en revanche les chiens de berger de couleur blanche pour éviter qu'ils ne soient confondus avec un prédateur. En Egypte, des chiens sont fréquemment représentés sur des peintures murales ou des bas-reliefs. Lévriers et dogues figurent sur des fresques où s'étalent des scènes de chasse et se retrouvent aussi sur des dessins décorant des tombes ; certains chiens ont même été momifiés avec leur maître. Dans l'ouest de la Crète, la déesse de la chasse (Diktynna) est représentée accompagnée d'un chien. Lors de l'initiation d'un guerrier, la première épreuve est de rapporter une pièce de gibier : le chien est pour lui un précieux auxiliaire. Le rôle traditionnel de chasseur et de gardien n'est pas remis en cause, mais en Grèce, pour la première fois, le chien est considéré comme un animal d'agrément. Par ailleurs, dans *L'Odyssée*, Homère célèbre la fidélité du chien d'Ulysse, seul à reconnaître son maître rentrant dans sa patrie, déguisé en vagabond, après une très longue absence. Des cités grecques ont même fait figurer un chien sur leurs pièces de monnaie... L'élevage des chiens est un art tant pour le lévrier de Sparte (chasse au lièvre, au daim, petit gibier, messager rapide...) que pour le molosse (chasse au sanglier, protection des troupeaux contre les loups et les ours, attaque — défense pour la guerre et la protection des cités). Mais dans une société romaine qui, sous l'Empire, devient très raffinée, le petit chien de compagnie a aussi sa place. Les Gaulois utilisent aussi les chiens pour la chasse et la défense. Mais ils assignent aux chiens une fonction plus originale : le sacrifice au cours de cérémonies rituelles (l'honneur d'accompagner son maître dans la tombe). Le chien est aussi utilisé par les Gaulois comme animal de boucherie. La consommation de viande de chien (commune aux Gaulois et aux Chinois) s'accompagne d'une large utilisation de la peau du chien pour faire par exemple des tapis. Les peaux sont tannées et les chiens alimentent donc une industrie de la pelleterie apparemment très active. » A noter que la dernière boucherie canine a fermé ses portes en Europe à Munich entre les deux guerres.

3. Où Anubis, le dieu à tête de chien, est vénéré. On a aussi le sentiment inverse : en Inde, la représentation la plus effrayante de la déité hindoue Shiva est Bhairava, le dieu-chien.

4. 47 millions d'animaux familiers dont 7,9 millions de chiens et 8,4 de chats. A voir, un excellent documentaire de François Freynet, *Des chiens en analyse*, France 3/Mérapi productions, 1999, où l'on

découvre une journée de consultation de la vétérinaire comportementaliste Monique Bourdin.

5. Selon l'hebdomadaire londonien *The Economist.*

1. M. Chanton

1. Dans le Lancashire (Grande-Bretagne), des border collies et un berger allemand ont été dressés à la recherche des cadavres immergés. En quarante minutes, ils ont retrouvé le corps d'un noyé qui gisait par 22 mètres de fond (réf : *Dog Fancy*, mai 1998). Sur le plan de l'audition : chats et chiens ont à peu près les mêmes capacités que nous dans les sons graves (20 hertz). Mais dans les aigus, nous sommes moins performants : le chien, qui entend à une distance quatre fois supérieure à celle de l'homme et qui peut faire la distinction entre deux moteurs de véhicules de marque identique et de même cylindrée, est capable de détecter des ultrasons (entre 20 000 et 30 000 hertz). Le chat, à 20 mètres de distance, peut détecter deux bruits distants de 8 centimètres l'un de l'autre et peut reconnaître un demi-ton de différence entre deux sons.

2. Jean-Louis Millot, éthologiste, faculté de Besançon.

3. Selon Michel Chanton : « Un chien est dominant ou dominé par rapport à un groupe, pas en tant qu'individu. D'où la bêtise de ces tests dits de Campbel qui prétendent déterminer le caractère futur d'un chiot de 7 semaines à la suite d'une série de manipulations pour étudier son comportement. Qu'un chiot soit rebelle ou docile n'a aucun intérêt car on ne peut pas prétendre ce que sera le chien à l'âge de 3 ans. C'est oublier tout le façonnement du chien par son environnement. A 7 semaines, il est ce qu'il est. A 1 an, il sera un autre. D'ailleurs, Campbel n'a jamais pensé à utiliser ses observations pour les destiner à un test prédictif, ce sont les éleveurs de chiens qui se sont approprié ce test. »

4. Ce type de comportement apparaît préférentiellement entre 4-5 mois, 7-8 mois et 10-11 mois.

4. Ch. de Sèze

1. Pendant trois ans, un couple de cinéaste et de journaliste, Pepito et Francesca Del Coso, a filmé Jonathan et sa famille. Le résultat est un film qui a été diffusé dans les salles de cinéma et à la télévision en Suisse. Francine et Pepito Del Coso, membres de l'agence de reportage EKIS de La Chaux-de-Fonds (Suisse), ont été associés au projet en mai 1995. Les intervenants scientifiques du projet sont

Véronique Servais, psychologue, collaboratrice scientifique au sein du laboratoire d'anthropologie de la communication de l'université de Liège (Belgique) et Jean-Luc Renck, éthologue, collaborateur scientifique à l'Institut de zoologie de l'université de Neuchâtel (Suisse), par ailleurs coordinnateur de recherche au sein du Centre d'études sur les relations entre l'animal et l'homme, à La Chaux-de-Fonds (Suisse).

5. V. Servais

1. Se sont associés pour ce projet, baptisé Autidolfijn, le dolphinarium de Bruges, l'institution Ter Dreve, en charge d'enfants autistes, l'association Ethologia, basée à Bruxelles, ainsi que le laboratoire d'anthropologie de la communication de l'université de Liège. D'après le compte rendu et les réflexions de Véronique Servais, *in* « Enquête sur le pouvoir thérapeutique des dauphins, ethnographie d'une recherche ».

III. La femme sauvage

1. J. Milliet

1. Publications de Jacqueline Milliet à consulter : « *Il mito scientifico dell'ammansimento degli animali da parte delle donne* », in *Ricerca folklorica*, 40, 1999, pp. 65-72 ; « La part féminine du phénomène animal de compagnie », *in* : Boris Cyrulnik éd., *Si les lions pouvaient parler. Essais sur la condition animale* (Paris, 1998 : Gallimard, Quarto, pp. 1086-1095 ; Book Review of Frederick J. Simoons, *Eat not this Flesh. Food Avoidances from Prehistory to the Present*, seconde édition revue et augmentée, Madison : The University of Wisconsin Press, 1997 ; *L'Homme. Revue française d'anthropologie*, 142, pp. 132-134, 1994, « Y a-t-il une domestication féminine ? Les exemples du porc et du chien », in : *Ecologie humaine*, vol. XII (2), 1994 : « Une enquête sur les nouvelles sensibilités à l'égard des animaux domestiques », en collaboration avec J.-P. Digard, in : *Anthropozoologica* 10, pp. 23-30, 1989 ; « Un allaitement insolite », in : J. Hainard et R. Kaehr, éd., *Des animaux et des hommes*, Neuchâtel, musée d'Ethnographie, pp. 87-118, 1987 ; « L'allaitement des animaux : un mystère anthropologique », Toulouse : Editions Erès.

2. Le cheval est lié à la déesse. Le sacrifice du cheval, d'ailleurs très répandu, fait écho à d'anciens rites agraires de la fertilité, liés au

culte de la Terre mère. Le ciel hellénique est riche en chevaux mythiques. Bachofen écrit : « Le cheval est l'image de la force de vie régnant dans le marais qui féconde la terre avec violence. Il est aussi celle de l'adultère. Dompter ce cheval sauvage est l'acte de la femme. » (*Das Mutterrecht* [Le droit matrimonial], Bâle, 1958.) « Cet être indompté qui piétine sauvagement le sol de la terre et qui fait lever les eaux des mers par l'ardeur de sa passion est assujetti à Poséidon qui lui-même prend la forme d'un étalon pour féconder Déméter, la mère terrestre. Lorsque Poséidon se fut rendu maître des mers apparurent les Centaures marins, mi-chevaux mi-poissons, qui portaient des noms trahissant leur nature de juments : Hippo, Hipponoé, Hippothoé, Manippo » (Karl König, *Frère animal*, Triades, 1993).

2. A. Chosson

1. Jean Levi, *in* « Le renard : tours, détours et retours », « Renard, morte et courtisane », *Etudes mongoles et sibériennes*, Société d'ethnologie, 1984.
2. Rémi Mathieu, *in* « Le Renard ; tours, détours et retours », « La femme renarde en Chine », *Etudes mongoles et sibériennes*, Société d'ethnologie, 1984. Rémi Mathieu est chercheur au CNRS, il fait partie aussi du Centre de recherche sur les manuscrits, inscriptions et documents iconographiques de Chine (MIDIC) au Collège de France.
3. L'homme enragé à le détruire oublie trop souvent que près de dix mille rongeurs trépassent chaque année sous les dents d'un seul renard.
4. Selon les observations du spécialiste britannique David Mac Donald.

4. H. Grimaud

1. Johannes Brahms : *Fantaisies* op. 116-*Intermezzi* op. 117 — *Klavierstücke* op. 118 et 119 (1 CD Erato 0630-14350-2, distribué par Warner Music) ; *Concerto pour piano et orchestre* n° 1 en *ré-mineur* op. 15, orchestre de la Staaskapelle de Berlin, Kurt Sanderling direction (1 CD Erato 3984-21633-2 distribué par Warner Music). Maurice Ravel : *Concerto en sol pour piano et orchestre*. George Gershwin : *Concerto en fa pour piano et orchestre*, orchestre symphonique de Baltimore, David Zinman direction (1 CD Erato 0630-19571-2 distribué par Warner Music). Richard Strauss : *Burlesque en ré mineur pour piano et orchestre*, orchestre symphonique allemand

de Berlin, David Zinman direction (1 CD Erato 0630-11727-2, Warner Music). Robert Schumann : *Concerto en la mineur pour piano et orchestre* op. 54. Ludwig van Beethoven : *Concerto en sol majeur pour piano et orchestre* n° 4 op. 58. *Sonates pour piano* n° 30 *en mi majeur* op. 109 et n° 31 en *la* bémol majeur op. 110. Orchestre philharmonique de New York, Kurt Masur (direction) 1 CD Teldec (Warner Music).

2. Wolf Center, Hélène Grimaud, PO BOX 654 Cross River, New York 10518.

3. Les loups ont été réintroduits en 1995 dans le parc de Yellowstone dans les Rocheuses. Très nombreux au Canada, ils ont traversé la frontière et colonisé le Montana, aux Etats-Unis. Du Minnesota où ils ont toujours survécu, ils s'échappent aujourd'hui vers les Etats voisins du Wisconsin et du Michigan. Réintroduits dans le Wyoming, ils s'avancent vers le Dakota et l'Utah.

5. A. Jamart

1. « Sans doute découragée par la situation très instable au Congo, la Banque mondiale, qui contribuait au financement du projet par le biais d'un programme de gestion et de conservation des aires protégées (PROGECAP/GEF-Congo), a renoncé à renouveler sa participation, arrivée à expiration en juin 2000. HELP-Congo se retrouve ainsi dans une situation dramatique, car bien qu'une grande partie de ses activités soit assurée par le volontariat, elle a besoin de 120 millions de francs CFA (1,2 million de francs français) par an, pour assurer le fonctionnement de base de ses installations. Avec HELP, c'est la seule structure associative à dimension internationale encore présente au Congo qui risque de disparaître, pour céder la place aux braconniers et aux exploitants forestiers qui ne cachent pas leur intérêt pour la région. » HELP (Habitat écologique et liberté des primates) réadapte donc à la liberté des chimpanzés victimes du braconnage et des trafics.

Site internet : http://www.cybsnack.mnet.fr/gorilla.htm

6. V. Duport

1. Les premiers dauphins maintenus en captivité furent installés à l'aquarium de New York en 1913. Depuis, des milliers ont été mis en captivité, qui meurent la plupart du temps à l'adolescence alors que la durée de vie peut aller jusqu'à 65-100 ans pour une orque.

2. Il a été l'entraîneur des dauphins qui ont servi à la célèbre série

américaine *Flipper* et il a beaucoup souffert d'avoir été à l'origine du commerce des dauphins dans les zoos marins du monde entier. International Dolphin Project, Ric O'Barry, PO Box 224, Coconut, Fl 33 233.

3. Une série documentaire produite par TéléImage Nature et réalisée par Frederic Lepage racontant le sauvetage de Stéphania est disponible en vidéo.

4. Chuck Chamberlin est un pêcheur de la région de San Diego en Californie. Dans les années 50, il a coutume d'emmener avec lui quelques privilégiés pour observer les baleines en pleine migration. Le Whale Watching, l'observation des cétacés à des fins commerciales, est né. Trente ans plus tard, il gagne l'Europe puis l'Afrique du Sud, l'Australie, la Nouvelle-Zélande, l'Islande et même la Norvège et le Japon, pays vivant de la chasse à la baleine. Si cet engouement fait chaque année des émules et permet de sensibiliser un large public, on ne peut pas non plus échapper aux dérives et l'on voit des escrocs qui n'hésitent pas à transporter des gens sur des sites de reproduction ou de mise bas, à couper la route des groupes, à poursuivre les animaux, à crier et s'agiter au risque de les effrayer. En somme, une autre forme d'exploitation de l'animal.

IV. Les centaures

Introduction

1. Alexandre le Grand, fils de Philippe, roi de Macédoine, dont les victoires au combat n'auraient pas été aussi légendaires sans la complicité de son fougueux étalon, Bucéphale. Une complicité de longue date, si l'on en croit les textes qui racontent l'origine de cette rencontre. Un jour de marché, un splendide cheval noir est proposé au souverain Philippe. Il porte au front une marque blanche en forme de taureau, piaffe d'impatience et réjouit le roi par son allure fière et robuste. Pourtant personne ne parvient à l'enfourcher. Ni les officiers, ni le palefrenier du roi, ni même le marchand Philonicos. Tous finissent à terre. La colère de l'animal est telle qu'il est bientôt trempé de sueur. Au côté de Philippe se tient Alexandre, son jeune fils de douze ans, déjà fin cavalier. Sans la moindre complaisance, le gamin souligne les erreurs commises par les hommes, remarque que le cheval a peur de son ombre et relève le défi posé par son père de monter à son tour l'animal. Il lui fait promettre auparavant de le lui offrir s'il

parvient à le dompter. Avec douceur, Alexandre apaise le cheval puis le tourne face au soleil, l'enfourche et le fait galoper dans la plaine. Bucéphale accompagna Alexandre vingt ans durant sans que jamais personne d'autre n'eût le privilège de le monter. Mort d'épuisement à la fin d'une journée de combat, Bucéphale eut droit à des funérailles solennelles.

2. *Serko*, Jean-Louis Gouraud, éd. Favre, 1999. L'histoire vraie d'un cosaque du nom de Pechkov qui parcourut 9 000 kilomètres en deux cents jours à travers la Russie sur son cheval Serko.

1. Bartabas

1. Il ne pouvait s'agir de mors pour tracter des chariots, la roue ne sera inventée que bien plus tard, vers 3 500.

2. *Frère animal*, Karl König, éd. Triades, 1993 Paris, p. 191. A lire aussi : Lucienne Desmoues, « La jument-contrebasse », in *Le Cheval*, éd. Favre, 2000.

2. J.-L. Gouraud

1. Editions Favre, Paris. En 1986, il a créé la première maison d'édition consacrée au cheval : Caracole. Scénariste de *Chaman* (un film réalisé par Bartabas en 1996), ex-directeur de la rédaction de *Jeune Afrique*. Dirige aujourd'hui une société de conseil en édition et en communication : Media International.

2. Les Editions du Progrès.

3. Berlin où sont conservées les tablettes 1, 3 et 4.

4. Au Musée d'archéologie d'Ankara (Arkeologi Muzesi d'Ankara) se trouvent des tablettes complémentaires sur le lavage des chevaux.

5. Intitulé *L'Homme et les animaux : description populaire des races humaines et du règne animal*, Librairie J.-B. Baillière et Fils, Paris, 1889-1890.

6. Cet ensemble de parcs et palais, aujourd'hui classé par l'Unesco comme un des éléments du « Patrimoine mondial », est placé sous la double tutelle de l'Etat fédéral et de la ville de Saint-Pétersbourg. Pour restaurer la maison de retraite des chevaux et le cimetière, des fonds sont nécessaires. Un compte spécial, intitulé « Tsarskoïe Selo », a été ouvert par l'Association pour la découverte de la culture équestre (créée par Guillaume Henry) à la Banque nationale de Paris, sur lequel peuvent être versées toutes sommes destinées à la sauvegarde et à la restauration du cimetière. Elles seront transmises aux autorités

de Tsarskoïe Selo, par tranches de 50 000 F, sous le contrôle de l'Institut français de Saint-Pétersbourg : BNP - Agence Montparnasse, code banque 30004/Code guichet 00809, n° de compte 90646-43 - Clé RIB.

7. Un spectacle, *Célébration du cheval,* donné le 4 juin 1994 au Rond-Point (Théâtre Renaud-Barrault) ; sous le même titre, une anthologie musicale, réalisée en 1998 dans la collection Inédit (CD, réf. W260085).

3. D. Giniaux

1. En 1719, Louis Henri de Bourbon, septième prince de Condé qui, d'après la légende, croyait à la métempsycose et pensait se réincarner en cheval après sa mort, s'adresse à l'architecte Jean Aubert pour élever des écuries dignes de son rang. Ces écuries, considérées comme les plus belles du monde, sont le chef-d'œuvre de l'architecture civile du XVIIIe siècle. En 1830, le prince de Condé laisse son domaine de Chantilly à son neveu le duc d'Aumale. Celui-ci le léguera à son tour à l'Institut de France en 1886, sous la condition expresse de tout conserver en l'état. Le château, les grandes écuries, l'hippodrome et près de 8000 hectares de forêt forment ce fabuleux legs ! En 1982, Yves Bienaimé, écuyer professeur, crée dans les grandes écuries un musée vivant et pédagogique : le Musée vivant du cheval.

2. Dominique Giniaux : *Soulagez votre cheval aux doigts* et *Les chevaux m'ont dit,* éditions Caracole, 1986 et 1987.

3. Une médecine inventée au XIXe siècle, aux Etats-Unis, par le Dr Andrew Taylor Still, qui rejetait les idées de la médecine moderne.

4. Certaines formes de musique pourraient atteindre la structure interne du cortex, la fameuse matière grise du cerveau. Or la perception de la musique et le sens de l'orientation relèvent de cette même zone. Sous la direction de Frances H. Rauscher, des chercheurs de l'université du Wisconsin, aux Etats-Unis, ont montré qu'un rat manifeste un meilleur sens de l'orientation après avoir écouté la sonate K.448 de Mozart. Il traverse plus vite (35 secondes) un labyrinthe, commet moins d'erreurs que ses frères qui bénéficient d'une autre ambiance sonore (44 secondes dans le silence et 50 avec de la musique moderne).

4. J.-P. Gallorini

1. Rédacteur en chef de l'édition américaine de *Nature*, revue scientifique internationale. A publié un livre, *The Nature of Horses*

(Exploring Equine Evolution, Intelligence and Behaviour) [De la nature des chevaux. Enquête sur l'évolution, l'intelligence et le comportement du cheval], Simon & Schuster, Etats-Unis, 1999.

V. Les conspirateurs silencieux

4. Fr. Bell

1. Coréalisé avec Gérard Vienne, lui-même auteur et réalisateur du célèbre *Peuple singe*.
2. L'Arche et les déluges/Cinéastes animaliers associés, 34, rue Saint-Dominique, 75007 Paris.
3. Le 6 janvier 2000, le dernier bouquetin des Pyrénées a disparu de France, dans l'indifférence.

8. P. Wick

1. Egalement dans les Alpes suisses et autrichiennes.
2. En Italie, les loups n'ont jamais été totalement exterminés. Dans le parc des Abruzzes, depuis la protection du loup en 1976, une coexistence a pu se mettre en place entre les bergers, chasseurs, gestionnaires du parc et les animaux sauvages (loups, ours, lynx). Aujourd'hui, la présence de ces prédateurs a permis d'augmenter l'effectif des chamois qui était faible il y a trente ans. Leur présence attire surtout deux millions de visiteurs par an, ce qui fait vivre cinq petits villages au cœur du parc. Jadis désertée, la montagne abrite aujourd'hui 1600 entreprises familiales, principalement des commerces et des restaurants.
3. Depuis le retour du loup dans le parc de Yellowstone en 1995, le nombre de visiteurs a augmenté de vingt pour cent.
4. Ce type de chien a commencé à être utilisé dans les années 70, dès que les poisons ont été interdits pour se débarrasser des prédateurs.

Epilogue

1. Un projet de recherche de l'Institut national pour la recherche agricole permet, grâce à 24 satellites du département de la Défense des Etats-Unis, à des agriculteurs du Massif central d'employer des

satellites pour suivre à la trace les déplacements de leurs troupeaux dans cette région montagneuse de France (chaîne des Puys).

2. Le cerveau artificiel est en cours de finalisation au Japon. Il va être implanté dans un robot-chat. Son concepteur, l'Australien Hugo de Garis, qui dirige le Brain Builder Group du laboratoire ATR de Kyoto au Japon, envisage l'avènement d'intelligences artificielles bien supérieures à l'homme comme une affaire sérieuse. Si le principe de ce cerveau artificiel repose en fait sur des composants électroniques « évolutifs », les travaux de ce scientifique ont surtout pour but d'alerter l'opinion publique sur les risques qui pèsent sur l'homme. « Le XXIe siècle sera assurément marqué par l'apparition de véritables intelligences artificielles que j'appelle Artilects. On peut imaginer cela à l'horizon de cinquante ans. Cela pose un sérieux problème, qui est purement et simplement celui de la survie de l'espèce humaine. De la même façon que nous écrasons d'un geste un moustique, qui constitue une mécanique très complexe par rapport au monde animal, on peut imaginer que les Artilects, très largement plus intelligents que les êtres humains, pourront décider un jour de nous éliminer, comme s'il s'agissait d'une espèce nuisible et sans intérêt. »

Bibliographie

Angier Natalie, *Eloge de la bête*, éd. Arléa, 1995.

Barbier Dominique, *Nouvelle image de l'équitation*, éd. Zulma, 1996.

Barfuss Matto, *Leben mit geparden*, Natur Buch Verlag, 1998.

Beck Yvan, *Liberté pour les dauphins*, collection La Noria, éd. Labor, 2000.

Blake Henry, *Penser cheval*, éd. Zulma, 1998.

Bouvet, *La Stratégie du caméléon, De la simulation dans le monde vivant*, Le Seuil, 2000.

Champion Louis, *Jeanne D'Arc écuyère*, éd. Caracole/Favre, 1999.

Chauvin Rémy et Bernadette, *Le Monde des oiseaux*, éd. du Rocher, 1996 ; *L'Enigme des abeilles*, éd. du Rocher, 1999.

Christen, *Le Peuple léopard*, éd. Michalon, 2000.

Combes Cl. et Guitton Ch., *L'Homme et l'animal, De Lascaux à la vache folle*, éd. Pour la science, 1999.

Cyrulnik Boris, *Si les lions pouvaient parler, essai sur la condition animale*, ouvrage collectif sous la direction de B. Cyrulnik, coll. Quarto, Gallimard, 1998.

Danten Charles, *Un vétérinaire en colère, essai sur la condition animale*, VLB éditeur, 1999.

Dehasse Joëe, *Chats hors du commun, Chiens hors du commun*, Le jour éditeur, 1998.

Digard Jean-Pierre, *Les Français et leurs animaux*, éd. Fayard, 1999 ; *Des chevaux et des hommes* (direction d'ouvrage), Lausanne, Favre, 1988 ; *L'Homme et les animaux domestiques,*

Anthropologie d'une passion, éd. Fayard, 1990 ; *Le Cheval force de l'homme*, Paris, Gallimard, « Découvertes », 1994 ; *Le Cheval*, romans et nouvelles (en collaboration avec Jean-Louis Gouraud), Omnibus, 1995.

Duperey Annie, *Les Chats de hasard*, récit, Le Seuil, 1999.

Duteurtre Benoît, *A propos des vaches*, éd. Les Belles Lettres, 2000.

Ehrlich Gretel, *La Consolation des grands espaces*, collection Terre d'Amérique, éd. Albin Michel, 1996.

Fontenay Elisabeth de, *Le Silence des bêtes, la philosophie à l'épreuve de l'animalité*, éd. Fayard, 1998.

Fouts Roger, *L'Ecole des chimpanzés*, éd. J.-C. Lattès, 1998.

Freund Werner, *Mein Leben mit Bären*, Müller Rüschlikon Verlag AG, 1994 ; *Der Wolfsmensch*, Natur Buch Verlag, 1993.

Garcin Jérôme, *La Chute de cheval*, Gallimard, 1998.

Giniaux Dominique, *Soulagez votre cheval aux doigts*, éd. Favre, 1991 ; *Les chevaux m'ont dit, essai d'ostéopathie équine*, éd. Caracole, 1987.

Gouraud Jean-Louis, *Célébration du cheval, les plus beaux textes et poèmes*, éd. Le Cherche Midi, 1995 ; *Serko*, éd. Favre, 1996 ; *Ganesh* (roman), éd. Favre, 1999 ; *Riboy*, OptiPress, 1999 ; *Le Cheval* (textes choisis), collection Le bestiaire divin dirigée par Jean-Louis Gouraud, éd. Favre, 1999.

Gravelaine Joelle, *La Déesse sauvage, les divinités féminines*, éd. Dangles, 1993.

Hamayon Roberte, *La Chasse à l'âme, esquisse d'une théorie du chamanisme sibérien*, Société d'ethnologie, 1990.

Homeric, *Œdipe de cheval*, éd. Grasset, 1992 ; *Le Loup mongol*, éd. Grasset, 1999.

Huet Philippe, *Une vie de loup*, éd. Hesse, 1998.

Kiley-Worthington Marthe, *Le Comportement des chevaux*, éd. Zulma, 1999.

Le Braz Michèle, *Chevaux du bout du monde*, 1998 ; *Regards sur soies*, 2000, éd. Rue des Scribes.

Lestel Dominique, *Paroles de singes : l'impossible dialogue hommes/primates*, La Découverte, Paris, 1995.

Lippert Gérard et Soreil Philippe, *Le Dauphin, l'Homme et la Mer*, éd. Du Perron, 1999.

London Jack, *L'Appel de la forêt*, 10/18, 1974.

Lorenz Konrad, *Essai sur le comportement animal et humain*, Le Seuil, 1970 ; *Les Oies cendrées*, Albin Michel, 1989.

Marion Catherine et Rémy, *Cap sur les ours*, éd. Nathan, 1997 (présentation des ours, fiches détaillées et sites d'observation, conseils pratiques pour préparer et réussir son voyage).

Marshall Thomas Elisabeth, *La Vie secrète des chiens, une anthropologue en pays canin*, éd. Robert Laffont, 1995.

Méry Fernand, *Les bêtes aussi ont leurs langages*, éd. Presses Pocket, 1971.

Montagner Hubert, *L'Enfant, l'animal et l'école*, ouvrage collectif, éd. Bayard.

Moussaieff Masson Jeffrey, McCarty Susan, *Quand les éléphants pleurent, la vie émotionnelle des animaux*, éd. Albin Michel, 1997.

Pageat Patrick, *L'Homme et le chien*, éd. Odile Jacob, 1999.

Pedrazzani Jean-Michel, *Le Mystérieux Sixième Sens des animaux*, éd. Belfond, 1980.

Pinkola Estés Clarissa, *Femmes qui courent avec les loups, Histoires et mythes de l'archétype de la femme sauvage*, essai, éd. Grasset, 1996.

Prêtre Bernard, *Le Grand Retour du loup*, éd. Cabédita, 1999.

Ronecker Jean-Paul, *Le Symbolisme animal*, éd. Dangles, 1994.

Roque Monique, Soissons Pierre, *Vaches de montagne, montagnes à vaches*, éd. Quelque part sur terre, 2000.

Roumeguère-Eberhardt Jacqueline, *Quand le python se déroule*, éd. Robert Laffont, 1988.

Sifaoui Brigitte, *Le Livre des dauphins et des baleines*, éd. Albin Michel, 1998.

Van Den Driessche, *Loups, chiens, renards et hyènes*, éd. Delachaux et Niestlé, 1995.

Van Eersel Patrice, *Le Cinquième Rêve*, éd. Grasset et Livre de Poche, 1993.

Vanier Nicolas, *Transsibérie, le mythe sauvage* (récit), éd. Laffont, 1992. *La Vie en Nord* (récit), éd. Laffont, 1993 ; *Solitudes blanches* (roman), éd. Actes Sud, 1994 ; *L'Enfant des neiges*, (récit), Actes Sud, 1995 ; *Otchum : l'extraordinaire aventure d'un chien de traîneau* (récit), éd. La Martinière, 1996 ; *Un hiver sur les traces de Jack London* (récit), éd. La Martinière, 1997.

Véron Géraldine, *Cap sur les félins*, Nathan, 1997 (informations pratiques pour connaître les félins sauvages et les rencontrer sur le terrain).

Vialles Noélie, *Le Sang et la chair*, Maison des sciences de l'homme, 1987.

A écouter

Les Voix du monde, collection CNRS/Musée de l'homme, éd. Chants du Monde, n° CMX 374010.12.

Chœur des cinq continents. Le chant des peuples (compilation), Wagram Music, 1998.

Chants d'oiseaux, Quand chantent les loups, Camargue, L'Enfant et la nature, Nashvert Production, 6, rue Gabriel-Péri, 94220 Charenton-Le Pont. Spécialiste des sons de la nature

Publie un bulletin d'information *L'Oreille verte* :

http://ourworld.compuserve.com/homepages/nashvert

Les Chants secrets des baleines. Ellbore Songs of the Humpback Whale, Pacifics Records.

Adresses utiles

Artus, BP 39, 41003 Blois cedex.

Société française d'étude et de protection des mammifères, Groupe Ours, c/c Service du Patrimoine naturel M.N.H.N., 57 rue Cuvier : 75231 Paris cedex 05.

Aspas, Association pour la protection des animaux sauvages et du patrimoine naturel. BP 34, 26270 Loriol.

Association des Repentis de la chasse, 5 rue de la paix, 38 000 Grenoble.

Groupe Loup France : BP 106, 04004 Digne-les-Bains cedex.

France Nature Environnement, Mission Loup : 18 rue du 22-Novembre, 67000 Strasbourg.

Association internationale pour la zoothérapie : Le Château de la Briche, 37340 Hommes.

La ferme européenne des enfants, 6 rue Hamel, 76660 Grandcourt.

Fentac (Fédération nationale de thérapies avec le cheval) : 23 rue Mastié, 94300 Vincennes.

Afirac (Association française d'information et de recherche sur l'animal de compagnie) : 7 rue Pasteur-Wagner, 75011 Paris.

Wolf Center : PO BOX, 654 Cross River, New York 10518.

International Wolf Center : 1396, Highway 169, Ely, MN, 55731, site internet : www.wolf.org (ce centre de recherche est dirigé par le spécialiste mondial du loup : David Mech).

Green Chimneys : 400 Doansburg Rd., Caller Box 719 Brewster, New York 10509 http://www.pcnet.com/~gchimney/index.html

Association Gorilla (étude et protection) : BP 131, 26702 Pierrelatte cedex, site : http://www.cybsnack.mnet.fr/gorilla.htm

Afin de vous aider à choisir votre organisateur pour pratiquer un *whale watching* respectueux des animaux, il existe un guide riche en détails : *A la rencontre des cétacés, Guide mondial des sites d'observation des dauphins et des baleines en milieu naturel*, Bernard de Wetter, à commander auprès de l'association Cetus : BP 46, 83470 Saint-Maximin. Tél. et fax France : 04 37 27 03 24. Belgique : 02/512 40 76. Suisse : 052 212 17 81. Mail : cetus@wanadoo.fr

International Dolphin Project, Ric O'Barry : PO Box 224, Coconut, F1 33 233.

Human Dolphin Institute Michel Atlas : Frontbeachroad Suite 3762, à Panama City Beach, F1. 32407 (étudie les rencontres avec les cétacés).

Le refuge de l'Arche (Christian Huchedé) : route de Ménil, Saint-Fort, 53200 Château-Gontier. Ce parc recueille des animaux de la faune locale trouvés blessés ou malades et qui sont soignés et ensuite relâchés ainsi que des animaux domestiques et exotiques (loups, ours, singes, félins, reptiles, oiseaux...) trop encombrants et dont les propriétaires ne peuvent plus s'occuper. C'est aussi un chantier d'insertion professionnelle où les hommes communiquent avec les animaux pour le bien des deux. Tél. 02 43 07 24 38. Fax : 02 43 70 18 32. Site : http://www.refuge-arche.org.

Table

DU MÊME AUTEUR

La Fabuleuse Aventure des hommes et des animaux
avec Frédéric Fougea et Boris Cyrulnik,
Éditions du Chêne, 2001.

La Plus Belle Histoire des animaux,
avec Pascal Picq, Jean-Pierre Digard et Boris Cyrulnik,
Le Seuil, 2000 ; « Points-Seuil », 2002.

L'Animal, objet d'expériences,
Anne Carrière, 1998.

Le Livre de l'essentiel,
collectif sous la direction de Patrice Van Eersel,
Albin Michel, 1995.

Le Livre de l'essentiel 2,
collectif sous la direction de Patrice Van Eersel,
Albin Michel, 1998.

Composition Nord Compo
Reproduction et impression CPI Firmin Didot
en janvier 2012
Éditions Albin Michel
22, rue Huyghens, 75014 Paris
www.albin-michel.fr

ISBN : 978-2-226-13691-6
ISSN : 1147-3762
N° d'édition : 12920/05 - N° d'impression : 109466
Dépôt légal : février 2003
Imprimé en France